KB190566

설교자하우스 본문산책 02
룻기

하나님을 만나다

설교자하우스 본문산책 02

하나님을 만나다

초 판 1 쇄 2015년 5월 27일
3쇄(개정1쇄) 2022년 8월 27일

지 은 이 정창균
펴 낸 이 황대연
발 행 처 설교자하우스
주   소 경기 수원시 팔달구 권광로 276번길 45, 3층
전   화 070. 8267. 2928
전 자 우 편 1234@naver.com
등   록 2014. 8. 6.

ISBN 979-11-976251-3-8 (03230)
ⓒ 정창균 2022

설교자하우스
본문산책 02

하나님을 만나다

룻기

하나님 없이 사는 세상을 거슬러 사는
신앙인의 인생 반전

정창균

서 문

어린 시절, 우리 엄마를 따라 일 년에 두 차례씩 열리던 부흥회를 열심히 쫓아다닌 적이 있었습니다. 부흥사 목사님들은 거의 언제나 효녀 심청 이야기를 하듯 효부 룻 이야기를 하면서 사람들의 심금을 울리곤 하였습니다. 어른이 되고 목사가 되어 내 스스로 룻기를 찬찬히 읽으면서 속았다는 생각이 들었습니다. 알고 보니 룻기는 시어머니를 지극정성으로 모셔서 큰 복을 받은 효부의 이야기가 아닙니다. 룻기는 모든 사람들이 하나님을 등지고 살아서 하나님 없는 것 같은 세상에서, 여전히 하나님을 알아보며 하나님께 달라붙어 시대의 흐름을 거스르는 신앙으로 살아 간 사람들의 인생 반전, 그들을 통하여 하나님이 이루어내신 역사 반전의 이야기입니다.

룻기는 내 개인적으로 평생 잊을 수 없는 사연이 있는 책입니다. 내가 인생의 중요한 결정을 앞에 놓고 고뇌하고 있을 때였습니다. 우연히, 아니 하나님의 섭리로 룻기를 읽게 되었습니다. 읽을수록 그리고 깊이 살펴볼수록 룻기는 큰 충격과 함께 매우 중요한 사실 세 가지를 분명히 말해주었습니다. 첫째는 인생의 중요한 결정 앞에서 가장 먼저 따져봐야 할 것은 그 일이 가능한가가 아니라, 그것이 하나님 편에 서는 것인가라는 사실입니다. 둘째는, 모든 세상이 하나님을 인정하지 않고 제 소견에 옳은 대로 살아갈지라도 혼자서라도 그 흐름을 거스르면서 신앙인의 길을 가야한다는 것입니다. 그리고 셋째는 눈앞에서 전개되는 역사적 현실이나 시대의 흐름이 아무리 신앙이 통하지 않는 상황이어도 여전히 역사는 하나님이 의도하신 곳을 향하여 진행하고 있고, 여전히 하나님은 역사를 주도하시는 주인이라는 사실입니다. 사실 이 책은 위와 같은 사실을 룻기에서 추적해나간 과정이라고 할 수 있습니다. 나는 룻기에서 하나님 없이 사는 세상 속에서 하나님 만난 사람처럼 사는 사람들을 만났습니다. 동시에 아무리 온 세상이 하나님을 거부하고 제멋대로 살아도 그 가운데서 여전히 역사의 주인으로 역사를 주도해나가시는 하나님을 만났습니다. 그것은 내가 어떻게 나의 현실을 살아야 하는가를 결정하는 데 큰 담력을 주었습니다.

하나님 없이 제멋대로 사는 이 세상에서 우리가 놓치지 않아야 할 것이 무엇이고, 무엇에 배짱을 갖고 살아가야 하는지를 선명하게 보여주고 있다는 점에서 룻기는 여전히 오늘 이곳의 우리들을 위한 이야기이기도 합니다. 지독하게 자기중심적이고, 철저하게 시대의 풍조를 따라 사는 것이 인생을 성공적으로 사는 지혜처럼 되어버린 이 현실에 룻기는 시대의 흐름을 거스르는 신앙의 실천과 그 가치를 큰 소리로 외치고 있습니다.

감사하게도 남포교회 박영선 목사님의 배려로 내가 룻기에서 알아들었던 하나님의 말씀을 교우들과 나눌 기회를 얻었습니다. 이 책은 석 달 동안 남포교회 수요예배를 통하여 그렇게 나누었던 룻기 이야기를 다듬고 보완한 것입니다. 학위논문 쓰느라 쫓기면서도 기쁨으로 설교들을 녹취해준 아들 종빈이, 책으로 만들도록 여러모로 애써주신 조주석 목사님, 그리고 정성으로 책을 꾸며주신 디자이너 김민정 자매, 이 모두가 이 책이 나오게 된 은인입니다. 수년 전 룻기를 세심하게 다루는 설교자하우스 여름 캠프에 함께 했던 이들에게도 감사합니다.

이 책과 함께 룻기를 묵상하는 가운데 룻기의 하나님을 새롭게 만나는 은혜가 임하기를 기대합니다.

2015. 5
합동신학대학원대학교 연구실에서
정 창 균

개정 증보판에 붙여

"하나님을 만나다"가 품절이라는 연락을 2년 전부터 받았다. 그대로 다시 인쇄를 하기에는 마음이 허락지 않았다. 더 다듬고 보완하여 새롭게 내겠다는 마음을 품었다. 그러나 작업을 차일피일 미루다가 세월을 그냥 보내버렸다. 마침 학교 은퇴도 하였고, 게다가 몸이 아파서 나다닐 수도 없는 터라 잘 되었다 싶어 이번 기회에 기력이 허락하는대로 조금씩 작업을 하여 이제야 개정 증보판을 내놓게 되었다.

개정 증보판에서는 룻기 3장을 더 풀어서 증보하였고, 사사기의 내용을 다룬 chapter 1의 내용과 룻기 1장의 내용도 약간의 개정을 하였다. 책의 목차를 chapter로 구분하여 장별로 따로 묶어 분류하였다. 꼭지 몇은 제목을 변경하기도 하였다. 물론 이곳저곳의 문장이나 단락들을 전반적으로 수정하거나 보완하였다. 그리고 개정증보판 『하나님을 만나다』를 설교자하우스의 "본문 산책 시리즈"에 편입시켰다. 그간 목회 현장에서 좌절을 경험하고 있었던 젊은 목회자에서 80대 중반의 권사님에 이르기까지 다양한 분들에게 이런저런 좋은 반응을 전해 들었다. 졸저를 읽어주신 모든 분에게 다시 감사를 드린다.

　절제도 통제도 되지 않는 지독한 자기중심적 삶의 태도로 모두가 각각 제 소견에 따라 하나님을 등지고 사는 현실 속에서 신자로 살아가느라 삶이 고달프고 때로는 서러운 이 땅의 신자들이 이 작은 책을 통하여 룻과 나오미 그리고 보아스의 하나님을 자신의 하나님으로 새롭게 만나는 은혜의 체험이 있기를 기대해본다. 그리고 하나님을 떠올리게 하는 헤세드를 서로서로 행하여 하나님 없이 사는 황량한 이 시대의 풍조를 거스려 서로를 복되게 하는 멋진 신자의 삶을 누리기를 빌어 본다.

2022. 7.
설교자하우스 대표
정창균

목차

서문   **5**
개정 증보판에 붙여   **8**

chapter 1   **하나님 없이 사는 세상**

사사시대

01 다른 세대 ··· **15**
02 멋대로 사는 세상 ··· **45**
03 긍휼 ··· **77**

chapter 2   **인생의 갈림길**

룻기 1장

01 이민 ··· **105**
02 귀향 ··· **129**
03 나의 하나님 ··· **149**
04 신음소리 ··· **171**

chapter 3 **하나님의 손길**

룻기 2장

01 섭리 ··· **185**
02 하나님이 떠오르는 사람 ··· **201**
03 헤세드 ··· **227**
04 영적 민감성 ··· **247**

chapter 4 **순종**

룻기 3장

01 영적 민첩성 ··· **265**
02 배려 ··· **281**
03 순종 ··· **293**

chapter 5 **반전**

룻기 4장

01 아무개 ··· **309**
02 인생의 반전 ··· **323**
03 역사의 반전 ··· **343**

하나님 없이 사는 세상

사사시대

01 다른 세대
02 멋대로 사는 세상
03 긍휼

롯 1:1

사사들이 치리하던 때에 그 땅에 흉년이 드니라

01

다른 세대

룻기를 여는 첫 마디

사사들이 치리하던 때에... (룻기 1:1)

룻기는 첫마디를 "사사들이 치리하던 때"(룻 1:1)라는 말로 시작합니다. 이것은 지금부터 펼쳐지는 룻기의 배경이 사사 시대라는 것을 암시합니다. 그래서 순서도 사사기 바로 다음에 배치되어 있습니다. 그러므로 룻기를 제대로 이해하기 위해서는 룻기의 무대이자 현장인 사사 시대를 잘 알아야 할 필요가 있습니다. 이렇게 시작한 룻기는 사사 시대에 유다 베들레헴에 살았던 한 여자의 곡절 많은 가정사를 담담히 그려냅니다. 그러나 이야기에 점점 **빠져들**다 보면 이것은 단순히 한 가정사가 아님을 확인하게 됩니다. 하나님의 이야기인 것입니다. 앞으로 룻기에서 우리는 그것을 확인하게 될 것입니다.

룻기 이해의 열쇠, 사사 시대

사사 시대는 어떤 시대인지, 그 시대를 어떻게 요약할 수 있는 지를 파악하는 것이 룻기를 이해하는 중요한 열쇠가 됩니다. 사사 시대를 적나라하게 보여주는 책이 사사기입니다. 그래서 먼저 사사기로 잠시 돌아가겠습니다. 사사기는 첫마디를 여호수아가 죽은 후에(삿 1:1)라는 말로 시작합니다. 이것은 여호수아로 대표되던 한 시대가 이제 마감을 하고 다음 세대가 역사를 이어받아야 하는 상황이 왔다는 선언이기도 합니다.

한 시대가 마감되고 다음 시대로 이어지는 상황이 되었다는 이런 식의 표현은 우리에게 당장 그 앞에 있는 여호수아서의 첫마디를 생각나게 합니다. 여호수아서를 시작하는 첫마디와 사사기를 시작하는 첫마디가 그 방식에서 완전히 똑같기 때문입니다. 잠시 여호수아서로 넘어갔다 오겠습니다. 여호수아 1장 1절은 "여호와의 종 모세가 죽은 후에"라고 시작합니다. 이것은 "여호수아가 죽은 후에"로 시작하는 사사기 1장 1절과 똑같은 방식입니다. 둘 다 이제 한 시대가 끝나고 다음 세대로 이어지고 있다는 사실을 그런 방식으로 선언하고 있습니다. 그런데 같은 진술이면서도 매우 다른 차이가 나는 것을 금방 발견하게 됩니다. 여호수아 1장 1절은 여호와의 종 모세가 죽은 후에 라고 한 다음에 바로 이어서 여호와께서 모세의 수종자 눈의 아들 여호수아에게 말씀하셨다는 말로 이어갑니다. 여호와의 종 모세가 죽었습니다. 이제 다음 세대가 역사를 이어받아야 하는 시점이 되었습니다. 이 대전환의 시점에 여호와께서 여호수아를 찾아오십니다. 그리고 여호수아를 통해 그다음 세대에게 하나님께서 말을 걸고 계십니다. 여호수아는 하나님이 인정하신 모세 다음 세대의 대표자라는 선언을 이렇게 하는 것입니다. 이것이 여호수아서의 시작입니다.

여호수아가 죽었다고 선언하는 사사기 1장 1절은 모세가 죽고 여호수아가 다음 세대를 계승했다고 선포하는 여호수아 1장 1절과 흡사합니다. 그러나 사실은 확연히 다른 방식으로 진술된 것을 금방 알아볼 수 있습니다.

심상치 않은 변화

사사기 1장 1절은 여호수아가 죽은 후에 이스라엘 자손이 여호와께 여쭈었다는 말로 이어집니다. 이스라엘 자손이 하나님을 찾아가서 그들의 처신과 관련하여 내놓는 중요한 질문입니다.

> 이스라엘 자손이 여호와께 여쭈어 이르되 우리 가운데 누가 먼저 올라가서 가나안 족속과 싸우리이까(삿 1:1).

모세가 죽자 하나님께서 그다음 세대를 향해 찾아갈 사람이 거기 있었습니다. 여호수아였습니다. 그런데 여호수아가 죽고 난 뒤 이어진 다음 세대에서는 하나님께서 찾아가서 말씀하시지 않습니다. 모세나 여호수아 세대가 시작할 때처럼 하나님이 찾아갈 백성의 대표가 없습니다. 이렇게 사사기 첫 장면은 이스라엘 백성들이 하나님께 여쭐 것을 가지고 하나님께 나아가는 것으로 시작합니다. 모세가 죽고 하나님께서 여호수아를 찾아와 말씀하심으로 여호수아의 시대가 시작되었다는 사실을 생각하면 이것은 충격적입니다. 이게 무슨 일일까, 무슨 의미일까, 어떤 일이 생긴 것일까 하는 궁금증을 자아내는 암시적인 표현 아닙니까? 눈치가 조금 빠른 사람이라면, 시작부터 낌새가 심상치 않다고 생각할 수밖에 없습니다. 여호수아의 세대가 그 이전 모세의 세대를 이어받아 새로운 역사를 시작할 때와는 뭔가 달리 돌아가고 있음을 감지하고 무슨 일이 벌어지고 있다는 것을 느낄 수 있습니다.

이스라엘 자손이 여호와께 나와서 이렇게 묻습니다. "우리 가운데에서 누가 먼저 올라가서 가나안 족속과 싸워야 할까요?"(삿 1:1하) 여호수아 시대가 가나안 정복의 시기라는 것은 다 아실 것입니다. 그런데 여호수아가 죽자 백성들이 나와서 하나님께 묻습니다. 우리 가운데 누가 올라가서 가나안과 싸워야 하겠습니까? 그러자 하나님께서 대답하십니다. "유다가 올라갈지니라".

우리 중 누군가가 올라가서 가나안을 정복하고 쫓아내는 싸움을 해야만 한다는 것은 이미 기정사실로 전제하고 있습니다. 다만 누가 올라가야 할 것인가를 하나님께 묻습니다. 그러자 하나님께서 유다가 먼저 올라가야 한다고 지시를 내리십니다. 그리고 이들이 묻거나 요청하지 않은 한마디를 명령에 덧붙이십니다. "내가 이 땅을 그의 손에 넘겨주었노라"(삿 1:2). 전쟁의 승패는 이미 하나님께서 결정하셨으며 유다의 승리는 보장되었다는 약속입니다.

그런데 그 명령을 받고 유다가 그의 형제 시므온에게 제안합니다. 하나님께서 우리가 먼저 올라가서 싸움을 시작하고 가나안을 쫓아내는 전쟁을 하라고 하셨다. 그러니 형제인 너와 네 지파는 내가 싸우러 올라갈 때 도와라. 우리가 협력하자. 그러면 네가 올라가야 할 때 우리도 함께 올라가 싸워주겠다. 우리가 협력해서 이 일을 하자. 그렇게 해서 일을 시작합니다. 다시 낌새가 심상치 않습니다. 전쟁의 승리는 이미 결정되어 있습니다. "내가 이 땅을 유다의 손에 넘겨주었다"는 하나님의 승리 보장이 있습니다. 그것이 여호수아 시대 내내 해온 전형적인 전쟁 방식이었습니다. 유다와 시므온은 전쟁에서 이기고 안전을 보장하기 위하여 서로 전략적 전술적 제휴나 동맹을 맺을 이유도 근거도 없었습니다. 여호수아가 이끌던 시대였다면, 여호와께서 유다지파가 올라가라 하시니 유다가 지파가 올라갔고, 여호와께서 가나안 족속을 유다지파의 손에 붙이시니 저들이 크게 승리하였다는 식으로 상황이 전개될 것입니다. 그러나 사사기에서는 첫 장면부터 그런 모습은 볼 수 없습니다. 질문도 백성에게서 나오고, 작전도 백성에게서 나옵니다. 하나님은 백성이 내놓는 단답형 질문에 단답형 답변을 하실 뿐입니다. 이스라엘 백성도 그 정도의 차원에서만 하나님을 인정할 뿐입니다. 낌새가 심상치 않습니다. 이 대목은 잠시 후에 다시 살펴보겠습니다.

그럼에도 불구하고 여전히 분명한 것은 하나님께서 지시하시고 유다는 그 지시를 받아 그대로 순종하고 있다는 것입니다. 이것은 매우 중요한 문제입니다. 백성은 여전히 중요한 사안에 대하여 하나님께 묻고 있고 하나님은 최종결정을 내리시는 왕의 자리에 있습니다. 사사 시대가 진행될수록 이것이 왜 그렇게 중요한지를 알게 될 것입니다. 왜냐하면 사사기가 그 시대에 대하여 내리는 최종결론은 이스라엘 백성이 결국 왕이 없는 시대를 만들어버렸다는 것이기 때문입니다. 그러나 사사 시대의 시작은 왕좌에 앉아 통치하는 눈에 보이는 왕은 없지만, 이스라엘 백성은 모두 하나님이 우리의 왕이시므로 그분에게 물어야 하고, 그분이 말씀하시면 그대로 해야 한다는 것을 처음부터 의식하고 있습니다. 그래서 이들이 이제 싸움을 시작합니다.

승승장구

그 후 이들이 수행한 여러 싸움에 대한 진술에는 공통점이 있습니다. 첫 싸움이 어떻게 이루어졌습니까? 사사기 1장 4절입니다.

> 유다가 올라가매 여호와께서 가나안 족속과 브리스 족속을 그들의 손에 넘겨주시니 그들이 베섹에서 만 명을 죽이고(삿 1:4).

그들이 베섹에서 1만 명을 죽였습니다. 그리고 계속 전투가 이어집니다. 그 전투 기록이 사사기 1장 19절까지 계속됩니다. 그런데 내용이 한결같습니다. 이들이 다 하나님이 말씀한 대로 하고 있고 그렇게 하나님이 말씀한 대로 했더니, 하나님께서 그들과 함께하셔서 싸움에서 다 이기게 해주고 있다. 하나님이 그들에게 적들을 넘겨주었다. 계속 그렇게 선언하고 있습니다. 사사기 1장 5-7절은, 그렇게 가서 싸워 아도니 베섹을 죽였다. 8절은, 그들이 점령했다. 9절은, 그들이 가나안 족속과 싸웠다. 10절은, 가나안 족속을 그들이 쳤다. 11절, 드빌의 주민들을 쳤으니, 13절, 점령하였다. 17절, 쳐서 그곳을 진멸하였다. 18절, 점령하였다. 이렇게 저들이 가나안 족속과 싸웠고 그들을 쳤고 그래서 그들을 이겼다는 말이 구절마다 계속되고 있습니다. 그리고 19절에 오면, 지금까지 있었던 일을 한마디로 요약합니다. 상반절입니다.

> 여호와께서 유다와 함께 계셨으므로 그가 산지 주민을 쫓아내었으나(삿 1:19상).

여호와께서 그들과 함께하셔서 싸우는 족족 이겼다. 그렇게 수가 적고 약해 보여도 가나안 족속들과 싸웠다 하면 다 이겼다. 여호와께서 그들과 함께하셨기 때문이다. 여호와께서 그 산지를 그들에게 넘겨주셨기 때문에 그들이 다 쫓아내었다. 이렇게 말하고 있습니다.

갑자기 등장한 다른 기준

그런데 그 말이 끝나자마자 하반절에는 완전히 다른 말이 나오고 있습니다.

> 골짜기의 주민들은 철병거가 있으므로 그들을 쫓아내지 못하였으며(삿 1:19하).

드디어 여기 처음으로 그들이 가나안 족속을 쫓아내지 못했다는 말이 등장합니다. 쫓아내지 못한 이유도 분명합니다. 그들에게 철병거가 있었기 때문입니다. 이들에게 혁명적인 변화와 대전환이 일어나고 있음을 보여줍니다. 여기에서는 유다와 함께하는 여호와는 가나안 족속과 함께하는 철병거와 대조가 됩니다. 이스라엘 자손들이 가나안 족속들과 전쟁을 할 것인가 말 것인가, 그들을 쫓아낼 것인가 말 것인가를 결정하는 결정적 기준을 어디에 두고 있는지 밝히고 있습니다. 상대방의 군사력입니다.

그러나 지금까지의 전쟁은 저들의 병력이나 승리의 가능성을 계산하여 싸운 싸움이 아니었습니다. 그런 것들은 싸움을 할 것인지 말 것인지를 결정하는 데 중요한 조건이 아니었습니다. 하나님께서 올라가라 했다. 그러면 올라가야지, 하나님이 저들을 치라했다. 그러면 쳐야지. 이렇게 해온 싸움이었습니다.

그런데 여기에 와서 갑자기 전쟁 여부를 결정하는 기준이 바뀐 것입니다. 어, 쟤네들은 못 쳐. 왜? 철병거가 있잖아! 행동을 어떻게 할 것인가, 처신을 어떻게 할 것인가를 결정하는 결정적 기준을 바꾸어버린 것이지요. 저들이 우리보다 강한 무기가 있고, 저들이 우리보다 더 세니까 우리가 올라가면 안 된다는 기준으로 바꾸어버린 것입니다. 이 일이 있고 나서, 계속해서 쫓아내지 않았다는 말이 반복됩니다. 앞에서 쳤다, 점령했다, 쫓아냈다고 계속되던 말이 이 이야기를 경계로 그 이후에는 계속해서 쫓아내지 못했다는 말로 뒤범벅이 되고 있습니다. 21절에도, 쫓아내지 못하였으므로, 25절에도, 쳤으되 놓아 보내며, 27절, 쫓아내지 못하매, 28절, 쫓아내지 아니하였더라. 29절, 쫓아내지 못하매, 30절, 쫓아내지 못하였으므로, 31절, 주민을 … 쫓아내지 못하고, 32절, 그들을 쫓아내지 못함이었더라. 33절, 납달리는 벧세메스 주민과 벧아낫 주민을 쫓아내지 못하고, 계속해서, "쫓아내지 못했다"가 반복됩니다.

이렇게 된 결정적 근거는 무엇일까요? 이들이 저들과 싸움을 할 것인가 말 것인가, 저들을 쫓아낼 것인가 말 것인가를 결정하는 기준에 중대한 변화가 일어난 것입니다. 더이상 하나님의 명령이나 뜻을 행동의 기준으로 삼지 않습니다. 자기 자신들의 판단을 결정의 최우선 기준으로 삼습니다. 합리적으로 볼 때 우리가 저들을 치는 것은 불가능하다. 저들의 무기가 더 세니까. 저들을 그냥 쫓아내는 것보다 어떻게든 활용하는 것이 더 좋지 않겠냐? 매번 이런 식이지요. 저들을 쫓아내는 대신 그들을 한곳에 거주하게 하면서 노역을 시켰다고 성경이 반복적으로 저들의 처사를 고발합니다.

이 사람들은 왜 그렇게 했을까요? 본문이 그것을 명확하게 지적하여 말하지는 않지만, 우리가 짐작은 해볼 수 있습니다. 우선은 경제적 이유입니다. 어차피 우리 손아귀에 들어온 것들인데 저들을 다 쫓아내 버리느니 어느 지역을 정하여 제한해 놓고 거기서 살게 하면서 일을 시키면 손쉽게 노동력을 확보할 수 있겠다는 경제성의 원리가 작동했을 수 있습니다. 혹은 저들을 다 쫓아내 버리지 말고 일정한 지역에서 살게 하며 문화정책으로 다스리자고 생각했을 수도 있습니다. 요즘 말로 바꿔서 말하면, 국제 관계나 외교적으로 자신들이 평화를 사랑하는 나라요 자비로운 나라로 과시하여 국제적으로도 좋은 위치를 차지하겠다는 심산이 작동했을 수도 있습니다. 아무튼 경제적인 이유, 합리적인 이유, 또 외교 관계의 이유 등 여러 가지 명분이 동원됐을 수 있습니다. 그러나 분명한 것은 완전히 쫓아내지 않은 사실입니다.

명분 신앙

그러나 앞뒤를 세밀히 살펴보면 한 가지 사실이 확실해집니다. 유다가 가나안 산지 주민들은 철병거가 있어서 쫓아내지 않은 것은 그들이 갑자기 돌변하여 일어난 돌발적 사건이 아니라는 사실입니다. 하나님은 유다가 먼저 올라가라고 명령하셨습니다. 동시에 가나안을 유다의 손에 넘겨주겠다고 승리를 보장하는 약속도 주셨습니다. 그런데 유다는 하나님 앞을 나와서는 시므온을 만나서 전쟁을 앞두고 전술적 제휴를 제안합니다. 두 족속은 분배받은 땅이 인접하거나 혹은 중첩되기도 하므로 두 지파가 제휴를 맺고 동맹을 맺는 것은 전쟁을 유리한 조건으로 수행하는 뛰어난 전략이라고 생각했을 것입니다. 우리는 앞에서 이 대목을 언급하면서 유다가 취하는 행동에 낌새가 심상치 않다는 지적을 하였습니다. 두 지파가 맺은 동맹의 동기는 분명합니다. 전쟁의 승리를 최대한 보장하고 피해를 최소화하는 안전장치를 확보할 수 있겠다는 계산이 맞아떨어진 것입니다. 하나님이 이미 보장해주신 승리를 이들은 자신들의 전략으로 확보하고자 합니다. 여호수아 이래 지금까지의 정복 전쟁은 여호와께서 명하시고 여호와께서 승리하시는 여호와의 전쟁이었습니다. 그러나 이제부터는 여호와께서 명령하시고 이들의 전략과 동맹이 승리하는 전쟁이 될 판입니다.

그러나 이들의 제휴는 유다가 올라가라는 하나님의 말씀에 대한 불순종은 아닙니다. 말씀대로 유다가 올라갔으니까요. 유다가 올라가라고 하셨는데 비록 시므온과 함께 이지만 아무튼 유다가 올라가고 있다는 점에 주목하면 이것은 순종입니다. 이 두 지파의 제휴는 그냥 작은 타협이었습니다. 자기들이 보기에 전쟁의 승리를 더 확실하게 보장하고 심리적으로 그리고 신변의 안전에서도 더 확실한 보장이 가능한 최대한의 방식을 찾으면서 순종을 한다는 명분이 가능했을 것입니다. 물론 그 확실한 보장의 최대한의 방식이 무엇인가는 그들이 결정하는 것이지요. 그리고 지금 이 단계에서는 인접한 지역의 두 지파 사이의 동맹이 그것이라고 판단을 한 것입니다. 이것이 확대되어 자기들의 눈으로 볼 때 이 전쟁은 제휴해도 이길 승산이 없다는 판단이 서면 어떻게 할까요? 가능성 없는 전쟁을 벌여서 재산과 인명의 피해만 보게 될 일은 하지 않는 것이 맞다는 결정으로 나아가겠지요. 그래서 하나님이 그 전쟁을 하라고 하셨어도 자기들의 판단에 승산이 없으니 하지 않기로 하겠지요. 그러면서 하나님을 자기들의 일상 생활에서 밀어내는 현상이 벌어지겠지요. 사사기 1장 29절에서 이들이 산골짜기의 사람들은 철병거가 있다는 이유로 전쟁을 하지 않은 것은 이렇게 해서 생긴 일인 것입니다. 그리고 이러한 삶의 방식을 사사 시대 내내 350년 이상 사는 동안 초래된 필연적인 사태가 바로 그것입니다. "그때에 이스라엘에 왕이 없으므로 사람마다 각각 제 소견에 옳은대로 행하였더라." 작은 타협은 결국은 전체를 놓치는 결과에 이르게 합니다. 그것은 일을 효과적으로 하는 지혜가 아니라 결국은 우리도 알지 못하는 사이에 점점 다 망치는 데로 우리를 이끌어 가는 화근일 뿐입니다.

물론 이미 언급한대로, 말씀을 순종하면서 시므온과의 제휴를 도모한 유다의 처신은 유다가 올라가라는 하나님의 말씀에 대한 불순종은 아닙니다. 그러나 잘 생각해보면 완전한 순종도 아닙니다. 전쟁의 승리도 하나님이 알아서 다 하시겠다고 하셨으니까요. 하나님의 말씀을 순종하기도 하면서, 그 틈새 어딘가에 내가 안심할 수 있는 나의 안전장치도 덧붙여 넣는 방식입니다. 요즘 말로하면 명분도 챙기고 실리도 챙기는 작은 타협이 이런 모습일 것입니다. 하나님의 말씀을 거역하지는 않는데 엄밀하게 말하면 말씀하신 그대로 100% 순종하는 것도 아닌 것이 명분 신앙입니다. 무늬는 말씀 순종인데 실상은 자기가 하고 싶은 대로 하는 것이지요. 이것은 신앙생활에 있어서 매우 위험한 태도입니다.

그것은 하나님의 말씀을 떠나서 다른 기준으로 다른 삶을 살기 시작했다는 명백한 증거입니다. 하나님의 말씀을 순종해야 한다는 신앙의 원리에서 무엇이 더 이익인가를 따지는 실용주의 원리로 돌아선 것입니다. 사실, 오늘날 신앙인들에게도 가장 큰 문제 가운데 하나가 바로 이것입니다. 신앙적인 명분을 내세우면서 사실은 그 뒤에 숨어서 자기 잇속을 챙기는 온갖 불신앙적인 행동들을 당당하게 일삼는 기괴한 신앙행태가 그렇게 해서 교회 안팎에서 극성을 부리게 됩니다. 실용주의와 편의주의를 신으로 삼고 사는 바람에 하나님을 버리게 된 것입니다.

보김 – 우는 자들의 시대

그들이 이런 삶을 살고 있을 때, 이 모습을 보신 하나님께서 사자를 백성에게 보내십니다. 사사기 2장 1절입니다. 여호와의 사자가 길갈에서부터 보김으로 올라왔다. 보김은 그들이 당시 머물러 있는 현장이고, 길갈은 이스라엘 민족에게 영적인 의미가 매우 컸던 곳입니다. 여호수아가 전면전을 펼치면서 가나안 정복 전쟁의 본령으로 삼았던 곳이 길갈입니다. 그래서 거기 길갈에 아마 성소가 있었을 것이라고 추측하는 학자도 있습니다. 그뿐만 아니라 길갈은 요단강을 건넌 직후에 할례를 행하였던 곳입니다. 자기들이 애굽의 종 된 백성이 아니라 하나님과 언약을 맺은 하나님의 언약 백성이며. 애굽에서 나온 후 광야에서 모두 죽어버린 군사를 대체하여 가나안 정복 전쟁을 담당해야 할 여호와의 군대라는 정체성을 확인하고 그것을 만방에 선포했던 곳이기도 합니다.

그런데 하나님의 사자가 그곳을 출발점 삼아서 지금 이들이 머무는 이곳을 향하여 오고 있습니다. 성령님께서 사사기 저자에게 여호와의 사자가 길갈에서 출발해서 이들을 향해 오고 있다고 매우 의도적으로 기록하게 하셨을 것입니다. 이것은 어쩌면, 길갈에서 할례로 하나님의 언약 백성이 되고 그 언약에 따라 여기까지 인도되어 온 하나님의 언약백성인 너희가 어찌 이 지경이 되었는가, 약속의 땅을 정복해야 할 여호와의 군대가 어찌 이런 상태에 있는가! 라는 하나님의 탄식을 상징적으로 표현한 행동이었을 것입니다. 더 나아가서, 이 백성을 향한 하나님의 아주 맹렬한 비난과 책망의 표현이기도 합니다. 하나님의 사자가 이들에게 도착하여 쏟아낸 말을 보면 그것이 분명합니다.

내가 너희를 애굽에서 올라오게 하여 내가 너희의 조상들에게 맹세한 땅으로 들어가게 하였으며 또 내가 이르기를 내가 너희와 함께 한 언약을 영원히 어기지 아니하리니 너희는 이 땅의 주민과 언약을 맺지 말며 그들의 제단들을 헐라 하였거늘 너희가 내 목소리를 듣지 아니하였으니 어찌하여 그리하였느냐 그러므로 내가 또 말하기를 내가 그들을 너희 앞에서 쫓아내지 아니하리니 그들이 너희 옆구리에 가시가 될 것이며 그들의 신들이 너희에게 올무가 되리라 하였노라(삿 2:1-3).

이것은 무서운 책망입니다. 책망의 핵심은 분명합니다. 하나님이 과거에 이들을 어떻게 대했는지를 기억하게 하고 거기에 붙어 있었던 약속이 무엇인가를 상기시키면서 그 언약을 이들이 깨버렸다는 것을 지적하는 것입니다. 다른 말로 요약하면, 자기 삶의 중요한 문제들을 결정하는 기준을 하나님께서 뭐라고 말씀하셨는가에서 내 생각에 무엇이 옳고 이익인가로 바꾸어버리고 자기 좋은 대로 살면서 점점 하나님으로부터 멀어져가는 이들의 행태에 대한 책망입니다. 그리고 앞으로 하나님은 이들을 어떻게 처리하실 것인지, 이들의 운명은 어떻게 될 것인지 단호하게 선언하고 있습니다.

그들이 이전에 받았던 언약과 경고는 이것이었습니다. 가나안과 언약을 맺지 말고 가나안 족속과 섞이지 말라. 모세가 죽기 전에 행한 유언과 여호수아가 마지막 고별설교를 통해서 계속 한 경고도 가나안과 섞이지 말며 가나안의 신을 따르지 말고 그들과 함께하지 말라는 당부였습니다. 이것은 하나님이 매우 독선적이어서 이들을 세상이나 이웃과 등지면서 외곬으로 세상을 살게 하려는 심술에서 나온 것이 아닙니다. 하나님이 인종차별주의자이어서도 아닙니다. 그것은 바로 이 백성의 유익 때문이었습니다. 이스라엘 자손이 가나안과 섞인다는 것은 결국 그들의 신을 섬기게 되는 것을 의미하였고, 그것은 바로 하나님을 버리고 다른 신을 섬기는 것을 말하는 것이었습니다. 그리고 하나님을 버리고 다른 신을 섬기는 것은 곧 그들의 파멸을 초래하는 것이었습니다. 그러므로 가나안과 섞이지 않는 것이 그들이 하나님의 복된 백성으로 살도록 하는 기본조건입니다. 그것이 하나님께서 이들에게 주시려고 작정하신 영원한 은혜와 특권을 누리는 확실한 방법입니다. 그러므로 이들에게 가나안 족속을 쫓아내고 그들과 섞이지 말라는 것은 결국 이 백성의 복된 삶을 보장하는 안전장치였습니다.

이런 기본적인 조건이 무너지자 하나님께서는, 그 언약을 너희가 이렇게 깼으니 나도 이제 언약을 깨겠다고 말씀하십니다. 지금까지 저들을 너희가 쫓아낼 수 있었던 것은 내가 쫓아내 주었기 때문이었다. 내가 저들을 쫓아낸 것은 너희가 내 언약 백성으로 내게 붙어 있어서 언약에 신실한 까닭이었다. 그러나 이제는 내가 저들을 쫓아낼 이유가 없기에 쫓아내지 않겠다. 그것이 말씀의 핵심입니다. 그 말을 듣고 이스라엘 백성이 그곳에서 다 통곡하며 울었습니다.

> 여호와의 사자가 이스라엘 모든 자손에게 이 말씀을 이르매 백성
> 이 소리를 높여 운지라 그러므로 그 곳을 이름하여 보김이라 하고
> 그들이 거기서 여호와께 제사를 드렸더라(삿 2:4-5).

다 통곡하며 울었습니다. 그래서 그곳을 보김이라 불렀습니다. 보김은 우는 자들이라는 말입니다. 이것은 지금부터 시작될 이 사람들의 역사가 어떤 역사가 될 것인가, 이제부터 진행되고 전개되는 역사가 이 사람들에게 어떤 삶의 현장이 될 것인가를 암시적으로 선포합니다. 이제부터 이 사람들은 우는 자들로서 살아가게 될 것입니다. 백성이 듣고 다 울었다는 말은 베드로가 예수님을 세 번씩 부인하고 난 뒤 밖에 나가서 심히 통곡하며 울었다는 그 회개의 통곡을 말하는 것이 아닙니다. 잘못을 회개하고 돌아서는 울부짖음의 통곡을 말하는 것이 아니라, 괴로움이 너무 심해서 울부짖는 고통의 울음소리를 말합니다. 이 사람들은 계속해서 고통으로 울부짖을 것입니다.

사사기에서 보는 대로 이 백성은 그들의 역사가 끝날 때까지 계속하여 수시로 울부짖고 통곡합니다. 그러나 회개의 통곡과 울부짖음으로 우는 울음은 한 번도 없었습니다. 다만 당한 현실이 너무 괴롭고 힘들고 아파서 울부짖는 슬프고 고통스러운 울음입니다. 이 백성은 회개 없는 울음소리를 계속 내는 역사를 살게 됩니다. 하나님을 반역하고, 다른 족속에게 넘겨지는 징계를 받고, 고통에 울부짖고, 하나님의 구원으로 평안을 회복 받고, 다시 반역하고, 그 결과로 다시 징계받고, 울부짖고, 구원받고 … 그것을 사사 시대 내내 반복하는 것입니다.

역사에서 배우지 않는 사람들

여호와의 사자가 그 백성의 현실을 이렇게 정리한 다음, 사사기 2장 7-10절에는 참으로 처참한 상황이 전개되는데 이렇게 시작하고 있습니다.

> 백성이 여호수아가 사는 날 동안과 여호수아 뒤에 생존한 장로들 곧 여호와께서 이스라엘을 위하여 행하신 모든 큰일을 본 자들이 사는 날 동안에 여호와를 섬겼더라 여호와의 종 눈의 아들 여호수아가 백십 세에 죽으매 무리가 그의 기업의 경내 에브라임 산지 가아스 산 북쪽 딤낫 헤레스에 장사하였고 그 세대의 사람도 다 그 조상들에게로 돌아갔고 그 후에 일어난 다른 세대는 여호와를 알지 못하며 여호와께서 이스라엘을 위하여 행하신 일도 알지 못하였더라(삿 2:7-10).

사사기 저자는 이렇게 정리를 하고 있습니다. 백성이 여호수아가 사는 날 동안과 여호수아 뒤에 생존한 장로들, 곧 여호와께서 이스라엘을 위하여 행하신 모든 큰일을 본 자들이 사는 날 동안에 여호와를 섬겼더라. 이것은 여호수아 24장 31절에서 여호수아가 죽었음을 알리면서 그 죽음의 현장에서 했던 말입니다. 그런데 그 말을 여기 사사기에서 다시 그대로 옮겨 반복하고 있습니다. 사사기 저자는 지금 하나님이 주신 삶의 기준과는 다른 기준으로 살다가 우는 자들이 되어버린 이 사람들의 삶의 현장을 보면서 이들처럼 이렇게 살지 않았던 이전 세대를 추억하고 그리워하는 것처럼 보입니다.

여호수아 시대는 이렇지 않았는데… 여호수아가 살았을 때 그 영향 아래서 그 시대를 살았던 장로들이 살던 때는 이렇지 않았는데… 하며 과거 시대를 그리워하고 있습니다. 그러나 이것은 단순히 그때를 추억하며 아쉬워하는 것만이 아닙니다. 그 시대를 이어받았으면서 이 지경이 되어 버린 이 시대 사람들에 대한 탄식이며 책망이기도 합니다. 너희 이전 세대는 이렇지 않았는데 너희는 왜 이런 세대가 되어 버렸는가? 왜 이렇게 됐는가? 역사에서 배우지 않는 세대는 늘 불행합니다. 그래서 모세는 고별설교의 막바지에서 그렇게 경고한 것이었습니다. "옛날을 기억하라 역대의 연대를 생각하라 네 아버지에게 물으라 그가 네게 설명할 것이요 네 어른들에게 물으라 그들이 네게 말하리로다(신 32:7).

서운한 여호수아의 고별설교

이 지경이 되어 한 세대의 역사를 시작하는 이 사람들의 특성을 요약하여 매우 충격적인 칭호를 붙여줍니다. "그 후에 일어난 다른 세대!" 그것이 사사기 2장 10절입니다. 여호수아가 죽고 그 후에 일어난 세대, 그러나 그때와는 다른 세대! 그 후에 일어난 다른 세대라는 이 타이틀이 저에게는 너무나 충격적입니다. 사사기 전체를 통해 결코 잊을 수 없는 것이 이 말입니다. 사사 시대의 질곡은 이 말과 함께 시작합니다. 그 후에 일어난 다른 세대! 사사 시대는 그 후에 일어난 다른 세대가 엮어가는 400년 가까운 세월 동안의 역사입니다.

다른 세대라는 말의 구체적인 내용이 무엇인가를 아는 것이 중요합니다. 그러므로 본문은 무엇이 다르며 어떻게 다른지를 곧 이어 밝힙니다.

> 여호와를 알지 못하며, 여호와께서 이스라엘을 위하여 행하신 일도 알지 못하였더라(삿 2:10하).

여호와를 알지 못하는 사람들입니다. 그뿐 아니라 여호와가 저들을 위해서 행하신 일도 알지 못한 세대입니다. 시간상으로는 여호수아 시대와 중첩되어 살면서 역사를 이어받았지만, 내용상으로는 전혀 다른 세대가 됐다는 말입니다. 다른 말로 하면, 여호와 신앙이 세대와 세대 사이에 전수되지 않고 단절되어 버린 세대라는 말입니다. 여호와 신앙의 전수가 실패로 끝난 세대, 그 세대를 놓고 그 후에 일어난 다른 세대라고 일컫고 있습니다.

이런 대목을 보면서 저는 여러 가지 생각을 하게 됩니다. 먼저는 여호수아에게 매우 서운합니다. 여호수아 자신은 모세를 따라 그 시대를 살았고 모세를 이어 그 시대의 지도자가 되었으면서 자신을 대신할 만한 사람은 준비시키지 않았습니다. 결국 여호수아는 죽었고 하나님께서 찾아오시고, 찾아오신 하나님 앞에서 다음 세대를 대표할 만한 그런 사람은 준비되지 않습니다.

여호수아는 죽기 전에, 여호수아 24장에서 긴 고별설교를 매우 심각하게 합니다. 그 고별설교의 내용이 바로 이런 상황에 대한 염려였습니다. 너희 조상이 했던 대로 헛된 신을 따라가고 그릇된 길을 찾아갈까 두렵다. 그러지 말라고 거듭 말합니다. 그리고 마지막에 그래도 너희가 다른 신을 섬기고 저들과 섞여 살면서 하나님이 금하신 언약 백성이 가서는 안 될 못된 길, 악한 길을 굳이 가려 한다면 가거라. 그러나 나와 내 집은 오직 여호와를 섬기겠노라. 이것이 여호수아의 고별설교였습니다.

매우 단호하고 신앙적인 선언이지만 이 시점에 와서 생각해보니 서운해요. 그것이 그렇게 염려스러웠으면 너는 하나님 잘 믿고 살아라. 너는 하나님께 붙어 있어야 한다. 너는 여호와를 떠나서는 안 된다. 다른 신을 섬겨서는 안 된다. 물질의 유혹에 빠지지 말고, 세상 풍요의 유혹에 빠지지 말고, 오직 여호와께 붙어서 여호와만 섬기며 살아라고 더욱 경계했어야 합니다.

그러니까 이 말을 죽기 전에 유언으로 할 것이 아니고 사는 동안 평소 늘 가르치고 주의시켜서 이루어 놓았어야 할 일 아니겠습니까? 유언을 멋지게 하고 죽어야 하는 게 아니고, 평소에 우리 신앙을 어떻게 하면 저들이 이어받을까? 어떻게 하면 여호와 신앙을 저들이 전수받아서 우리가 죽고 없어진 후에도 이 신앙 가지고 그 길을 가게 할 수 있을까를 고민하고 가르쳐야 하지 않겠습니까? 너희는 모두 안 가도 나는 이 길을 갈 것이라는 결단은 매우 단호하고, 또 어느 순간에 가면 우리가 모두 그렇게 밖에 할 수 없는 때가 올 것입니다. 그러나 우리 신앙이 저들에게 전수되려면 몸부림을 치며 무엇인가를 저들에게 물려주기 위해 고민하고 괴로워하며 부담을 걸머졌어야 하는 거 아닌가 하는 생각을 하게 됩니다.

여호수아 시대를 이어받아서 이제 사사 시대의 역사를 여는 이 세대는 여호와 신앙을 전수받는 데 실패한 세대였습니다. 그러므로 사사 시대 350년의 역사는 그 후에 일어난 다른 세대라는 말로 이름 붙여진 이 세대, 곧 여호와를 알지 못하며 여호와가 자기들을 위해 무엇을 하였는지를 알지 못하는 세대가 엮어낸 역사입니다. 그런데 사사기 3장 1-2절에서는 이들을 다른 말로 지칭하고 있습니다. 전쟁을 알지 못하는 세대라는 것입니다.

> 여호와께서 가나안의 모든 전쟁들을 알지 못한 이스라엘을 시험하려 하시며 이스라엘 자손의 세대 중에 아직 전쟁을 알지 못하는 자들에게 그것을 가르쳐 알게 하려 하사 남겨 두신 이방 민족들은 블레셋의 다섯 군주들과 모든 가나안 족속과 시돈 족속과 바알 헤르몬 산에서부터 하맛 입구까지 레바논 산에 거주하는 히위 족속이라 남겨 두신 이 이방 민족들로 이스라엘을 시험하사 여호와께서 모세를 통하여 그들의 조상들에게 이르신 명령들을 순종하는지 알고자 하셨더라(삿 3:1-4).

전쟁을 알지 못하는 세대라는 말은 그 앞에 나오는 그 후에 일어난 다른 세대라는 말을 다르게 표현한 것입니다. 이 말은 이들이 싸움을 싫어하는 평화주의자들이라는 말이 아닙니다. 하나님을 알지 못하는 세대라는 말의 다른 표현일 뿐입니다. 이들은 어떻게 해서 하나님을 알게 되어 있었습니까? 전쟁을 통해서입니다. 그들이 전쟁을 치러야만 했던 것은 호전적인 기질의 발산이 아니었습니다. 이스라엘에게 이방 족속들과의 전쟁이란 특별한 의미가 있는 것이었습니다. 저들을 쫓아내라. 저들과 함께 섞이지 말라고 하신 하나님의 명령과 뜻을 순종하고 여전히 하나님의 언약 백성으로 남기 위한 순종의 구체적인 현장이자 삶의 방식이 바로 전쟁이었습니다.

그뿐 아니라 이스라엘은 그 전쟁을 통하여 하나님을 체험적으로 알아갈 수 있었습니다. 그들은 전쟁을 통해, 아, 우리가 질 줄 알았는데, 망하는 줄 알았는데, 하나님이 하라 하셨으니까, 하나님의 뜻이니까, 왕이 말씀하셨으니까, 무조건 그대로 했더니 우리가 이기는구나! 아, 하나님이 하라 해서 했더니 되는구나!를 경험한 것입니다. 그리하여 비로소 여호와 하나님이 누구이신가를 알게 되었고, 그분이 자신들을 위해 행하신 일들을 현장에서 확인하고 배운 것입니다. 사실은 이러한 경험을 통하여 신앙의 담력을 갖게 되는 것입니다.

그러나 이미 본 바와 같이 이 백성은 여러 이유와 명분을 내세워 하나님이 명령하신 그 전쟁을 수행하지 않았습니다. 결국 하나님을 바로 알지도 못하고, 그분이 자기들을 위하여 베푸신 일들도 알 수 없는 세대가 되고 말았습니다. 이것이 바로 전쟁을 알지 못하는 세대라는 표현에 함축된 의미입니다. 그러므로 전쟁을 알지 못하는 세대라는 말은 다른 말로 하면, 하나님의 말씀을 불순종한 세대라는 말입니다. 결국 하나님의 말씀을 불순종하여 하나님을 알지 못하게 된 세대라는 말과 같은 말입니다.

이스라엘 자손의 세대 중에 아직 전쟁을 알지 못하는 자들에게 그것을 가르쳐 알게 하려고 이방 민족들을 남겨 두셨다는 것이 3장 2절의 말씀입니다. 남겨 두신 이방 민족들로 이스라엘을 시험하사 여호와께서 모세를 통하여 그들의 조상들에게 이르신 명령들을 순종하는지 알고자 하셨더라는 것이 3장 4절의 말씀입니다. 이 말씀들은 모두 전쟁을 알지 못하는 이 민족에게 전쟁을 알게 하려는 것이 하나님의 중심 의도라고 말합니다. 이것은 하나님께서 당신의 백성을 무슨 전쟁광이나 싸움꾼으로 만들겠다는 것이 아닙니다. 자기들의 파멸을 초래할 다른 신을 섬기는 길로 가는 것을 막겠다는 하나님의 의도와 하나님이 누구이신가를 체험적으로 알도록 이스라엘 백성을 가르치시겠다는 하나님의 경륜을 담고 있는 말씀들입니다. 결국 하나님을 섬기게 하며 하나님을 알게 하시겠다는 하나님의 선하신 의도의 표현입니다.

그런데 충격적인 것은 이 과정에서 등장하는 사사들의 역할입니다. 사사들은 영적인 지도자로서 역할을 하지 않습니다. 사사들은 하나같이 위기관리 전담자, 사고처리 담당자처럼 등장해서 문제만 해결해줄 뿐이었지 사사들이 출현함으로써 여호와 신앙이 그 백성에게 전수되는 일은 일어나지 않습니다.

닥쳐오는 영적 사사 시대의 과업

이렇게 전개되는 사사기는 결국 이스라엘 백성의 여호와 신앙 전수의 실패가 어떻게 전개되는가를 다룬 이스라엘 백성의 실패담입니다. 신앙 전수의 단절은 여기 시작부터 사사기가 끝날 때까지 사사기 전체 역사가 담은 내용이자 주제입니다. 이 이야기를 아, 이스라엘 역사에 그런 적이 있었어? 참 한심한 사람들이구먼. 왜 그따위로 살았대? 아, 그런 적이 있었구나! 라는 정도로 역사를 복습하고 지나갈 수 있는 일이라면 얼마나 다행이겠습니까? 그러나 문제는 이 이야기가 오래전 남의 나라, 이스라엘 역사 가운데 있었던 지나간 일이 아니라 여전히 지금 여기에서 일어나고 있는 문제라는 사실입니다. 우리 가정, 우리 교회, 우리 사회가 직면한 중대한 문제라는 것 때문에 우리도 바로 해당되는 심각한 문제입니다.

세대와 세대 사이에 여호와 신앙의 전수가 단절되고 있다는 것은 매우 심각한 우리 시대의 문제입니다. 여호와 신앙이 전수되지 않은 채로 그냥 아무것도 없이 살아가게 된다면 그나마 다행일 것입니다. 그러나 결코 그렇게 되는 법은 없습니다. 여호와 신앙이 전수되지 않으면 반드시 그것이 아닌 다른 어떤 것이 전수될 수밖에 없다는 데 문제가 있습니다.

열왕기상 16장에 가보시면 매우 처참하고 비극적인 일이 3대에 걸쳐서 계속 이어지고 있는 현장을 보게 됩니다. 오므리 왕가의 이야기입니다. 오므리는 얼마나 악한지 이스라엘의 역대 모든 왕보다 더 악한 자요 여호와의 노를 격발하는 자였다는 것이 그 왕에 대한 평가였습니다(왕상 16:25). 오므리가 죽자 그의 아들 아합이 왕위를 이어서 22년을 왕 노릇 했습니다. 아합은 역대 모든 이스라엘의 왕들보다 더 악을 행하였고 이스라엘의 모든 왕보다 더 여호와의 노를 격발하였습니다(왕상 16:30, 33). 부자가 대를 이어 신기록을 경신하면서 악의 길로 가고 있습니다. 열왕기상 22장에 이르면 아합이 죽고 그의 아들 아하시야가 이어 왕이 됩니다(왕상 22:40, 51). 단 2년간 왕 노릇 했는데, 그 왕에 대한 성경의 평가는 아하시야는 그 아비 아합 만큼 악한 자라고 합니다(왕상 22:52-53). 3대를 걸쳐 악이 전수되고 있습니다. 결국 하나님의 진노로 그들이 어떻게 비참한 종말을 맞이했는지 우리는 잘 알고 있습니다(왕하 1:2-7).

이와는 대조적으로 신약에 오면, 3대를 이어 여호와의 신앙이 전수되는 한 가문의 아름다운 모습이 있습니다. 바울이 말년에 디모데의 목회를 권면하기 위해 기록한 디모데후서 1장을 읽으면, 바울이 디모데를 얼마나 부러워하고 있는지 생생히 느낄 수 있습니다.

내가 밤낮 간구하는 가운데 쉬지 않고 너를 생각하여 청결한 양심으로 조상적부터 섬겨 오는 하나님께 감사하고 네 눈물을 생각하여 너 보기를 원함은 내 기쁨이 가득하게 하려 함이니 이는 네 속에 거짓이 없는 믿음이 있음을 생각함이라 이 믿음은 먼저 네 외조모 로이스와 네 어머니 유니게 속에 있더니 네 속에도 있는 줄을 확신하노라(딤후 1:3-5).

디모데는 바울에게 기쁨이 가득하게 하는 사람이요, 언제라도 보고 싶고, 보면 기쁨이 되는 사람이었습니다. 그는 바울이 기도할 때마다 생각나는 사람이었습니다. 바울은 디모데의 믿음에 대해, 이 믿음은 먼저 너의 외할머니 로이스 속에 있었고, 너의 어머니 유니게 속에도 있었는데 이제보니 네 속에도 있다고 확인을 합니다. 3대를 이어 여호와 신앙을 전수한 멋지고 복된 가정의 모습입니다.

이 시대에 우리가 가장 심각하게 고민해야 할 문제가 이것입니다. 여호와 신앙이 전수되고 있는가? 우리 가정에서, 우리 교회에서 우리는 여호와 신앙을 다음 세대에 전수하고 있는가? 이 시대 교회가 가장 심각하게 고민해야 할 것이 바로 신앙의 전수 문제입니다. 지금 이 시대의 현상을 볼 때나 시대사상의 풍조와 흐름을 볼 때, 또 이 시대 사람들의 관심사로 볼 때 여러 고민 중 가장 큰 고민은 우리가 물려받은 이 신앙이 여전히 다음 세대에도 이어질 것인가, 하는 것입니다. 앞 세대와 다음 세대가 나란히 앉아 같은 마음과 전제를 갖고 여전히 신앙을 주제로 대화하는 것이 가능할 수 있을까, 하는 것이 우리의 고민입니다.

우리가 개인적으로, 교회적으로, 공동체적으로 물려받은 이 여호와 신앙을 어떻게 다음 세대에 전수할 수 있을 것인가를 고민해야 할 때입니다. 그렇지 않으면 우리 다음 세대가 "그 후에 일어난 다른 세대"가 될 것입니다. 그리고 그들의 역사와 인생은 참으로 처참하게 될 것입니다. 어떻게 하면 우리 아이들에게 하나님 신앙을 물려줄 수 있을까? 그것이 우리의 가장 시급하고 긴급한 과제, 절체절명의 최우선 고민거리가 되어야 합니다. 하나님은 우리에게 그것을 요구하고 계십니다. 확실히 영적 사사 시대가 우리 앞에 닥쳐오고 있습니다. 여호와 신앙을 다음 세대에 전수하는 일에 관심을 가지시고 고민하시고 몸부림치시고, 때로는 그 일을 위해 투자도 하시고 헌신도 하는 여러분의 가정과 교회가 되기를 바랍니다.

세대와 세대 사이에
어떻게 하면 우리 아이들에게
하나님 신앙을 물려줄 수 있을까?
그것이 우리의 가장 시급한 과제,
절체절명의 최우선 고민거리가
되어야 합니다.

삿 2:10

그 세대의 사람도 다 그 조상들에게로 돌아갔고 그 후에 일어난 다른 세대는 여호와를 알지 못하며 여호와께서 이스라엘을 위하여 행하신 일도 알지 못하였더라

삿 21:25

그 때에 이스라엘에 왕이 없으므로 사람이 각기 자기의 소견에 옳은 대로 행하였더라

02

멋대로 사는 세상

늘 읽은 본문은 350-400년 긴 기간 동안 지속된 사사 시대가 처음에 어떤 모습으로 시작해서 결국 어떤 결과에 이르렀는가를 한 문장으로 보여줍니다. 여호수아 시대의 사람들은 다 죽고 그 후에 일어난 다른 세대로부터 역사가 시작한다는 선언이 사사기 2장 10절의 말씀입니다. 그렇게 시작한 역사가 350-400년 가까운 세월이 흐른 뒤에 결국 어떻게 됐는가를 증언하는 것이 사사기 21장 25절의 말씀입니다. "그때에 이스라엘에 왕이 없으므로 이스라엘 백성이 각각 제 소견에 옳은 대로 살았다." 한 마디로, 모든 사람이 각각 자기 하고 싶은 대로, 제멋대로 살았다는 말입니다.

구원 역사의 교훈

이스라엘 백성이 출애굽 이후 광야 생활 내내 모세를 통하여 들은 하나님의 말씀이 무엇입니까? 너희 자식에게, 자식의 자식에게 여호와의 구원 역사와 그 은혜를 전하라는 말씀이었습니다. 하나님 여호와가 너희를 어떻게 독수리 날개로 업어 강을 건너게 했는가, 하는 이야기를 너희 자식에게, 자식의 자식에게 전하라는 것입니다. 또한 하나님이 어떻게 너희 편이었는가, 어떻게 너희와 함께했는가를 너희 자식에게, 자식의 자식에게 전하라는 것이었습니다.

이스라엘이 가나안에 들어가기 위해 요단을 건널 때에도, 하나님의 관심은 기적으로 요단을 건너게 하신 이 사건이 가나안에 들어간 후에도 자손들에게 계속 전해지는 것이었습니다. "이 돌들이 이스라엘 자손에게 영원히 기념이 되리라." 여호수아 4장은 우리가 너무도 잘 아는 요단강 도하 작전이 펼쳐지는 현장을 기록하고 있습니다. 1-7절입니다.

그 모든 백성이 요단을 건너가기를 마치매 여호와께서 여호수아에게 말씀하여 이르시되 백성의 각 지파에 한 사람씩 열두 사람을 택하고 그들에게 명령하여 이르기를 요단 가운데 제사장들의 발이 굳게 선 그곳에서 돌 열둘을 택하여 그것을 가져다가 오늘 밤 너희가 유숙할 그곳에 두게 하라 하시니라 여호수아가 이스라엘 자손 중에서 각 지파에 한 사람씩 준비한 그 열두 사람을 불러 그들에게 이르되 요단 가운데로 들어가 너희 하나님 여호와의 궤 앞으로 가서 이스라엘 자손들의 지파 수대로 각기 돌 한 개씩 가져다가 어깨에 메라 이것이 너희 중에 표징이 되리라 후일에 너희의 자손들이 물어 이르되 이 돌들은 무슨 뜻이냐 하거든 그들에게 이르기를 요단 물이 여호와의 언약궤 앞에서 끊어졌나니 곧 언약궤가 요단을 건널 때에 요단 물이 끊어졌으므로 이 돌들이 이스라엘 자손에게 영원히 기념이 되리라 하라 하니라(수 4:1-7).

그들은 하나님께서 요단강을 멈춰 세우시고 마른 강바닥을 발로 밟고 건너게 하실 때 거기서 돌 12개를 취해 가나안 입성의 현장에 세웠습니다. 언덕까지 흘러넘치는 요단강을 건너는 이 위급한 상황에서 발걸음을 멈추어 서서 강바닥에서 돌을 주워 어깨에 걸머지게 하셨습니다. 그것도 한두 사람이 잽싸게 돌을 들어 올리는 것이 아니었습니다. 한 지파에 한 사람씩 열두 지파의 대표를 뽑아서 그들이 각각 지파별로 돌을 들어 걸머져야 했습니다.

이스라엘 자손 중에서 각 지파에 한 사람씩 준비한 그 열두 사람을 불러 그들에게 이르되 요단 가운데로 들어가 너희 하나님 여호와의 궤 앞으로 가서 이스라엘 자손들의 지파 수대로 각기 돌 한 개씩 가져다가 어깨에 메라(수 4:4-5).

하나님께서 여호수아를 통하여 그렇게 하게 하신 목적은 분명합니다. 그들에게 그것을 하도록 시키신 이유는 분명합니다.

이것이 너희 중에 표징이 되리라 후일에 너희의 자손들이 물어 이르되 이 돌들은 무슨 뜻이냐 하거든 그들에게 이르기를 요단 물이 여호와의 언약궤 앞에서 끊어졌나니 곧 언약궤가 요단을 건널 때에 요단 물이 끊어졌으므로 이 돌들이 이스라엘 자손에게 영원히 기념이 되리라(수 4:6-7).

이런 큰 기적을 행했으니 기념품으로 하나씩 나눠 가지라는 것이 아니었습니다. 이 돌들을 세워 놓으면 언젠가 이 사건에 참여한 적 없고 이 일을 모르는 너희 자식들이, 또 자식의 자식들이, 이 돌이 뭐냐고 물을 것이다. 그러면 그때, 하나님이 너희에게 어떻게 했고 너희와 하나님의 관계가 어떠했으며, 과거에 어떤 일이 있었는지 자손에게 말해줄 수 있을 것이다. 그러니까 하나님께서 그들의 조상과 어떤 관계를 맺어왔고 어떻게 함께하고 어떤 역사를 꾸려 왔는지를 모르는 자손들에게 그 이야기를 전해줄 수 있는 실마리로서 지금 이 기념비를 세우고 있는 것입니다. 이것이 그 시대 역사의 주류에 속해 있던 아버지 세대에게 계속 주어진 하나님의 말씀이었습니다. 역사를 이어주는 일에 실패하지 말라는 요구이지요. 다른 말로 하면, 하나님과의 관계를 다음 세대도 맺도록 잇대어주는 일에 실패하지 말라는 말씀입니다. 또 다른 말로 하면, 여호와 신앙이 대대로 전수되게 하라는 말씀입니다.

그런가 하면, 역사를 이어받는 위치에 있는 사람들에게 계속해서 주어진 말씀이 또 있습니다. 특별히 신명기에서 모세가 행한 세 편의 설교의 핵심적인 이야기가 그것입니다. 너희가 저 땅에 들어가거든 기억하라. 너희가 잊어버릴까 걱정이 된다. 잊지 말고 기억하라. 나는 너희 하나님이 되고 너희는 내 백성이 되리라 한 이것을 잊어버릴까 두렵다. 기억하라. 기억하라고 계속 말씀하십니다. 이 말을 다른 말로 하면, 역사에서 배우는 일에 실패하지 말라는 것입니다. 신명기 32장 7절서 모세는 이렇게 간곡하게 말합니다.

> 옛날을 기억하라 역대의 연대를 생각하라 네 아버지에게 물으라 그가 네게 설명할 것이요 네 어른들에게 물으라 그들이 네게 말하리로다(신 32:7).

역사를 이어받는 당사자들에게 역사에서 배우는 일에 실패하지 말라고, 역사에서 배우라는 말씀입니다. 네 아비에게 물으라. 너희 어른들에게 물으라. 그러면 그들이 너희에게 설명할 것이고 그들이 너희에게 말을 해줄 것이다. 묻고 답해야 하는 핵심 내용이 무엇일까요? 하나님은 우리에게 누구인가? 우리는 하나님에게 누구인가 입니다. 당대의 주역인 부모세대는 다음 세대에 여호와 신앙을 놓고 해줄 말을 가져야 합니다. 역사를 이어 받는 다음 세대는 여호아 신앙에 대하여 역사에 묻고 배울 것이 있어야 합니다. 결국 여호와 신앙의 전수를 보장하려고 주신 말씀이었습니다.

전에 설명한 대로 이전 세대에는 너희가 하나님과 맺은 관계를 다음 세대에 이어지게 하라는 말씀을 주셨다면, 당대에는 너희

선조들이 여호와와 맺었던 관계를 너희도 소유하라는 말씀을 당부하신 것입니다. 앞에 있는 세대는 여호와 신앙을 다음 세대에 전수할 책임을 걸머지고, 이제 역사를 잇는 새 세대는 이전 세대가 맺은 하나님과의 관계를 이어받는 책임을 감당하라는 말씀인 것입니다.

사사기의 반복 패턴

앞 장에서 본 것처럼 역사를 이어받은 여호수아가 죽고 새로운 세대로부터 새로운 역사가 시작하고 있다고 선언하고 곧바로 등장한 말이 바로 오늘 우리가 읽은 사사기 2장 10절의 말씀이었습니다. 그 후에 일어난 다른 세대로 규정되는 사람들 이야기입니다. 그 후에 일어난 다른 세대에 의해 이제 새로운 역사가 시작되고 있습니다.

그런데 그 후에 일어난 다른 세대라는 이름으로 불리는 이 사람들의 속성이 무엇이며, 이 사람들의 특성이 무엇인지를 사사기 2장 10-17절에서 개괄적으로 설명합니다.

사사기 2장 10절에서 그 후에 일어난 다른 세대라 불리는 이 사람들은 누구인가?

> 여호와의 목전에 악을 행하여 바알들을 섬기며 애굽 땅에서 그들을 인도하여 내신 그들의 조상들의 하나님 여호와를 버리고 다른 신들 곧 그들의 주위에 있는 백성의 신들을 따라 그들에게 절하여

여호와를 진노하시게 하였으되 곧 그들이 여호와를 버리고 바알과 아스다롯을 섬겼으므로 여호와께서 이스라엘에게 진노하사 노략하는 자의 손에 넘겨 주사 그들이 노략을 당하게 하시며 또 주위에 있는 모든 대적의 손에 팔아 넘기시매 그들이 다시는 대적을 당하지 못하였으며 그들이 어디로 가든지 여호와의 손이 그들에게 재앙을 내리시니 곧 여호와께서 말씀하신 것과 같고 여호와께서 그들에게 맹세하신 것과 같아서 그들의 괴로움이 심하였더라(삿 2:11-15).

요약하자면, 여호와를 알지 못하는 사람들입니다. 여호와께서 우리를 위해 무엇을 하셨는지를 모르는 세대, 곧 여호와께서 하신 일을 알지 못하는 사람들입니다. 사사기 3장 1절에 가면, 이 사람들은 전쟁을 알지 못하는 사람이라고 불립니다. 세 마디로 요약이 되는데 여호와가 누구인지를 알지 못하는 세대, 여호와께서 무엇을 하셨는지 알지 못하는 세대, 그리고 여기서는 전쟁을 알지 못하는 세대라고 바꾸어 말합니다. 여기서 전쟁을 모르는 사람이란 말은 평화주의자라는 뜻이 아닙니다. 앞에서 이미 보았던 것처럼 하나님이 명하신 전쟁, 가나안을 쫓아내야 하는 전쟁을 두고 여러 가지 명분을 내세우며 싸우지 않은 사람들이라는 고발입니다. 그러니까 하나님의 말씀을 순종하는 것이 내 목숨에 위험을 초래하는 일일지라도 그것을 순종해본 경험이 없는 사람들입니다. 자기 목숨이 위협을 느끼는 지경까지 하나님께 순종해본 경험이 없는 세대라는 말입니다. 그 순종을 했다면 하나님을 경험했을 텐데 그런 경험이 없는 세대입니다.

이런 사람들이 사는 삶의 모습은 어떨까요? 그다음 말씀이 당연한 결과로 이어집니다. 그들은 여호와의 목전에 악을 행하는 삶을 살 수밖에 없습니다. 하나님 아닌 바알을 섬기게 됩니다. 그 땅에 있는 다른 사람들과 섞여서 여호와를 버리고 다른 신들을 좇아갔고, 그래서 하나님의 진노를 사는 일을 할 수밖에 없는 사람들이 되고 말았습니다.

사사기가 우리 앞에 펼쳐낸 350년 이상의 역사는 이렇게 시작이 됐습니다. 이런 사람들이 그 역사를 시작하고 있으니 세월이 가면서 이들에게 어떤 일들이 벌어졌을까요? 이들이 어떤 경험을 하며 인생을 살고 세월이 흘러갔을까요? 그것은 너무나 분명합니다. 이런 정신으로 점철된 그들의 역사는 오늘 본문이 서론처럼 정리해 말한 대로 하나님의 진노를 당하는 삶, 하나님이 계속 이들에게 진노하실 수밖에 없는 삶이 대를 이어 계속되는 것이지요. 그래서 사사기 본문은 반복해서 하나님이 이 백성을 징계로 팔아 넘기셨다, 혹은 하나님이 적국의 손에 이 백성을 넘기셨다고 진술합니다. 결국 하나님께서 이스라엘 백성을 대적의 손에 넘겨 버리셔서 끝없이 고통을 당하며 우는 사람으로 살게 되었습니다.

이들은 역사의 첫 단추를 보김으로 잘못 끼우므로 이후 계속 우는 자들의 역사가 되고 마는 것입니다. 여기서 우는 자라는 말은 이미 본 것처럼, 회개하면서 울고 자기 죄를 뉘우치면서 돌이키느라고 우는 것이 아니고 현실적인 고통이 너무 심하고 당하는 서러움이 너무 커서 서글프고 아파서 토해내는 울음입니다. 그렇게 울면서 사는 역사의 반복이 사사 시대인 것입니다. 심한 고통을 당하게 되면 이들은 다시 부르짖습니다. 그러면 이들이 고통당하면서 우는 모습을 보시고 하나님께서 마음이 아프십니다. 하나님은 그렇게 마음이 아프셔서 사사를 일으켜서 이들을 구원하십니다. 그것을 열두 번을 하십니다. 열두 사람의 사사를 하나님이 일으키십니다. 당사자와 그가 행한 일이 자세하게 자초지종 기록되어 있는 대사사라 불리는 6명의 사사와 이름과 함께 몇 년 동안 사사로 일했는지를 간단히 쓴 소사사라 불리는 6명의 사사입니다. 여하튼 열두 사람의 사사를 하나님이 일으키셔서 이스라엘을 건져내십니다. 사람은 반역을 반복하고, 하나님은 구원을 반복하십니다.

그런데 참으로 충격적인 것은 첫 사사 옷니엘이 등장하는 사사기 3장 9절부터 마지막 사사 삼손의 이야기가 이어지는 16장까지, 모든 사사에 대한 기록에 일관된 공통점이 있다는 사실입니다. 열두 명의 사사를 통해 고통에서 구출되고 그렇게 반복적으로 하나님의 은혜를 체험하면서도 단 한 번도 이들이 변하지 않는다는 사실입니다. 언제나 그대로 있을 뿐만 아니라 점점 악해집니다. 하나님을 반역하고 배역하는 타락의 정도나 심도가 점점 더 커지고 있습니다. 이렇게 반역과 배역이 심해지면 하나님께서 이들을 또 징계하시지요. 그렇게 징계받는 일이 무겁고 버거워지면 또 울부짖습니다. 그러면 하나님께서 또 사사를 일으키셔서 구원하십니다. 언뜻 생각하면 하나님께서 하시는 일이 참 답답해 보입니다. 하나님이 속는 줄 뻔히 아시면서 12번을 이렇게 사사를 일으키는 것이 무엇을 말하는지는 다음 시간에 자세히 살펴보겠습니다.

오늘 우리가 확인하고자 하는 것은 이렇게 긴 세월 동안, 그렇게 큰 어려움을 당하고 울부짖고 통곡하는 모습에 하나님께서 너무 마음이 아프셔서 다시 또 사사를 일으키셔서 보내주신 결과로 이 백성이 80년 동안, 40년 동안, 20년 동안, 8년 동안 태평을 누렸다는 것입니다. 하나님의 이런 오래 참으심과 자비를 경험하면 그때 무언가 변화가 일어날 법한데 그러지 않았습니다. 그냥 사사가 일어나서 구해주고 나면 휴 살았다 그러고는 그냥 까맣게 잊어버리고 삽니다. 그 결과, 사사가 몇 년을 다스리고 죽으니라는 말씀이 반복됩니다. 이 죽으니라는 말씀이 끝나면 이스라엘이 다시 죄에 빠졌다라는 말씀이 후렴처럼 이어집니다. 이것이 언제나 반복되는 사사기의 패턴입니다. "이러다가 또 어려움이 닥쳐오면 또 부르짖으면 되고 그러면 또 구해주실 거니까!" 이스라엘 백성은 그렇게 생각했는지도 모릅니다. 거듭되는 하나님의 용서를 은혜로 알지 않고 보장된 구원의 수단으로 이용하는 심리가 발동했을지도 모릅니다. 그러다 보니 다음에는 더 큰 악을 서슴없이 범하고 그것이 점점 더 심해져서 악을 더 크게 행하는 사사시대의 특징을 형성하게 되었을 것입니다. 하나님의 은혜를 감사로 받고 그에 반응을 하지 않고, 하나님의 습관처럼 받아들여 이용하는 것은 우리 자신에게서도 종종 확인하는 무서운 점이기도 합니다. 하나님은 사랑이십니다. 우리는 사랑받기 위해 태어났습니다. 그러나 이 말씀을 잘못 이용하면 우리는 하나님을 두려워하기 보다는 하나님을 능멸하는 죄를 범할 위험이 있음을 알아야 합니다.

사사들의 행위와 결과들

사사 시대의 이스라엘 백성은 역사에서 아무것도 배우지 않습니다. 또 하나 신기한 것은 사사들로부터도 배우지 않습니다. 자기가 경험해온 역사에서도 배우지 않을 뿐만 아니라 사사를 통하여 누리는 구원에서도 교훈을 깨닫지 않습니다. 지난번에도 이러다가 간신히 살아남았는데 이제는 좀 달라져야지, 할 법도 한데 그냥 가만히 있다가 사사가 죽으면 돌아서서 다시 배도하고 반역합니다. 사실 사사에게 별로 배울 것이 없어 보이기도 합니다. 왜냐하면 사사들은 백성을 적국의 큰 압제에서 건져내는 엄청난 일을 이루지만, 백성들의 신앙이나 도덕이나 영적인 상태에 대하여는 관심도 영향력도 없어 보이기 때문입니다. 그런 점에서 사사들은 백성을 돌보고 이끄는 지도자라기보다 눈앞의 문제를 멋있게 한방에 해결 주는 해결사들이고 그냥 국가적인 전쟁영웅들일 뿐입니다. 그러므로 백성의 당장 삶의 문제는 해결되고 편안해졌지만 신앙의 영적 각성도 신앙의 전수도 이루어지지는 않습니다. 그들은 전쟁영웅들이지, 영적인 지도자는 아닙니다. 해결사들만 있지, 지도자가 없는 사회는 늘 불행합니다.

실제로 사사들을 보면 싸움은 잘해서 큰 공을 세우고 백성들을 건져내기는 하는데 그 사사들 가운데는 별별 사람이 다 있습니다. 큰 공을 세워놓고 그다음에 백성에게 금을 거두어서 에봇을 만들어 그것으로 두고두고 우상숭배의 빌미를 만든 이가 기드온 사사입니다. 그는 또 아들을 70명이나 낳았는데 그가 죽으니 첩이 낳은 아비멜렉이 일어나서 계략으로 속여 나머지 70명을 죽입니다. 또 사사 입다는 전쟁에 나가면서 만약에 자신이 승리하고 돌아온다면 처음 만나는 사람을 제사로 드리겠다는 그릇된 서원을 성급히 했다가 딸이 맨 먼저 나와 자신을 맞이한 까닭에 서원을 무를 수 없어서 죄 없는 예쁜 딸을 인신 제사로 바치는 일을 했습니다.

사사 입산은 7년 동안 사사 역할을 했는데 아들이 30명이고 딸이 30명이었습니다(삿 12:8-10). 압돈은 8년 동안 사사를 했는데 아들이 40명이고 손자가 30명이었고, 아들과 손자에게 모두 자가용을 한 대씩 사줬어요. 본문에 보시면, 어린 나귀 70마리를 줬다고 되어 있습니다. 그러니까 아들 손자를 모두 모아놓고 사사 노릇 하는 짧은 7년 동안 자가용 한 대씩 다 사준 겁니다.

사사 삼손

이런 별의별 사사 중 대표적인 인물이 삼손입니다. 삼손은 등장부터 심상치 않고 큰 기대를 모은 사사였습니다. 마치 예수님의 수태고지에 버금가게 천사가 삼손의 출생을 부모에게 미리 알려줍니다. 그리고 그에게 부여되는 사명도 굉장합니다. 그런데 삼손은 여러분 잘 아시는 대로 딤나 여자와 눈이 맞았습니다. 그 여자하고 결혼하겠다고 합니다. 부모가 말릴 수밖에 없습니다. 삼손은 날 때부터 큰 사명을 가지고 태어났기에 그러면 안 되는 사람이거든요. 그러지 마라. 이 형제, 이 민족 중에 결혼 상대가 없어서 이방인과 하냐? 너는 부정한 것을 만지지도 말아야 하는 사람이다. 안 된다! 그랬더니 삼손이 자기가 그래야 하는 이유를 대는 데 참으로 희한한 이유를 댑니다. 사사기 14장입니다.

> 삼손이 딤나에 내려가서 거기서 블레셋 사람의 딸들 중에서 한 여자를 보고 올라와서 자기 부모에게 말하여 이르되 내가 딤나에서 블레셋 사람의 딸들 중에서 한 여자를 보았사오니 이제 그를 맞이하여 내 아내로 삼게 하소서 하매 그의 부모가 그에게 이르되 네 형제들의 딸들 중에나 내 백성 중에 어찌 여자가 없어서 네가 할례 받지 아니한 블레셋 사람에게 가서 아내를 맞으려 하느냐 하니 삼손이 그의 아버지에게 이르되 내가 그 여자를 좋아하오니 나를 위하여 그 여자를 데려오소서 하니라 (삿 14:1-3).

삼손이 그 여자를 내 아내로 삼아야 한다고 내세우는 유일한 이유가 자기가 그 여자를 좋아한다는 그것입니다. 본문은 "내가 한 여자를 보았사오니"라고 합니다. 삼손의 생각은 내가 그 여자를 보았더니 아내로 적합해 보인다는 것이었습니다. 삼손은 참으로 엉뚱한 사람이에요. 이스라엘 백성이 블레셋 사람에게 어마어마한 압제를 받고 소리를 지르고 신음하니까 하나님께서 삼손을 보내어 블레셋 사람에게서 구출해내려 하셨습니다. 이스라엘 백성이 왜 블레셋에게 이렇게 당하고 있는가? 여호와를 등지고 바알 신을 섬겼기 때문입니다. 그들이 행한 일을 구체적으로 말하면 이방 여인과 결혼하여 그들을 아내로 맞아들였고, 그 결과로 그 여자들이 섬기는 이방 종교와 섞여버려서 그 신들을 이들도 섬긴 것입니다. 그래서 닥쳐온 현실의 고통이었습니다. 삼손은 이 백성을 그와 같은 범죄로부터 건져내라고 보냄을 받았습니다. 그런데 자신도 그들의 여자들과 그냥 한통속이 되겠다고 합니다. 이것이 삼손의 모순이요 자가당착입니다. 이방 여인과의 통혼 때문에 이 지경이 되었으니 가서 그 문제를 해결하라고 보냈더니 해결하러 간 사람이 똑같이 이방인과 통혼하려는 거예요.

그래서 그의 부모가 왜 그런 짓을 하느냐? 그러면 안 되지 않느냐고 하니까 내가 보니까 딱 좋은 사람인데요. 내가 좋은데 뭐가 문제인가요? 라는 식으로 답합니다. 사사기 1장 19절에서 본대로 자기 처신을 결정하는 결정적인 선택 기준은 오직 자기의 판단과 자기의 호불호인 것입니다. 사사 시대의 이스라엘 사람들이 어떤 정신으로 어떤 모습을 하고 어떤 사고방식과 가치관으로 살고 있는가를 삼손이 극명하게 보여주고 있습니다. 시대의 풍조를 거슬러 하나님의 아들로 살아야 할 때, 그냥 그 시대의 아들로 살아가는 모습입니다. 사사기 16장 31절에 삼손이 이스라엘 사사로 이십 년 동안 지냈더라는 말로 삼손이 이끄는 시대가 끝났음을 알리고 17장으로 이어지면서 곧바로 동시대의 사람 미가의 이야기가 이어집니다. 그런데 거기에 사사 시대의 성격을 한 마디로 결정짓는 그 유명한 표현이 처음 등장합니다. 17장 6절입니다.

> 그때에는 이스라엘에 왕이 없었으므로 사람마다 자기 소견에 옳은 대로 행하였더라(삿 17:6).

이 말은 사사 시대를 총결산하고 평가하는 사사기 마지막 장 마지막 절의 말씀입니다. 그런데 삼손 당시에 이미 그렇게 사는 세상 풍속이 사사들에게까지 보편화되어 있음을 삼손 이야기는 고발하고 있는 것입니다. 그리고 이어지는 이야기는 이렇게 여호와를 떠나서 각각 제 소견에 옳은 대로 살아버리는 역사의 현장에서 어떤 일이 일어나는지를 보여줍니다.

"제 소견에 옳은대로"의 극치 – 종교적 부패와 윤리적 타락

삼손이 죽은 다음 이어지는 것은 다른 사사의 이야기가 아닙니다. 그 사회, 국가, 민족 전체를 두고 벌어지는 사건들에 대한 기록입니다. 핵심을 요약하면 두 가지 사건입니다. 소위 미가와 레위인 청년의 사건입니다. 그것이 사사기 17-18장에 이어지는 이야기입니다. 그리고 바로 이어지는 것이 19-21장에 걸친 긴 이야기입니다. 어느 남편의 아내 시체 열두 토막 사건입니다. 앞의 사건은 종교적 부패를 뒤의 것은 종교적 부패에 이어 수반하는 도덕적 윤리적 타락을 생생하게 보여줍니다. 먼저, 종교적인 부패가 극심하게 일어납니다. 어느 사회든지 종교가 부패하면 그다음에 반드시 뒤따라오는 것은 윤리와 도덕의 부패입니다. 종교가 부패하고 당연한 결과로 도덕과 윤리가 부패하면 그 사회는 이제 막장으로 가고 그렇게 한 사회는 끝나게 됩니다. 그런데 사사기는 이러한 현상이 벌어진 근본 원인이 무엇인가를 미가 사건의 초두에서 그리고 열두 토막 사건의 끝, 곧 사사기의 끝에서 반복적으로 진술합니다. 신앙이 잘못되면 만사가 잘못되는 법입니다.

> 그때에는 이스라엘에 왕이 없었으므로 사람마다 자기 소견에 옳은대로 행하였더라(삿 17:6).

> 그때에 이스라엘에 왕이 없었으므로 사람이 각기 자기의 소견에 옳은대로 행하였더라(삿 21:25).

종교적 부패

소위 미가와 청년 레위인 사건의 개요는 이렇습니다. 미가의 어머니는 아들이 훔쳐 갔다가 훔친 자에게 퍼붓는 어머니의 저주가 무서워 다시 가져온 돈으로 신상을 만들어 이것은 여호와께 거룩히 드리는 것이라고 어이없는 선언을 하면서 아들에게 줍니다. 미가는 이미 집에 신당을 갖고 있으면서 자기가 에봇과 드라빔을 만들어서 자기 아들 가운데 하나를 제사장으로 세워서 운영하고 있었습니다. 베들레헴에 거주하는 한 레위인 청년이 마침 미가의 집을 찾아오게 됩니다. 그는 성전의 일에 수종들도록 구별된 레위인인데 무슨 연유인지 거류지 베들레헴을 떠나 거처를 찾기 위하여 떠돌아다닙니다. 그러다가 에브라임 산지에 있는 미가의 집까지 오게 된 것입니다. 그 청년이 레위인임을 알아차린 미가는 보수와 댓가 등을 제시하며 그에게 자기 신당의 제사장이 되어줄 것을 흥정합니다. 레위인 청년은 미가의 제안을 받아들여 그 집에 거주하고, 미가는 그를 구별하여 거룩하게 하여 자기 산당의 제사장으로 만듭니다. 레위인 청년은 그렇게 미가의 제사장이 되어 그의 아들처럼 처신합니다. 많은 돈 들여서 교회당 멋지게 지어놓고 목회자 채용하여 교회를 자기 개인 사업체처럼 좌지우지하는 셈이지요. 그리고 미가가 하는 말은 이것입니다. "레위인이 내 제사장이 되었으니 이제 여호와께서 나에게 복을 주실 것이다." 우리가 생각해보면 기가 찰 일이지요. 이때 단지파는 땅 분배를 받지 못하여 땅을 찾으러 전국을 정탐하러 다니다가 미가의 집 정보를 얻게 됩니다. 다섯 사람이 육백 명의 무장군인을 집 문 앞에 세우고 미가의 집에 있는 에봇과 드라빔과 신상을 빼앗아 갑니다. 그리고 레위인 제사장에게는 한 집의 제사장이 아니라 한 지파의 제사장이 되게 해주겠다고 스카웃 제의를 합니다. 레위인 청년은 잽싸게 그 제안을 받아들여서 단지파의 사람들을 따라나섭니다. 보수도 더 많고 사이즈고 훨씬 더 큰 교회라는 것을 기준으로 사역지를 맘대로 옮겨가는 셈이지요.

이 사건은 이들이 종교적으로 어떻게 부패하고 있는가를 생생하게 보여줍니다. 종교가 완전히 생계유지의 수단과 일종의 장사로 전락해 버렸습니다. 교회는 기업 같고, 목회자는 CEO 같고, 교인들은 고객 같고, 예배는 공연 같다는 비난과 비아냥을 받는 한국교회를 생각하게 합니다.

윤리적 타락

바로 이어지는 것은 19-21장에 걸친 긴 사건입니다. 여기도 한 레위인 남자가 사건의 시발입니다. 레위인 남자인데 첩을 거느리고 있습니다. 그 첩이 바람을 피워 간음을 하고는 친정으로 가 버렸습니다. 아내를 데려오려고 친정으로 간 레위인 남자는 며칠 만에 아내를 데리고 집으로 돌아오는데 밤이 늦어서 베냐민 지파 사람들의 지역인 기브아라는 동네 한 집에 들어가서 유숙을 하게 됩니다. 그런데 그날 밤에 그 동네 불량배들이 몰려와서 아내를 끌어다가 저녁 내내 강간을 하였고, 다음 날 아침, 여자는 시체가 되어 집 앞에 엎어져 있는 것을 레위인 남편이 발견하게 됩니다. 이 모습을 본 남편은 불타오르는 자신의 분노를 감당하지 못하여 강간당하여 죽은 아내의 시체를 가지고 돌아와 이스라엘 지파의 수대로 시체를 토막으로 자릅니다. 그리고는 각 지파 사람들의 분노를 촉발하는 선동 메시지와 함께 시체 한 토막씩을 각 지파에게 보내버립니다. 전국민의 힘을 동원하여 자기 자신의 원한을 풀어

버리고자 한 것입니다. 그렇게 선동된 각 지파의 대표들은 이 사건 앞에서 흥분과 분노에 모두 사로잡혀서 앞뒤 생각할 필요 없이, 자초지종 따져볼 여유 없이, 그들의 행위가 어떤 의미를 갖고 있으며 어떻게 처리하는 것이 사회적으로 국가적으로 바른 것인지 정신을 차려 따지지 않고 내친 분노김에 담박에 여러 결정을 해버립니다. 분노에 찬 즉흥적이고 감정적인 그 결정으로 말미암아 베냐민 지파와 다른 지파연합군 사이에 전쟁이 일어나 결국 양쪽에서 수만 명이 죽고, 다른 지파들이 베냐민 족속에게는 아내감을 주지 말아야한다고 맹세를 해버리는 바람에 열두 지파 가운데 한 지파가 없어질 운명에 처하게 되어 다시 큰 문제가 되는 등 여러 참극이 벌어졌다는 것이 이 사건의 내용입니다.

그 사회는 레위인이 첩을 거느리고, 그 첩은 다시 바람을 피우고 가출을 하고, 불량배들은 떼를 지어 다니며 하루 밤 유숙하는 낯선 여인을 끌어내어 저녁 내내 강간을 하는 현상이 늘 있는 예삿일처럼 전혀 기이한 일이 아닌 사회라는 고발로 시작합니다. 이것은 이 사회의 치안 문제가 아니라, 도덕성의 문제인데 이 사회는 이 지경이 되었다는 고발이기도 합니다. 그리고 이어지는 일은 자기의 분노를 해소하고, 억울한 사연을 풀 수만 있다면 죽은 아내의 시체까지도 토막을 내어 보내는 등 무슨 짓이라도 서슴지 않고 행할 수 있으며, 사회적으로도 그 사회의 분노와 불의를 해결하기 위해서는 형제들과의 전쟁은 물론 그보다 더한 무슨 정책이라도 서슴없이 결정하고 시행할 수 있는 사회라는 것을 생생한 고발입니다. 단순히 개인들의 생활 차원에서만이 아니라, 전사회적으로도 어떻게 도덕과 윤리가 무너져내려 철저하게 타락하고 말았는가, 그것 때문에 사실은 얼마나 많은 사람들이 그리고 사회 전체가 고통을 당하고 있는가를 생생하게 보여주는 사건입니다.

한 시대를 마감하는 최후 판정

그리고는 마지막 한 마디 말로 사사 시대는 대단원의 막을 내립니다. 이 시대, 이 사회에 대한 마지막 결론적인 평가인 셈입니다.

> 그때에 이스라엘에 왕이 없었으므로 사람이 각기 자기의 소견에
> 옳은대로 행하였더라(삿 21:25).

이 말은 참으로 무서운 최후 판정입니다. 이 말은 그때는 왕이 없었어. 사람들에게 왕이 없으니까 별수 없잖아? 각각 자기들이 알아서 해야지 라는 당위성 옹호의 말이 아닙니다. 또는 상황이 그랬었다. 왕이 없는 상황이었고 사람들은 이렇게 살았다는 단순한 사실 진술이 아닙니다. 왕이 있었으나 그들은 왕을 멸시하고 거부하고 왕을 인정하지 않고 제멋대로 제 잘난 맛에 사는 사람들이었고 그런 시대였다는 맹렬한 비난과 진노가 포함된 고발입니다. 그 시대의 모든 문제의 근본 원인은 바로 이것으로부터 기인했다는 결론인 것입니다.

왕이 왜 없습니까? 사사기 1장 1절은 이스라엘 백성이 여호와

께 올라가서, 누가 먼저 올라가야 하겠습니까, 하고 물었고 그 물음에 하나님께서, 유다가 먼저 올라가라고 하신 답을 듣고 당연히 그래야 하는 줄 알고 내려왔습니다. 그래서 유다가 시므온에게 여호와께서 유다가 먼저 올라가라 그랬으니까 당연히 올라가야 하는데 그 명령을 우리가 순종하기 위해 우리와 너희가 협력하자. 우리가 올라가야 할 때, 너희가 우리와 같이 올라가 주고 너희가 올라가야 할 때, 우리가 같이 올라가서 정복하자고 합니다. 이렇게 해서 시작된 역사였습니다.

그들에게 왕좌에 앉은 인간 왕은 없었지만, 이미 조상 때부터 왕으로 알고 섬겨온 왕이 있었습니다. 하나님입니다. 이스라엘 백성을 애굽에서 이끌어낼 것을 모세에게 선포하시는 첫 순간부터 하나님은 이스라엘을 가리켜 내 백성이라고 단언하셨습니다. 그리고 하나님과 이스라엘 백성 사이의 변함없는 언약 관계를 극명하게 표현하기 위하여 하나님은 "너희는 내 백성이 되고 나는 네 하나님이 되리라"는 말을 입버릇처럼 해오셨습니다. 그리고 이스라엘 백성은 줄곧 하나님과의 관계를 그렇게 인식하고 있었습니다. 이스라엘이 하나님의 백성이라면 하나님은 이스라엘의 왕이라는 말 외에 다른 말이 될 수 없습니다. 그러므로 여호수아가 죽은 후에 이스라엘 백성은 왕이신 하나님께 나아가서 자기들의 처신에 대하여 하나님의 뜻을 물었던 것입니다. 그리고 그 왕께서 하라 하신 말씀이면 생명의 위험을 느끼든 말든 해야 하는 일인 줄 알고 그 말씀대로 행동을 시작했던 사람들이었습니다. 사사기

1장 19절부터 완전히 판단 기준이 달라지면서 이렇게 바뀌었다는 것은 이미 앞에서 살펴보았습니다. 그래서 나타난 그 후에 일어난 다른 세대가 계속해서 하나님을 떠나버린 삶을 고집하며 살다가 다다른 곳이 바로 이 지점이었습니다. 그것을 사사기는 이 마지막 한 마디로 이 시대를 마감하는 것입니다. "그때에 이스라엘에 왕이 없으므로 각기 자기의 소견에 옳은 대로 행하였더라!" 그들은 하나님이라는 분명한 왕을 거부하고 무시하고 제 소견에 옳은 대로, 제멋대로, 저 보기에 좋은 대로, 제 잘난 멋에 살고 제 마음대로 사는 세상을 만들어버렸다고 최후 판정을 짓고 있는 것입니다.

시대의 도전과 우리의 응전

이렇게 놓고 보면 이것은 아주 오래전 이스라엘에 있었던 이야기가 아니라 바로 오늘 우리의 이야기라는 생각을 하게 됩니다. 우리가 지금 각각 제 소견에 좋은 대로 살고 있고 각각 자기 호불호를 모든 중요한 결정의 기준으로 삼고 살지 않습니까? 하나님의 기준을 버리고 자기 욕망의 성취를 기준으로 살기 시작하는 순간 우리는 필연적으로 자기 소견에 옳은 대로 살게 됩니다.

이스라엘 백성이 왜 이런 삶을 살게 됐는지 역으로 원인을 추적해 봅시다. 그들이 그런 짓을 하게 된 것은 바알 신을 섬겼기 때문입니다. 왜 바알을 섬길 수밖에 없게 되었느냐 하면, 그들이 바알을 섬기는 자들과 혼합하였기 때문입니다. 그들이 왜 바알을 섬

기는 가나안 족속들과 혼합하였는가 하면 그들이 가나안을 쫓아
내라는 하나님의 명령을 어기고 하나님을 버렸기 때문입니다. 그
들은 왜 하나님을 버렸는가 하면 하나님 신앙이 그들에게 전수되
지 않았기 때문입니다. 하나님 신앙, 여호와 신앙이 전수되지 않
은 사람들이 필연적으로 살 수밖에 없는 삶이란 하나님 없는 삶이
지요.

세속화

하나님 없는 삶은 한마디로 세속화된 삶이라고 할 수 있습니
다. 세속화라는 말은 그의 지향점이 하나님에서 인간으로 옮겨졌
다는 말입니다. 하나님 중심의 삶의 원리가 인간 중심의 원리로
바꾸어졌다는 말입니다. 그렇게 바꾸어진 인간 중심성이 구체적
으로 담고 있는 내용은 크게 두 가지입니다. 첫째는 실용성 지상
주의입니다. 모든 것의 기준이 어떻게 하는 것이 효과적인가? 어
떻게 하는 것이 남는 것인가? 그렇게 해서 얻는 이익이 무엇인가
등으로 모아집니다. 이런 생각과 사상이 복음의 탈을 쓰고 나타난
것을 가리켜 우리는 부와 건강의 복음, 혹은 번영신학이라고 말하
기도 합니다. 둘째는 자기중심주의입니다. 인간중심의 생활 태도
는 인간 존중이나 인권을 높이는 것이 아니라, 필경 각 개인의 자
기중심주의로 귀착하게 됩니다. 인간 중심성으로 시작한 세속화
의 결론은 언제나 자기중심성으로 나아가게 됩니다. 이것이 심화
되면 지독한 이기주의의 모습을 갖게 됩니다. 이것이 삶의 현장에

서 구체적으로 나타나는 태도가 곧 자기 소견에 옳은 대로 행하는 것입니다.

오늘날이야말로 모두가 각각 자기 소견에 옳은 대로 사는 것이 이 시대의 풍조가 되어버렸습니다. 그렇게 하면 다른 사람들이 불편한데 왜 그렇게 해? 다른 사람을 생각한다면 그렇게 하면 안 되잖아? 하고 물으면 대답은 이렇습니다. 내가 하고 싶으니까! 그건 이렇게 해야 되는데 왜 안해? 하고 물으면 대답은 정해져 있습니다. 내가 하기 싫으니까! 공중도덕도 윤리도 상식도 고려의 대상이 아닙니다. 어떤 행동을 할 것인지, 하지 말 것인지를 결정하는 기준은 언제나 자기가 하고 싶은지 하기 싫은지가 최우선의 기준입니다. 신자와 교회가 이와 같은 기준으로 살아가게 되면 우리 삶에서, 그리고 교회에서 왕이신 여호와 하나님은 점차 사라지게 됩니다. 신자의 생활과 교회 안에 이상하고도 낯선 하나님의 침묵과 하나님의 부재가 보편적인 현상이 되어버립니다. 이 시대의 신자들과 교회는 하나님에 대하여 전혀 부요하지 못한 세대가 되어버렸습니다. 하나님을 아는 데에서 매우 가난해졌습니다. 우리의 일상의 삶과 우리 시대의 교회가 하는 일들 가운데서 하나님이 주도권을 갖고 행하시는 것을 발견하는 것이 희귀해진 시대를 살고 있습니다. 어쩌면 이것이 오늘날 교회와 또 우리 자신의 가장 심각한 문제가 아닌가 생각합니다. 하나님 없이, 제 소견에 옳은 대로, 제 잘난 멋대로 살아버립니다. 그러니까 공동체는 없고 톡톡 튀는 개인만 있습니다.

상대화

이 시대에 하나님의 왕 되심을 거부하고 각각 제 소견에 옳은 대로 살아버리는 삶을 부추기는 것으로 세속화 외에 또 하나의 문제가 있습니다. 포스트모더니즘이라 불리는 시대사상입니다. 포스트모더니즘이라고 하든지 포스트모던 세계라고 하든지 그것은 몇 가지 핵심적인 용어로 쉽게 이해할 수 있습니다. 그중에 중요한 단어 하나가 상대화라는 것입니다. 이 시대 사람들의 정신을 사로잡고 있는 포스트모더니즘의 핵심 가운데 하나가 상대화라는 것입니다. 상대화는 다원화, 혹은 전문화, 개별화, 그리고 절대 권위에 대한 절대적인 거부의 풍조와도 밀접한 관련을 맺고 있습니다.

상대화를 쉽게 설명하면 이렇습니다. 제가 지금 손에 들고 있는 이것을 저는 컵이라고 하고 또 다른 이는 항아리라고 합니다. 옛날 같으면 이걸 두고 싸웠습니다. 이게 컵이지 어째서 항아리야? 그러면 저쪽에서는 그게 항아리지 어째서 컵이야? 이렇게 둘이 싸웁니다. 이렇게 싸운다는 것은 최소한 양쪽 모두 동일한 하나의 전제를 갖고 있다는 말이 됩니다. 나의 말이 맞든지, 그 사람의 말이 맞든지 둘 중 한 사람만 옳다는 것입니다. 항아리이든지 컵이지, 항아리도 되고 컵도 될 수는 없다는 것을 전제하고 있는 것입니다. 다시 말해서 답이 하나여야 한다는 공통된 전제를 갖고 있는 것입니다. 그래서 싸움이 벌어집니다. 그런데 상대화는 서로를 인정하는 것입니다. 하나의 사실에 두 가지 대답을 용인하는 것입니다. 나는 컵이라 하면서 항아리라고 하는 네가 틀렸다 하지 않고, 너는 항아리라고 하면서 컵이라고 하는 나를 틀렸다고 하지 말자. 그래서 우리 둘 다 맞는 걸로 하자는 것입니다. 이것이 상대화입니다. 그저 관점이 다를 뿐이라고 본 것입니다.

한국교회가 직면한 문제

이 사상이 종교로 들어오면 종교 다원주의가 됩니다. 오늘날 한국교회가 이 사회로부터 받는 지독한 공격은 큰 흐름으로 볼 때 두 가지입니다. 하나는 그동안 한국교회가 범해온 윤리적인 실패로 말미암아 일어난 현상에 대한 공격입니다. 우리는 교회답지 않다는 말로, 신자답지 않다는 말로 공격과 모욕을 당하고 있습니다. 여기에 대해서는 우리가 할 말이 없습니다. 이 사회 앞에 교회로서 공개적으로 사과해야 합니다. 그리고 고쳐야 합니다.

다른 한편, 한국교회는 교회다운 사실 때문에도 공격을 받습니다. 이 두 번째 공격이 더 지독한 공격입니다. 지금 이 사회와 여러 사람이 퍼붓는 기독교에 대한 날 선 공격은 기독교가 붙들고 있는 배타적인 구원관과 독선적인 신관을 버리고 화해와 상생의 장으로 나와서 다른 종교들과 함께 손에 손을 잡고 이 사회에 기여하라는 것입니다. 독선적인 신관을 버리라는 요구의 구체적인 내용은 하나님만이 참 하나님이시라는 기독교의 교리를 버리고 다른 종교들의 신들을 동일하게 인정하라는 요구입니다. 그리고 배타적인 구원관을 버리라는 요구의 구체적인 내용은, 예수 그리스도로만 구원받는다는 교리를 버리고 다른 종교에도 구원이 있다는 것을 인정하라는 요구입니다. 그렇게 기독교 교리를 버리고 다른 모든 종교와 화해하고 상생하며 손에 손을 맞잡고 같이 이 사회에 기여하라는 것입니다. 심지어 다른 종교라고도 말하지 말고 이웃 종교라고 말하라고 합니다.

요즈음에는 가톨릭교회 추기경이 불교 법회에 가서 강론하고 또 불교의 종정이 미사에 가서 강론하는 것을 보는 것이 예사로운 일이 되었습니다. 이런 모습들을 보면서 기독교에 대한 공격이 빗발치듯 합니다. 봐라. 다른 종교도 다 저렇게 하는데 너희도 따라 해라. 기독교도 좀 본받아라. 얼마나 보기가 좋냐. 저렇게 아량이 넓고 포용력 있는 게 건강한 종교다. 기독교는 편협하고 독선적인 주장을 버려야 한다고 합니다. 그런데 더욱 심각한 문제는 많은 교인들과 심지어 교회 지도자들 가운데도 그 말이 옳다고 생각하는 현실입니다. 우리가 좀 그렇긴 해. 우리가 좀 마음이 좁긴 좁지! 그런다 이 말입니다.

그러나 여러분, 이것은 아량이 넓고 좁은 것의 문제가 아닙니다. 포용력이 있느냐 편협하냐 하는 차이에서 발생하는 문제가 아닙니다. 그 뒤에 깔린 사상의 차이에서 발생하는 문제입니다. 우리는 예수 믿어야 구원받는다고 하지만 아까 말한 것처럼 종교 다원주의로 가면 얘기가 달라집니다. 우리는 예수 믿어서 구원 얻고, 당신들은 당신들의 신을 믿어서 구원을 얻는다고 말하게 되는 것입니다. 결국 구원은 하나인데 그것에 이르는 길이 다양할 뿐이라고 말하게 됩니다. 우리에게는 여호와 하나님이 참 신이시고,

당신들에게는 당신들의 신이 참 신이라고 인정을 합니다. 그리하여 당신들과 우리 모두 옳다는 결론을 수용하게 됩니다.

기독교가 배타적인 구원관을 갖는 것은 본래 기독교의 진리가 그렇기에 그런 것이고, 기독교는 언제 어디서나 그것을 믿음으로써 비로소 기독교인 것입니다. 그것을 버리면 더이상 기독교가 아닌 것이지요. 그런데도 기독교가 기독교로 존재하는 것을 두고 자꾸 아량이 좁아서라고 합니다. 그렇지 않아요. 분명히 성경은 말씀하기를 예수 외에 구원받을 만한 다른 이름을 천하 인간에게 준 적이 없다고 말합니다. 그리고 여호와 하나님만이 참 하나님이라고 말합니다. 그런데 교회 안에서까지 묘한 얘기가 나옵니다. 우리가 너무 강하게 구원의 유일성을 주장하니까 자꾸 세상이 우리를 미워하여 전도의 문이 막히니 우리끼리는 그게 맞는 말이지만 밖으로는 그 말을 너무 강하게 하지 말자고 합니다. 그 말을 너무 강하게 하면 전도의 문이 막히니까 그 말하는 것을 조심하자니요? 무엇이 전도인데요? 그것을 말하는 것을 전도라고 하는 것 아닙니까? 그것은 전도의 문이 막히지 않도록 전도를 하지 말자는 말이 될 뿐입니다. 교회의 성장을 위해서 교회가 되지 말자는 말이나 마찬가지입니다. 교회는 성장하거나 세상에서 살아남기 위해 있는 것이 아닙니다. 교회이기 위하여 있습니다. 우리가 어떤 이유로든지 하나님만이 참 하나님이라는 신앙고백을 양보하는 순간, 그리고 구원 얻는 길은 예수 그리스도를 믿는 이길 뿐이라는 신앙고백을 어떤 명분으로든지 타협하는 순간, 예배당 모든 벽

을 다 교회라는 글자로 도배를 해도 그 순간부터 그것은 성경이
말하는 기독교가 아닙니다.

진정으로 해야 할 일

오해하지 마십시오. 우리가 어떤 다른 종교와도 같이 손을 잡
고 일을 해서는 안 된다고 말하는 것이 아닙니다. 우리는 예수 그
리스도로만 구원받는다는 것을 전혀 양보하지 않고, 내려놓지 않
고, 그것을 고백하면서 다른 종교들과 더불어서 이 사회를 유익하
게 하는 많은 일을 할 수 있습니다. 아니, 반드시 해야 합니다. 모
든 고등종교의 공통적인 책임은 그 사회의 도덕 수준을 높이는 데
중요한 역할을 한다는 점입니다. 이 사회의 도덕 수준이 떨어졌으
니 우리가 이 나라 안에 있는 다른 모든 종파와 연합하여 도덕 수
준을 높이는 캠페인을 합시다. 왜 못하겠습니까? 그러나 지금 우
리한테 하는 요구는 그 일을 하려면 너희 구원관과 신관은 내려놓
아야만 다른 종교들과 같이할 수 있다고 요구하는 것이 문제입니
다. 우리가 어떤 식으로든지 다른 종교들과 연합해서 사회를 위한
활동을 하면 우리는 우리의 교리와 신학을 타협한 것이 된다고 말
하는 그것도 문제입니다. 다른 종교들과 연합하여 사회에 기여하
는 일을 하면서 그러나 그 일을 할 때마다 주관하는 종교의 건물
에 모여 그 종교의 예식을 따라 예배를 드린 후에 행사를 시작하
는 것은 할 필요가 없는 일입니다. 예배는 각 종교가 그 종교 고유
의 예전에 따라서 자기 신도들끼리만 지켜야 합니다. 사회복지를

위한 행사를 위하여 모인 곳에서는 그 행사만 함께 하면 되는 것입니다. 한 종교의 예전을 모든 종교가 연합으로 드려야만 연합활동이 되는 것은 아닙니다. 각 종단의 대표들이 서로 가운을 바꾸어 입고 손을 잡고 한 줄로 서서 사진을 찍어야만 드디어 종교간 화해와 일치가 일어나는 것은 아닙니다.

하나님이 왕이시라는 사실은 어느 순간에도 변할 수 없습니다. 하나님은 왕이십니다. 이것을 내려놓는 순간, 우리는 필연적으로 제 소견에 옳은 데로 가게 되어 있습니다. 그리고 그런 세대는 반드시 망하게 되어 있습니다. 하나님을 왕으로 인정하고 살아야 합니다. 그리고 어떤 식으로든지 이 신앙을 세대에서 세대로 이어지게 해야 합니다. 그것이 우리가 해야 할 가장 시급한 일입니다. 이 시대에 개인과 가정과 교회에서 우리가 해야 할 정말 시급하고 귀한 일이 여호와 신앙을 다음 세대에 전수하는 일입니다. 그 말은 하나님이 왕이 되시게 하는 일과 직결되어 있고, 하나님이 그 역사를 이어가시게 하는 일과 직결되어 있습니다. 우리 자신이 갖고 있지 않고, 살고 있지 않는 것을 전수할 수는 없습니다. 하나님이 왕이신 삶, 하나님의 왕 되심을 인정하는 삶을 사시기로 작정하는 말씀이 되기를 바랍니다.

하나님이 왕이시라는 사실은
어느 순간에도 변할 수 없습니다.
하나님은 왕이십니다. 이것을
내려놓는 순간, 우리는 필연적으로
제 소견에 옳은 데로 가게 되어
있습니다.

삿 10:6-16

이스라엘 자손이 다시 여호와의 목전에 악을 행하여 바알들과 아스다롯과 아람의 신들과 시돈의 신들과 모압의 신들과 암몬 자손의 신들과 블레셋 사람들의 신들을 섬기고 여호와를 버리고 그를 섬기지 아니하므로 여호와께서 이스라엘에게 진노하사 블레셋 사람들의 손과 암몬 자손의 손에 그들을 파시매 그 해에 그들이 요단 강 저쪽 길르앗에 있는 아모리 족속의 땅에 있는 모든 이스라엘 자손을 쳤으며 열여덟 해 동안 억압하였더라 암몬 자손이 또 요단을 건너서 유다와 베냐민과 에브라임 족속과 싸우므로 이스라엘의 곤고가 심하였더라 이스라엘 자손이 여호와께 부르짖어 이르되 우리가 우리 하나님을 버리고 바알들을 섬김으로 주께 범죄하였나이다 하니 여호와께서 이스라엘 자손에게 이르시되 내가 애굽 사람과 아모리 사람과 암몬 자손과 블레셋 사람에게서 너희를 구원하지 아니하였느냐 또 시돈 사람과 아말렉 사람과 마온 사람이 너희를 압제할 때에 너희가 내게 부르짖으므로 내가 너희를 그들의 손에서 구원하였거늘 너희가 나를 버리고 다른 신들을 섬기니 그러므로 내가 다시는 너희를 구원하지 아니하리라 가서 너희가 택한 신들에게 부르짖어 너희의 환난 때에 그들이 너희를 구원하게 하라 하신지라 이스라엘 자손이 여호와께 여쭈되 우리가 범죄하였사오니 주께서 보시기에 좋은 대로 우리에게 행하시려니와 오직 주께 구하옵나니 오늘 우리를 건져내옵소서 하고 자기 가운데에서 이방 신들을 제하여 버리고 여호와를 섬기매 여호와께서 이스라엘의 곤고로 말미암아 마음에 근심하시니라

03

긍휼

사사기는 마치 도도히 흐르는 큰 강처럼 세 줄기 흐름이 처음부터 끝까지 흐르고 있습니다. 첫째는 언약을 팽개치고 언약의 하나님을 등지고 사는 언약 백성이 만들어 내는 역사를 보여주는 흐름입니다. 그들이 어떻게 악해지고 있고 더 악해지는지를 보여줍니다. 둘째 흐름은 이런 배도와 타락의 어두운 배경을 딛고 그 속에서도 여전히 하나님은 어떤 분이신가를 보여주는 것입니다. 하나님의 긍휼, 다시 말하면 긍휼의 하나님의 모습입니다. 셋째 흐름은 그들이 그렇게 악해지고 하나님은 계속 그들에게 질질 끌려다니며 뒤치다꺼리만 하시고 역사는 더 나아지지 않는 것 같은 현실 속에서도 하나님이 어떻게 역사의 주인으로서 역사를 진행해 나가시는가를 보여줍니다. 즉, 하나님이 어떻게 역사의 주인이신가를 보여줍니다. 하나님의 섭리와 경륜이라는 관점에서 드러나는 하나님의 모습이지요. 그것의 절정이 사사시대를 살았던 한 가정의 이야기를 드러내는 룻기입니다. 오늘은 이 이야기들을 해보려고 합니다.

언약을 저버린 이스라엘

애굽에서 400여 년 동안 노역과 압제를 당하던 이스라엘 백성을 하나님께서 찾아오셨습니다. 애굽 땅에서 그의 백성을 건져내시려는 원대한 계획이 하나님께 있으셨기 때문입니다. 광야로 이끄셔서 너희는 내 백성이 되고 나는 너희 하나님이 되리라는 말로 공식화된 언약을 맺으셨습니다. 이 공식화된 언약문으로 그 백성과의 관계를 압축적으로 표현하시고 언약이 맺어졌음을 선포하셨습니다. 그리고 그 언약대로 하나님께서 이 언약 백성을 젖과 꿀이 흐르는 땅, 크고 광대한 땅, 아름다운 땅, 그곳으로 인도하여 가나안에 들어가게 하셨습니다. 하나님은 그 땅에서 대대로 그 약속을 성취하시며 이스라엘에게 하나님의 언약 백성으로 사는 삶이 얼마나 명예롭고 영광스러운가를 보여주려고 하셨습니다. 그뿐만 아니라, 하나님은 그 백성의 하나님이신 것이 얼마나 위대한 일인지도 만방에 펼쳐 보이려 하셨습니다. 그리고 가나안 땅을 그런 삶을 살아내는 현장으로 만들 참이었습니다. 그리고 그 언약을 그곳에서 성취할 것을 기대하셨습니다.

그러나 우리가 이미 본대로 이스라엘 백성은 그곳에 들어간 첫 세대, 곧 여호수아와 그 세대의 백성이 죽고 다음 세대로 이어지면서부터 언약 백성으로서의 삶을 모두 던져버리고 350년 이상을 시종일관 철저하게 가나안 거민의 삶과 풍속에 동화되고 말았습니다. 아마 낯선 곳에 와서 자기보다도 훨씬 강대한 토착 기득권 세력에 둘러싸여 그곳에서 살아남아야 하는 이스라엘 백성들에게 하나님과의 언약을 철저하게 지키며 산다는 것은 현실적으로 쉬운 일이 아니었을 것입니다. 강한 이민족이 차지하고 있는 새로운 환경에서 저들과 싸워서 살아남아야 하는 것은 눈앞에 닥친 매일 매일의 현실이고, 하나님의 약속은 멀고 불확실하게 느껴졌을 것입니다. 하나님은 약속의 땅에서 그들이 번창하여 민족을 이루고 젖과 꿀을 먹는 풍요로운 삶을 약속하셨지만, 그들에게 이 약속은 멀고 불확실한 것이었습니다. 그런 중에 이들은 우선 당장 해결해야 할 문제, 시급하고 두려운 문제, 긴급하게 처리해야 할 일 등을 해결하는 데 여력을 집중하며 살다 보니 점점, 그리고 급격히 가나안 풍속에 동화되어 갔을 것입니다.

그러나 현실이 아무리 그렇다 할지라도 하나님의 언약 백성으로서 삶을 팽개쳐버리고 사는 것은 아주 잘못한 일이었습니다. 그들이 그런 모습, 원리, 정신으로 그 세상에 영합해 흡수되면서 살아가는 그 세월은 참으로 고달픈 것이었습니다. 그들은 갈수록 더 악해졌고, 더 큰 고통을 당해야 했고, 하나님께는 점점 더 심각하게 등을 돌리며 역사를 이어가게 됐습니다. 결국, 그들이 만들어낸 결과는 하나님이 왕이심을 무시하는 세상이었습니다. 각각 제 소견에 옳은 대로, 제 맘 내키는 대로, 저 하고 싶은 대로 하며 사는 것이 자연스러운 세상천지를 만들어버리고 말았습니다. 그것이 사사기가 일관되게 우리에게 드러내 보여주는, 세상과 타협한 언약 백성의 현실이었습니다.

지독한 하나님의 긍휼

계속 타락하고 언약을 저버리며 배도를 일삼는 어둡고 절망적인 이 백성에 대하여 하나님은 어떤 하나님으로 드러나고 있는가를 사사기는 일관되게 보여줍니다. 지겨울 정도로 되풀이되는 이스라엘 백성의 배도와 타락에 대하여 바보스러울 정도로 반복적으로 긍휼을 베푸시는 분이 사사기의 하나님입니다. 이렇게 철저하게 배역하고 반역하고 떠나가는 이 사람들을 하나님은 어떤 방식으로 대하고 계시는지에 초점을 맞추어 사사기를 추적해가다 보면 때로는 하나님이 참 답답하시다는 생각이 들 정도로 고집스럽게 한 모습을 유지하고 계십니다.

백성이 잘못하고 악을 행하면 하나님께서 계속해서 이들에게 벌을 내리십니다. 다른 주변 강한 나라와 족속의 지배를 받게 하셔서 아주 혼쭐을 내십니다. 그러면 백성은 고통이 너무 심하고 압제가 너무 처참해서 하나님께 부르짖습니다. 그들이 고통을 견디지 못하여 울부짖으면 하나님은 사사를 일으켜서 이 백성을 구출하십니다. 사사기는 하나님께서 이렇게 하시는 것을 12번을 반복하여 기록하고 있습니다. 그런데 사사기의 일관된 진술은 배도한 이 백성은 단 한 번도 그 태도를 바꾸지 않았다는 것입니다. 제자리에 그대로 있는 정도가 아니라 갈수록 더 악해집니다. 사사기를 연구하는 학자들이 말하는 가장 중요한 주제 중 하나가 나선형 하강구조입니다. 배도와 구원을 반복하면서 점점 이스라엘의 행악과 배도가 더 커지고 악해지고 심해지는 것입니다.

삼손 때에 이르면 백성은 부르짖지도 않습니다. 그냥 하나님께서 알아서 삼손을 미리 보내시지요. 점점 악해져요. 그러니까 하나님께서는 매번 헛수고 하고 계신 것입니다. 하나님도 그걸 아세요. 그런데도 계속 속아 주십니다. 뻔히 알면서 계속 이들이 죽겠다고, 못 살겠다고 부르짖으면 사사를 보내십니다. 사사기에서 백성이 부르짖었다고 하는 말은 그들이 회개하고 이전의 삶을 청산하고 돌이켰다는 말이 아닙니다. 죽겠다고 못 살겠다고 힘들다고 아우성치는 것을 이르는 말입니다. 물론 한번쯤 회개하는 것처럼 보이는 말을 하기도 하고, 우상을 없애버리고 돌아선 것 같은 몸짓을 하기도 합니다. 그러나 자세히 살펴보면 그것은 우선 극심한 고통을 면하고 보자는 다급한 임시방편일 뿐이라는 것을 확인할 수 있습니다. 전혀 회개와는 상관없는 부르짖음인데도 하나님은 그러면 꼭 사사를 보내셨습니다. 실제로 하나씩 보시겠습니다. 사사기 3장 9절, 15절, 4장 3절, 6장 7절의 본문입니다.

> 이스라엘 자손이 여호와께 부르짖으매 여호와께서 이스라엘 자손을 위하여 한 구원자를 세워 그들을 구원하게 하시니(삿 3:9).

> 이스라엘 자손이 여호와께 부르짖으매 여호와께서 그들을 위하

여 한 구원자를 세우셨으니(삿 3:15).

야빈 왕은 철병거 구백 승이 있어서 이십 년 동안 이스라엘 자손을 심히 학대한 고로 이스라엘 자손이 여호와께 부르짖었더라(삿 4:3).

이스라엘 자손이 미디안으로 말미암아 여호와께 부르짖었으므로 (삿 6:7).

보시다시피 하나님께서는 옷니엘, 에훗, 드보라, 기드온 등의 사사들을 일으키셔서 이스라엘 백성을 구원할 방도를 만드십니다. 그리고 이 패턴이 반복됩니다. 부르짖었더니 사사를 일으켜서 저들을 구원했다. 그리고 그 사사가 20년 사사로 사역하고 죽었다. 그러면 바로 이어지는 다음 절은 이스라엘이 다시 여호와께 악을 행했다. 그다음에 또 사사가 죽으면 이스라엘이 또 여호와께 악을 행했다. 이스라엘이 악을 행하면 하나님은 그들을 이방 족속에게 팔고 그러면 또 압제를 견디지 못해서 하나님께 와서 다시 부르짖는 이 패턴을 반복합니다. 오늘 우리가 읽은 사사기 10장의 말씀도 그런 과정 중의 한 말씀입니다.

외형적으로 보면, 이 말씀은 다른 때와 달리 언뜻 이스라엘이 드디어 회개하는 것처럼 보입니다. 사사기 10장 6절을 보면, 여기에만 유난히 나오는 말인데 가나안 7족속의 신들을 이스라엘이 동시에 섬깁니다. 여호와께서 이스라엘에게 진노하셔서 블레셋 사람들의 손과 암몬 자손의 손에 그들을 넘기십니다. 그들은 18

년 동안 이스라엘 백성을 억압하여 곤고가 심하였습니다. 사사기 10장 10-16절입니다.

여호와께서 이스라엘 자손에게 이르시되 내가 애굽 사람과 아모리 사람과 암몬 자손과 블레셋 사람에게서 너희를 구원하지 아니하였느냐 또 시돈 사람과 아말렉 사람과 마온 사람이 너희를 압제할 때에 너희가 내게 부르짖으므로 내가 너희를 그들의 손에서 구원하였거늘 너희가 나를 버리고 다른 신들을 섬기니 그러므로 내가 다시는 너희를 구원하지 아니하리라 가서 너희가 택한 신들에게 부르짖어 너희의 환난 때에 그들이 너희를 구원하게 하라 하신지라 이스라엘 자손이 여호와께 여쭈되 우리가 범죄하였사오니 주께서 보시기에 좋은 대로 우리에게 행하시려니와 오직 주께 구하옵나니 오늘 우리를 건져내옵소서 하고 자기 가운데에서 이방 신들을 제하여 버리고 여호와를 섬기매 여호와께서 이스라엘의 곤고로 말미암아 마음에 근심하시니라(삿 10:10-16).

이 본문에는 처음이자 마지막으로 유일무이하게 부르짖은 행동과 말을 구체적이고 자세하게 써 놓았습니다. 이는 사사 입다를 내세우기 직전에 일어난 일이기도 합니다. 얼른 보면 참 이상합니다. 이들이 와서 회개하는 것 같은데 하나님은 그것을 거부하십니다. 듣지 않으세요. 그뿐 아니라 심지어 빈정대듯이 너희들 이 신 섬기고 저 신 섬기고 다 그랬잖아. 가서 걔들보고 도와달라고 그래! 걔들보고 구원해 달라고 해! 왜 나한테 와서 그래? 라고 말씀하시는 것 같습니다. 분명한 거부 의사입니다. 그러니까 이들이 계속 또 매달려서 살려달라고 몸짓을 취합니다.

하나님은 왜 이스라엘 백성의 회개처럼 보이는 이 부르짖음에 이토록 냉정하게 대하시는 걸까요? 짐작하시겠지만 그것은 이스라엘 백성의 부르짖음이 하나님께 내어놓는 진정한 회개가 아니기 때문입니다. 회개가 아닌 것으로 보신 것입니다. 말하자면 이런 식이지요. 이것, 저것 다 해보고 동원할 방법은 다 동원해봐도 안 되고 지금 상황은 급하고 다 죽게 되었으니 그냥 닥치는 대로 아무나 불러보는 것입니다. 용왕님, 산신령님, 부를 수 있는 것은 다 불러보는 것입니다. 닥친 일이 다급하고 압제가 심하고 상황이 힘드니 우선, 이것을 빨리 면하고 어떻게든 피하고 보자는 식입니다. 그래서 하나님 앞에 와서 살려달라고 매달리는 것입니다. 그러니까 하나님이 개한테 해달라고 그래라. 너희는 개들 섬겼잖아. 개들한테 가서 너 구해달라고 그래. 그러시면서 시큰둥하게 백성들의 요구를 받아들이지 않습니다. 물론, 이스라엘 백성은 계속 매달리고 있지요. 회개가 아니라는 것을 하나님께서 이미 다 알고 계십니다. 그래서 하나님께서 너희들은 내가 그렇게 해주어 일단 문제가 해결되고 나면 다시 언제 그랬냐 하며 다시 나를 버릴 존재들이다. 내가 그것을 한두 번 당했느냐? 라고 말씀하시는 겁니다. 하나님께서는 이미 이들의 부르짖음이 회개가 아니라는 것을 알고 계시고 그래서 그들의 울부짖음을 들어주시지 않습니다.

그런데 사사기 10장 16절에 보면, 자기 가운데에서 이방 신들을 제하여 버리고 여호와를 섬기매 여호와께서 이스라엘의 곤고로 말미암아 마음에 근심하셨다고 합니다. 하나님께서 마음에 근심하십니다. 그리고 우리가 알듯이 입다라는 사사를 일으켜 세우십니다. 그런데 하나님이 여기서 마음에 근심이 생긴 이유는 무엇일까요? 하나님께서 또다시 입다를 사사로 일으키는 이유가 무엇일까요? 이스라엘이 그렇게 말했기 때문도, 백성이 그런 몸짓을 취했기 때문도 아닙니다. 하나님은 왜 근심하실까요? 본문은 이스라엘 백성의 회개로 말미암아 하나님이 마음에 근심하셨다고 하지 않습니다. 이스라엘이 한 행동을 보고 하나님께서 마음을 돌이키셨다고 하지 않습니다. 이스라엘의 곤고로 말미암아 마음에 근심이 생겼다고 말합니다.

정리하자면, 이스라엘 백성이 매번 부르짖지만 그 부르짖음이 거짓이라는 것입니다. 이 곤고함을 해결해주면 도로 제 자리로 갈 것이고 다시 원점으로 가서 또 배반할 거라는 것을 뻔히 알면서 하나님은 이스라엘 백성의 곤고함을 덜어주기를 고심하고 계신 것입니다. 심지어는 이스라엘이 회개하는 시늉과 모양까지 취하면서 부르짖지만, 사실은 그것도 다급함과 괴로움에서 나오는 자연적인 반응이지 회개가 아니므로 이 문제가 해결되면 되돌아가리라는 것을 뻔히 아십니다. 그럼에도 하나님은 계속 백성의 곤고함을 차마 보지 못하시고 계시다는 말입니다.

하나님께서 그렇게 하시는 이유가 무엇인가? 하나님이 어리숙하게 이스라엘에게 깜빡 속아서 그러시는 것이 아닙니다. 혹시

나 이번에는 돌이킬지 모른다는 일말의 기대로 그러시는 것이 아닙니다. 한마디로 이스라엘이 고생하는 것과 그렇게 고통당하며 신음하고 아파하고 괴로워하는 것이 불쌍해서 그러신 것입니다. 이스라엘 백성이 너무 딱해서 하나님이 계속 속는 줄 알고, 저들이 변하지 않을 것을 알면서도 계속 그래 오셨다고 말하고 있는 것입니다. 사사기는 끝까지 하나님을 우리에게 이렇게 제시하고 있습니다.

이것은 무엇을 말하고자 하는 것일까요? 하나님은 왜 이렇게 바보 같아 보이는 일을 하시는 것일까요? 이스라엘 백성만큼도 머리가 안 돌아가서 그러시는 것인가요? 그렇게 사람 파악을 못 하시는 것인가요? 그런 것이 아니라 이 백성이 불쌍해서 근심하신다고 말씀합니다. 이것이 하나님의 긍휼입니다. 이스라엘은 계속해서 그렇게 행동하지만, 하나님의 긍휼 때문에 하나님은 이 백성을 계속해서 건져내고 속고 건져내고 또 속고 하는 역사를 이렇게 오랫동안 지속해 오신 것입니다. 이렇게 놓고 보면 이스라엘의 반복적인 반역은 그들의 악함을 드러내기도 하지만, 한편으로는 어떤 경우에도 자기 백성을 향한 긍휼을 중단하지 않으시는 긍휼의 하나님이 드러나는 방편이 되기도 합니다. 하나님의 긍휼이 이 백성들이 완전히 망하지 않고 삶을 계속 유지하며 살게 하는 가장 결정적인 근거였습니다. 호세아서 11장 1-9절에는 하나님의 이 긍휼이 얼마나 지독한지를 말씀해주고 있습니다.

이스라엘이 어렸을 때에 내가 사랑하여 내 아들을 애굽에서 불러 냈거늘 선지자들이 그들을 부를수록 그들은 점점 멀리하고 바알들에게 제사하며 아로새긴 우상 앞에서 분향하였느니라 그러나 내가 에브라임에게 걸음을 가르치고 내 팔로 안았음에도 내가 그들을 고치는 줄을 그들은 알지 못하였도다 내가 사람의 줄 곧 사랑의 줄로 그들을 이끌었고 그들에게 대하여 그 목에서 멍에를 벗기는 자 같이 되었으며 그들 앞에 먹을 것을 두었노라 그들은 애굽 땅으로 되돌아가지 못하겠거늘 내게 돌아오기를 싫어하니 앗수르 사람이 그 임금이 될 것이라 칼이 그들의 성읍들을 치며 빗장을 깨뜨려 없이하리니 이는 그들의 계책으로 말미암음이니라 내 백성이 끝끝내 내게서 물러가나니 비록 그들을 불러 위에 계신이에게로 돌아오라 할지라도 일어나는 자가 하나도 없도다 에브라임이여 내가 어찌 너를 놓겠느냐 이스라엘이여 내가 어찌 너를 버리겠느냐 내가 어찌 너를 아드마 같이 놓겠느냐 어찌 너를 스보임 같이 두겠느냐 내 마음이 내 속에서 돌이키어 나의 긍휼이 온전히 불붙듯 하도다 내가 나의 맹렬한 진노를 나타내지 아니하며 내가 다시는 에브라임을 멸하지 아니하리니 이는 내가 하나님이요 사람이 아님이라 네 가운데 있는 거룩한 이니 진노함으로 네게 임하지 아니하리라(호 11:1-9).

반복되는 반역과 긍휼

보시는 대로 하나님은 이스라엘 백성에 대하여 어릴 때부터, 다시 말하면, 오래전부터 계획을 가지시고 보살피시고 기르시고 가르치시고 이끄셨습니다. 그리고 이들이 범죄 할 때 자기들은 느끼지 못하고 알지도 못하지만 하나님은 그들을 다 보호하시고 보존하시고 이끄시고 사랑을 베푸셨습니다. 사랑의 줄로 이끌었다고 말씀하고 있습니다. 이것이 하나님께서 이 백성에게 한 일이었습니다. 그러나 이 백성이 그걸 받고 하나님께 한 일은 무엇인가? 계속 하나님을 알아보지 못하고 호세아 11장 5절에 있는 대로 하나님께로 돌아오기를 싫어하였습니다. 또 7절에 있는 대로 끝끝내 하나님에게서 물러가는 일을, 하나님을 점점 더 멀리하는 일을 했습니다. 물론, 이 일은 지금 우리가 보고 있는 사사 시대에 있던 일은 아니고 그보다 훨씬 뒤의 일이지만, 똑같은 일이 지금 반복되고 있는 것입니다. 하나님은 이스라엘에게 온갖 호의를 베푸시고 인애를 베푸시고 이끄시고 은혜를 베푸시는데, 그걸 받고 이들이 하나님께 내어놓는 것은 계속 반역이고 배역이고 더 멀리 떠나가고 더 도망가는 것이었습니다.

이런 일이 반복되는 와중에 하나님이 내리시는 결론이 무엇인가? 그것이 8-9절입니다. 8절에, 내가 어찌 너희를 포기할 수 있으며 내가 어찌 너희를 놓겠느냐? 내 속에서 긍휼이 불붙듯 한다. 그리고는 하나님이 결심을 해버리십니다. 9절, 내가 다시는 너희들을 징계하지 않고 멸하지 않겠다. 하나님이 당장 진멸하고 다 없애버려도 할 말이 없고 그것이 당연한 상황입니다. 그런데 왜 여전히 이 백성을 놓을 수 없고 이들을 포기할 수 없고 끊어버릴 수 없습니까? 왜 하나님은 내가 이제 너희를 징계하지 않겠다라고 말씀하실까요? 그 심중에 긍휼이 불타오르기 때문입니다. 그래서 하나님께서 내리는 결론은 내가 다시는 너희를 징계하지 않겠다 입니다.

왜 이런 정반대의 결론을 내리시는 것인지, 본문은 이유를 밝힙니다. 그렇게라도 이들을 붙잡고 있는 이유는 써먹을 만한 곳이 있어서도 아니고 무슨 아쉬운 것이 있어서가 아닙니다. 오히려 징계하지 않겠다고 하나님이 결심을 해버리는 이유는 9절이 밝힙니다. "이는 내가 하나님이요 사람이 아님이라!" 나는 하나님이고 사람이 아니라서 그런다고 말씀하십니다. 여기서 나는 사람이 아니라는 말은 하나님은 상대방이 나를 어떻게 대하는가에 따라 반응을 결정하는 존재가 아니라는 의미입니다. 내 처신이 나를 대하는 상대의 행동에 좌우되지 않고 상대방이 내게 어떤 태도를 보이든지 간에 나의 나 됨대로 행하는 존재이므로 그렇다는 말씀입니다.

여기서 하나님이시므로 그렇다는 말에 담겨 있는 핵심은 하나님의 마음으로부터 불타오르는 긍휼입니다. 그러므로 하나님의 긍휼은 인과응보의 법칙에서 나온 하나님의 반응이 아닙니다. 긍휼은 어떤 원인에 대한 결과가 아닙니다. 오히려 긍휼 자체가 원인입니다. 그러므로 하나님의 긍휼은 우리가 벌어들이거나 획득한 무엇이 아닙니다. 그냥 주어진 것입니다. 은혜이지요. 마태복음 5장 43-48절에 가시면 이 말씀이 좀 더 구체적으로 우리에게 적용되는 것을 볼 수 있습니다.

또 네 이웃을 사랑하고 네 원수를 미워하라 하였다는 것을 너희가 들었으나 나는 너희에게 이르노니 너희 원수를 사랑하며 너희를 박해하는 자를 위하여 기도하라 이같이 한즉 하늘에 계신 너희 아버지의 아들이 되리니 이는 하나님이 그 해를 악인과 선인에게 비추시며 비를 의로운 자와 불의한 자에게 내려주심이라 너희가 너희를 사랑하는 자를 사랑하면 무슨 상이 있으리요 세리도 이같이 아니하느냐 또 너희가 너희 형제에게만 문안하면 남보다 더하는 것이 무엇이냐 이방인들도 이같이 아니하느냐 그러므로 하늘에 계신 너희 아버지의 온전하심과 같이 너희도 온전하라(마 5:43-48).

이 말씀의 결론은 하늘에 계신 너희 아버지의 온전하심과 같이 너희도 온전하라는 것입니다. 바로 전 문맥에서 이웃을 사랑하라고 말씀하시면서 강조한 것이 이것입니다. 너희가 네게 잘해주는 사람이니까 잘해주고 너를 알아주는 사람이니까 너도 그를 알아주는 정도라면 그 정도를 위해서 굳이 하나님의 아들이 될 필요는 없다. 하나님의 아들이 전혀 아닌 이방인들도 그 정도는 다 하는 것이다 라고 하십니다. 그리고는 하나님이 자기 말을 안 듣고 악을 행한 이들이라고 해서 빛을 안 주시더냐고 질문을 던집니다. 너희는 나에게 악을 행하였으니까 빛을 안 줄거야! 너희에게는 비 안 줘! 너희는 비 없어! 하면서 악행을 한 사람들만 쏙 빼고 그 주위에 있는 선한 사람들에만 햇빛과 비를 주는 적이 있느냐는 것입니다. 하나님은 그렇지 않다는 것입니다. 하나님의 온전하심과 같이 너희도 온전하라고 하실 때 말하고자 하는 바는, 하나님은 인간의 태도에 영향을 받지 않으신다는 것입니다. 그냥 하나님은 하나님이신 채로 행하십니다. 그것을 하나님의 온전함이라 했습니다. 그러니까 너희도 너희에게 잘해주는 사람인지 아닌지, 무엇을 사줬는지, 너에게 무슨 말을 했는지에 상관없이 상대의 태도에 영향 받지 말고 하나님의 아들로서 한결같이 대하라는 것입니다. 그러면 너는 하나님이 온전하신 것처럼 온전하게 되는 것이라고 말씀하는 것입니다. 이것이 무엇입니까? 이것이 바로 하나님의 긍휼입니다.

야고보서 1장 10절에 가면 하나님은 회전하는 그림자도 없으시다고 말씀합니다. 그 전 문맥에 의하면 하나님은 선물을 주시고 은혜를 주시는 분이십니다. 그 하나님이 무슨 투명이어서 돌아가는 데도 그림자가 안 생긴다는 말이 아니죠. 인간의 어떤 행위도 하나님의 하나님되심에 그림자를 드리울 수 없다는 말입니다. 그것을 가리켜 회전하는 그림자도 없다고 묘사했습니다. 여기서 하나님의 하나님 되심의 핵심은 그 전 문맥에서 밝힌 것처럼, 선물을 주시고 은혜를 주시는 하나님을 지칭합니다.

처음부터 사사기는 언약을 파기한 이스라엘 백성이 악을 행하므로 얼마나 악해질 수 있는지와 하나님을 등진 인생이 어떻게 살게 되는지를 밝히 보여줍니다. 동시에, 그럼에도 하나님은 이스라엘 백성을 어떻게 긍휼로 대하시며 어떻게 백성에게 긍휼의 하나님이 되시는지를 보여주고 있습니다. 하나님께서도 역시, 너희는 계속 내 백성답지 않게 고집부리고 요지부동이지만, 나 역시 계속 너희 하나님이라는 것을 가르치고 그 혜택을 누리게 하는 데서 물러서지 않겠다. 너희는 내 백성이요 나는 너희 하나님이라는 이 언약 관계 아래에서 너희는 계속 그걸 깨뜨려 버리고 하나님 백성의 삶에서 벗어나지만, 너희가 그렇게 살 테면 살아라. 누가 이기나 보자. 나는 여전히 너희 하나님으로 너희를 대하겠다고 고집스럽게 꿈적도 하지 않으십니다. 이것이 하나님의 긍휼입니다. 신약에 오면 우리 예수님께서 초지일관 보여주신 모습이 바로 이것입니다. 포기하지 않으시는 주의 은혜! 바로 그것입니다. 맹세하고 저주하면서 세 번씩 주님을 부인한 베드로를 끝까지 포기하지 않으시고 마침내 회복시키십니다(눅 22:31-62). 부활하신다는 말씀을 믿지 않고 뿔뿔이 흩어져버린 배신의 제자들을 승천하시기 전 40일 동안 끈질기게 찾아다니시면서 그들의 부활 신앙을 회복시켜 한 곳에 모으십니다(행1:3-4). 십자가에 달려 죽을 시간이 임박했음을 아셨을 때 예수님이 하신 일을 사도 요한은 한마디로 기록합니다. "예수께서 자기가 세상을 떠나 아버지께로 돌아가실 때가 이른 줄 아시고 세상에 있는 자기 사람들을 사랑하시되 끝까지 사랑하시니라"(요 13:1). 사도 바울은 승천하신 예수님은 지금도 하나님 우편에서 우리를 위하여 간구하신다고 말합니다(롬 8:34).

사실 우리는 하나님의 이 긍휼로 살아갑니다. 하나님은 긍휼의 하나님이십니다. 하나님의 이 긍휼 때문에 우리는 언제라도 하나님께로 돌아가기도 하고 하나님께 매어달리기도 하는 것입니다.

역사의 주권자이신 하나님

세 번째 주제, 곧 도도히 흐르는 강처럼 사사기가 일관되게 보여주는 세 번째 주제는 계속되는 이스라엘 백성의 배도로 하나님의 긍휼이 무기력해 보일지라도 여전히 하나님이 역사의 주인이시라는 것입니다. 하나님께서 매번 그렇게 하고 계시다는 것을 일관되고 고집스럽게 사사기는 밝히고 있습니다. 사사기 1장 4절입니다. 유다가 올라가매 여호와께서 가나안 사람과 브리스 사람을 그들의 손에 붙이셨다. 그들이 베섹에서 1만 명을 죽였다. 이후로도 계속 지루할 만큼 반복하여 제시됩니다. 여호와께서 유다와 함께 계셨으므로 그가 산지 주민을 쫓아내었다(1:19). 여호와께서 이스라엘에게 진노하사 노략하는 자의 손에 넘겨 주었다. 모든 대적의 손에 팔아 넘기셨다(2:14). 여호와께서 구산 리사다임의 손에 파셨으므로 이스라엘 자손이 구산 리사다임을 8년 동안 섬겼다(3:8). 여호와께서 메소포타미아 왕 구산 리사다임을 사사 옷니엘의 손에 넘겨주시매 옷니엘의 손이 구산 리사다임을 이겼다(3:10). 이스라엘 자손이 여호와의 목전에 악을 행하므로 여호와께서 모압 왕 에글론을 강성하게 하셨다(3:12). 여호와께서 하솔에서 통치하는 가나안 왕 야빈의 손에 그들을 파셨다(4:2). 이와 같이 이 날에 하나님이 가나안 왕 야빈을 이스라엘 자손 앞에 굴복하게 하셨다(4:23). 하나님이 이스라엘 자손에게 야빈을 팔았다. 이스라엘이 이길 때도 하나님이 이기게 해주셔서 이겼음을 분명히 합니다. 이스라엘이 이방 민족에게 패할 때도 여호와께서 이스라엘을 이방 민족에게 넘기셔서 그렇게 됐다고 말씀하고 있습니다. 기드온 사건에 가서는 하나님이 하신 일을 혹시라도 자신들이 숫자가 많고 능력이 있어서 이겼다고 오해할 수 있는 여지를 없애려고 전쟁에 참여하는 숫자를 300명이라는 말도 안 되는 최소한의 인원으로 줄여 버리십니다.

사사기의 기록이 우리에게 보여주는 것은 전쟁의 승패에 항상 하나님이 역사하신다는 것입니다. 겉으로는 이스라엘이 힘이 세고 전술이 뛰어나서 이방 민족을 이긴 것으로 보이지만, 하나님의 결정으로 그렇게 된 일이라고 처음부터 끝까지 그 사실을 계속해서 밝히고 있습니다. 하나님이 절대 주권으로 개입해서 일어난 일이며 주권대로 역사하셔서 그 역사가 진행된다고 말씀하십니다. 역사는 하나님의 계획에 따라 하나님이 원하시는 대로 반드시 진행된다고 선언합니다. 이것은 우리가 살펴볼 룻기에서도 확연하게 드러나는 사실입니다. 하나님이 역사를 주관하고 다스리며 이끌고 계신다는 이 사실, 그리고 하나님은 긍휼의 하나님이시요 긍휼을 베푸시는 분이라는 이 두 사실이 기가 막히게 씨실과 날실로 짜여서 놀라운 사건이 계속 일어나고 있는 것입니다.

하나님께서 주권에 따라 역사에 개입하시고 이끄신다는 사실은 긍휼에 대해 기만적으로 행동하는 것을 방지해 줍니다. 무슨 짓을 하든지 다 받아 주실 것이라 믿고 방종하지 않도록 합니다. 또한 하나님께서 그처럼 버려두는 것으로 오해하지 않도록 합니다. 긍휼의 하나님에 대한 이와 같은 계시는 하나님의 주권적인 권력 행사가 횡포가 아닌 사랑의 주권 행사라는 보장을 합니다. 우리 하나님은 자기가 하고 싶은 대로 주권을 휘두르는 주권자가 아니라 긍휼의 하나님이십니다. 그러나 하나님이 베푸시는 긍휼은 언제든지, 무슨 짓을 하든지 그냥 허허 하며 괜찮다고 그냥 넘어가 주는 그런 긍휼이 아닙니다. 하나님은 참아주시고 기다려주시고 인내하시고 용납하시지만, 무작정 그대로 놓아두고 오냐오냐 하고 마는 긍휼이 아닙니다. 이방 세력에게 팔아넘겨 버리는 징계와 고통에 던져 넣는 심판을 행하십니다. 그리하여 어떤 경우에도 결국 그들 하나님의 백성이 복된 자리에 있게 하고야 맙니다. 인간의 불순종에도 불구하고 하나님이 반드시 다다르고야 말도록 하시는 목적지가 있고, 하나님은 반드시 그것을 이루어내고야 마는 것입니다. 이것이 하나님의 긍휼에 찬 주권 행사입니다. 이 사실들은 하나님이 주권적으로 긍휼을 베푸신다는 사실을 우리에게 분명히 말합니다.

하나님을 왕으로 모신 가정의 복

우리가 무엇을 하든지 하나님이 긍휼로 우리를 다루시고 주권적 역사로 결국 복된 자리까지 이끌고 가시고야 만다는 사실이 우리에게 오해를 불러일으킬 수 있습니다. 언뜻 생각하면, 우리는 무슨 짓이든지 하고 싶은 대로 하면서 그 긍휼을 이용해 먹어도 괜찮은 거 아닌가 하는 의문입니다. 물론 하나님이 베푸시는 긍휼의 통치는 협박하고 위협하고 강제력을 동원하여 단칼에 뒤엎어

버리는 통치가 아니라 은혜의 통치입니다. 은혜는 아무렇게나 해도 괜찮다고 방치해 버리는 것을 말하지 않습니다. 결코 그 백성을 포기하지 않고 하나님께서 정한 곳과 수준에 이르기까지 참기도 하고, 때리기도 하고, 기다리기도 하고, 혼내기도 하면서 끝까지 이끌고 가는 것이 하나님의 은혜입니다. 이것이 다름 아닌 우리를 향한 하나님의 열심이기도 하지요.

하나님의 긍휼의 통치로 우리 가운데 나타난 것이 은혜입니다. 그 긍휼의 다스림이 바로 은혜의 통치입니다. 하나님은 이스라엘 백성을 계속 용납할 것입니다. 사사 시대 이후 왕국이 생기지만 말 안 듣고 계속 멀리 떠나가서 결국 나라가 바벨론에 의해 멸망하기도 할 것입니다. 그러나 하나님께서는 그런 멸망의 과정을 불사하고서라도 마침내 이들을 하나님의 언약 백성답게 의도하셨던 모습을 이루어내고야 마는 주권의 행사를 하십니다. 하나님은 결코 포기하지 않으시고 이들에게 긍휼로 대하고 있다는 말씀입니다. 이것을 우리는 룻기에 가서 더 분명하게 볼 수 있을 것입니다. 이런 하나님의 긍휼이 우리를 붙잡고 있습니다.

이런 분명한 목적으로 마침내 그 의도하신 바를 이루고야 마는 고집과 열심을 가지고 계시는 이 하나님이 우리의 왕이신 것입니다. 하나님께서는 이 하나님을 왕으로 인정하고 모시고 언약 백성답게 살기로 작정하는 우리 모습을 원하십니다. 하나님을 왕으로 모시고 사는 것은 사실 그렇게 어려운 일이 아닙니다. 오늘날 여러 사람들이 자주 말하기를, 모든 사람이 자기를 섬기며 제 소견에 옳은 대로 사는 것이 이 시대의 풍조가 되어버린 상황에서 하나님을 왕으로 모시고 언약 백성다운 삶을 사는 것은 너무 어렵다고 말합니다. 그것은 거의 불가능하다고 말하면서 자꾸 가나안화의 길을 택해서 가고 있습니다.

그러나 하나님을 왕으로 모시고 언약 백성으로 사는 것은 불가능하거나 어려운 것이 아닙니다. 하나님을 왕으로 모신 삶은 여러 면에서 우리를 행복하게 합니다. 그리고 우리를 매우 여유 있게 만들기도 합니다. 가정에서도 그렇고 사회에서도 그렇습니다. 특별히 가정에서 하나님을 왕으로 모신 가정을 이루며 산다는 것은 너무나 멋지고 재미있습니다. 저는 한 사람이 모태신앙으로 태어나 신앙으로 살려고 애쓰는 신앙인 부모 밑에서 자란다는 것이 얼마나 큰 복인가를 감탄하면서 살아왔습니다. 그러나 4-5년 전부터는 신앙으로 사는 자식을 키우는 부모로 산다는 것이 얼마나 복된 일인지를 조금씩 깨달아가게 되었습니다.

자녀와 부모가 어떤 문제로 극한 대립을 하게 될 때가 있습니다. 그러나 하나님을 왕으로 모시고 사는 가정에서는 자식과 부모가 싸우지만, 끝장내는 데까지는 가지 않습니다. 왜냐하면, 그렇게 자기의 주장이 옳다고 자신하고 다투면서도 언제나 마음 한쪽에는 정말 내 생각이 맞는 것인가는 하나님이 최종 판정을 하셔야 한다는 것을 의식하기 때문입니다. 아무리 내 생각이 옳다고 확신하지만, 아직 최종 판결을 내릴 마지막 결정권은 저 높은 곳 하나님께 있다는 생각 때문에 아빠인 나의 말대로 안 하면 끝장이라는 막장까지 갈 수는 없습니다.

　저도 4-5년 전에 우리 아이와 한번 심각한 의견 대립을 해봤는데요. 내가 인생의 선배로, 목회자로, 나이 든 사람으로, 그리고 아버지로서 볼 때, 그 아이의 생각과 고집은 분명히 잘못이었습니다. 우리 아이는 엄청나게 고생하는 길로 가는 것이고, 그것은 잘못된 판단이 분명했습니다. 그런데 우리 아이는 아버지의 생각이 구세대의 가치관에서 오는 것이고, 지금 세대의 가치관으로 볼 때 자기가 옳다는 거예요. 아버지인 내가 볼 때 아들은 위험한 세대이고, 우리 아이가 나를 볼 때 아버지는 꽉 막힌 꼴통 세대인 것입니다. 서로 맞다고 주장하기에 말이 안 통하는 것이지요. 1년 이상 대립하고 다투고 말싸움하며 보냈습니다. 그런데 둘 다 자기가 맞다는 확신이 바위처럼 확실한데 그러나 마지막 말은 못해요. 더 이상 너는 내 아들 아니다고 말할 수 없습니다. 이렇게 생각이 다르니 이제 아버지와는 같이 못 살겠어요, 이런 말은 서로 조심스러워서 못하게 되는 거예요. 왜냐하면, 좀 뒤가 결리는 게 있다 말입니다. 우리 위에 하나님이라는 상급심의 기관, 곧 대법원이 있단 말이죠. 하나님도 이렇게 생각하실까? 하나님 생각에는 내가 틀릴 수도 있는데, 하는 생각입니다. 말하자면 뒷심이 부족한 거예요. 나도 그 생각을 하고 우리 아이도 그 생각을 해요. 그러니까 끝까지 내가 옳다고 우겨서 갈라설 수는 없습니다. 둘 다 하나님을 왕으로 모시고 살기 때문에 그렇습니다. 여러분 가정도 그렇잖아요? 하나님을 왕으로 모시고 살기에 내 의견이 최종이 아니고 마지막 최종 결정을 하는 높은 분이 또 있다는 생각을 합니다. 내 위에 더 높은 권위가 있다고 믿고 순종하니까 그런 것으로 너는 내 자식 아니야!, 당신은 내 엄마 아니야! 내 아빠 아니야! 나 나갈래! 이럴 수가 없어요. 최종 결론은 그래서 이렇게 나곤 합니다. 하나님은 어떻게 생각하시는지 좀 더 시간을 두고 기도하고 또 생각해보자.

이것이 하나님을 왕으로 모시고 사는 가정의 놀라운 복입니다. 자식을 키우는데도 하나님을 왕으로 모시고 사는 가정의 부모는 여유가 있습니다. 다투기도 하고 말을 안 듣기도 해서 갈등이 생기지만, 갈라서는 데까지 가지 않습니다. 마지막 카드가 있어요. 혼자서 하나님과 독대하면서 아들하고 문제를 해결하고, 딸하고 문제를 해결하는 겁니다. 내가 저 아이를 사랑하는 것보다 하나님이 저 아이를 더 사랑하신다. 하나님은 우리 왕이시니까! 저 아이도 하나님의 백성이고 하나님이 저 아이의 왕이시기도 하니까 하는 데 생각이 미치면 여유가 생깁니다. 아이가 심히 어려운 일을 당하고 있을 때, 부모로서 마음이 아픈 것 외에 아무런 대책이 없습니다. 그럴 때, 얘 너는 알지? 네가 너를 사랑하는 것보다 하나님이 너를 더 사랑하신다는 거 알지? 그 사실만으로도 놀라운 위로가 됩니다. 하나님을 왕으로 모시고 살도록 우리 아이들을 가르치고 내가 그렇게 살고 그 여호와 신앙을 우리 아이들에게도 물려주는 것이 우리가 죽고 없어진 후에도 우리 자녀들이 정말 행복하게 인생을 사는 가장 확실한 길입니다.

우리 둘째 아이가 몇 년 전에 유학을 갔는데 유학가기 전 날 제가 앉혀놓고 예배를 드리면서 그 말을 했습니다. 자주 저하고 의견 대립을 하며 자란 아주 똑똑한 아이였습니다. 저희 아버지께서도 제가 군대나 유학 등으로 집을 떠날 때면 꼭 저를 앉혀놓고 예배드리고 한 마디씩 해주셨습니다. 그것을 보고 배운 저도 저희 둘째 아이를 앉혀놓고 예배를 드린 다음 말했습니다.

얘, 너는 앞으로 두 방만 조심하면 위대한 인생을 살게 될 것이다. 네가 절대로 들어가지 않아야 할 그 두 방은 방자함과 방탕함이다. 첫째, 방자하지 말거라. 방자하다는 것이 무엇인지 아니? 네가 네 인생의 주인이 되려는 것이야. 네가 네 인생의 왕이 되려는 것이야. 방자한 것은 하나님 앞에 교만해지는 것이다. 자기가 하나님의 자리에 올라가는 것이야. 방자라는 방에는 절대 들어가지 말거라. 둘째, 방탕하지 말아라. 방탕이란 네 인생을 아무렇게나 사는 것이다. 인생을 무책임하게 사는 것이야. 하나님께서는 네 인생에 어떤 의도와 기대를 갖고 계신다. 그러므로 너는 하나님께 부여받은 네 인생에 책임이 있다는 생각으로 살아야 한다. 그렇지 않고 무책임하게 살면서 인생을 허비하는 것이 방탕이다. 네 현실이 어쨌든지 간에 방자한 것과 방탕한 것, 이 두 방에만 들어가지 않으면 너는 반드시 위대한 인생을 살 것이다고 교훈하고 보냈습니다. 그렇게 살 것인지 말 것인지는 두고 봐야 알겠지만 저는 지금도 그 생각에는 변함이 없습니다. 그 아이는 가끔씩 내게 농담을 하듯 말하곤 합니다. "아빠, 나 두 방에 아직 안들어갔어요!"

그 아이의 인생에 하나님이 기적적으로 개입하시는 현장을 우리 가족은 자주 경험하며 살고 있습니다.

결국, 하나님을 우리의 왕으로 인정하고 하나님을 왕으로 모시고 살아야 한다는 말씀입니다. 하나님은 언제나 주권을 가지고 행하시며 긍휼을 베푸시는 우리의 왕이십니다. 나는 너의 하나님이 되고 너는 내 백성이 되리라 하신 언약대로 고집스럽게 그 언약에 성실하신 이 왕과 함께 이 왕의 백성으로 멋진 삶을 사는 우리가 되기를 바랍니다.

인생의 갈림길

룻기 1장

01 이민
02 귀향
03 나의 하나님
04 신음소리

룻 1:1-5

사사들이 치리하던 때에 그 땅에 흉년이 드니라 유다 베들레헴에 한 사람이 그의 아
내와 두 아들을 데리고 모압 지방에 가서 거류하였는데 그 사람의 이름은 엘리멜렉
이요 그의 아내의 이름은 나오미요 그의 두 아들의 이름은 말론과 기룐이니 유다 베
들레헴 에브랏 사람들이더라 그들이 모압 지방에 들어가서 거기 살더니 나오미의
남편 엘리멜렉이 죽고 나오미와 그의 두 아들이 남았으며 그들은 모압 여자 중에서
그들의 아내를 맞이하였는데 하나의 이름은 오르바요 하나의 이름은 룻이더라 그들
이 거기에 거주한 지 십 년쯤에 말론과 기룐 두 사람이 다 죽고 그 여인은 두 아들과
남편의 뒤에 남았더라

01

이민

룻기는 한 나라의 역사를 기록한 책이 아닙니다. 인류 역사상 중대한 사건을 말하지도 않습니다. 어찌 보면 그냥 한 시대를 살았던 어느 가정에서 일어났던 그저 사소한 가정사를 기록한 책입니다. 룻기는 첫마디를 사사들이 치리하던 때에라고 시작합니다. 사사 시대를 총평하며 내린 사사기의 결론은 이스라엘에 왕이 없으므로 이스라엘 사람들이 각각 제 소견에 옳은 대로 사는 시대라는 것입니다. 그래서 사사 시대라는 말을 들으면 우리에게 거의 자동으로 떠오르는 이미지가 있습니다. 사람들이 모두 자기 생각에 좋은 대로 사는 세상입니다. 물론 보이지 않는 곳에서 하나님의 긍휼과 하나님의 주권이 시종일관 역사하고 있었지요. 그러나 눈에 보이는 현실로만 이 시대를 놓고 내린 결론은 이것이었습니다. 왕이 없으므로 모두가 제 소견에 옳은 대로 행하며 사는 세상이다. 왕을 인정하지 않고 각각 자기가 왕이 되어서 제 소견에 좋은 대로 제 잘난 맛에 겨워서 하고 싶은 대로 하고 사는 세상이었습니다. 그런 세상에서 살았던 한 가정의 이야기가 바로 룻기입니다.

닥쳐온 위기

그 땅에 흉년이 들었다는 짧은 기록을 읽는 우리는 본문에서 크게 세 가지의 중요한 장면에 대한 이야기를 듣습니다. 첫째, 그 땅에 큰 흉년이 든 이야기, 둘째, 흉년이 들자 한 가정이 나타낸 반응, 셋째, 그래서 초래된 결과입니다. 큰 흉년이 들었다고 말하는 그 땅은 이스라엘 백성이 하나님의 약속에 따라 하나님의 인도를 받아서 정착한 유다 베들레헴입니다. 그 땅에 흉년이 크게 들었습니다. 먹고살 양식이 없게 된 것이지요. 어떻게 보면 그냥 지나가는 남의 말 같기도 합니다.

그러나 곰곰 생각해보면 이 말은 여러 의문을 불러일으키는 실마리 역할을 하기도 합니다. 사실 베들레헴이라는 말을 문자대로 번역하면 떡집이라는 말입니다. 그런데 떡집에 떡이 없다는 현실을 부각함으로써 아이러니컬한 상황이 벌어지고 있음을 넌지시 암시합니다. 그뿐만이 아닙니다. 현실적으로 만약 이런 일이 우리 자신에게 일어나고 있다고 생각한다면 이 일은 심상치 않은 일이라는 것을 감지하게 합니다. 아마도 우리는 매우 못견뎌하거나, 아니면 놀라거나 혹은 충격에 빠질 것입니다. 이 땅은 하나님이 이 백성에게 내가 너희를 복 주겠다고 하신 땅이며, 하나님의 놀라운 언약이 있는 땅이기 때문입니다. 그런 땅에서 흉년을 맞은 것입니다.

룻기의 전반적 분위기로 보아서 이 흉년은 사사 시대에 백성들이 그렇게 살아서 그에 대한 벌로 이런 일이 벌어졌다는 뉘앙스는 전혀 보이지 않습니다. 하나님의 약속이 있는 땅, 하나님이 복 주시겠다고 맹세하신 땅, 하나님이 자기 손으로 끌어다가 여기서 내가 너를 복되게 하고 큰 민족을 이루고 내 언약을 성취하겠다고 못박아 놓으셨던 그 땅에 드디어 들어와서 살고 있는데, 그곳에서 이런 일이 벌어졌다고 지금 말하고 있는 것입니다.

좀 더 쉬운 우리 얘기로 바꿔서 말하면, 하나님께서 내가 너를 반드시 복 주겠다. 내가 너를 사랑한다. 내가 너를 내 자녀 삼고 네 자손 대대로 복을 주겠다. 그랬는데 어느 날 갑자기 내 자식이 교통사고로 죽었습니다. 그러면 어떻게 될까요? 매우 큰 의문과 반발과 또 회의가 생길 수 있겠죠. 이런 게 하나님의 은혜란 말이야? 이런 생각 말입니다. 성경에도 가끔 그런 일들이 벌어지지요.

마가복음 4장에 보면 배를 타고 가다가 큰 광풍을 만나는 사건이 일어나죠. 광풍 바로 직전에 제자들은 예수님을 배에 모시고 출항했습니다. 예수님이 동행하고 있는데 이런 광풍이 일어났습니다. 우리는 하나님이 나와 동행하시겠다고 분명히 약속하셨으니 그럼 당연히 모든 일이 순탄해야 한다고 생각합니다. 내가 예수님을 내 차 조수석에 모시고 운전을 하고 간다면 당연히 내가 중앙선을 침범해서 덤프트럭이 나를 받아도 트럭 기사가 죽지 나는 안 죽어야지! 왜? 예수님이 나와 동행하고 있으니까! 이런 기대를 갖습니다. 그런데 지금 그 기대가 깨지고 있는 것입니다.

우리가 갖는 그런 형태의 기대는 사실 제대로 된 기대도 아닙니다. 만약 우리가 하나님의 동행, 예수님이 약속하신 복, 예수님께서 함께하심의 의미를 나는 이제부터 모든 일이 잘되고 어려움이 없다는 보증으로 이해하고 받아들인다면, 하나님과 우리 관계는 점점 기계적으로 바뀔 수밖에 없습니다. 내가 불편할 때, 예수님을 동원해 내 불편을 없애는 방편으로 이해하게 됩니다. 그와 같은 방식으로 예수님과 관계를 맺으면, 예수님을 내 불편을 해결하려고 대기하는 5분 대기조처럼 되고 우리는 필요할 때마다 스위치를 누르듯이 예수님을 동원하게 됩니다.

하나님이 우리와 동행하시는 것은 우리 어려움을 다 풀어주려고 대기하시는 게 아니라 하나님과 우리가 인격적인 관계를 맺고 하나님을 더 잘 알게 하려는 데 목적이 있다는 것을 잊지 않아야 합니다. 하나님은 그 목적을 이루시려고 때때로 우리에게 어려움을 주시기도 하고, 길을 막기도 하십니다. 우리가 인생에서 만나는 모든 일을 동원하십니다. 우리는 이것을 하나님과 우리 사이의 관계에서 섭리적인 하나님의 역사라고 말합니다. 우리 뜻과 계획이 거룩하니까, 우리 마음이 경건하고 신앙적이니까 이제부터 그 일을 하려고 나아가는 길은 순탄하고 아무 어려운 일도 없어야 한다고 주장하는 것은 전혀 성경의 가르침이 아닙니다.

앞서도 말씀드렸다시피 어쨌든 그 땅에 큰 흉년이 닥쳤습니다. 그러나 사사 시대의 모든 사람이 하나님을 버리고 자기가 왕이 되어 불신앙으로 사니까 그에 대한 벌로 하나님이 흉년이 오게 한 것 같지는 않습니다. 아무튼 흉년으로 사람들이 살기가 무척 어려워졌을 것은 분명하지요.

위기 상황에서 내리는 결정

이때 베들레헴에 엘리멜렉이라는 사람의 가정이 살고 있었습니다. 그의 아내는 나오미라는 여자였습니다. 흉년이 닥치자 엘리멜렉은 매우 중요한 결정을 합니다. 흉년을 피하여 모압이라는 곳으로 이민을 떠나기로 한 것입니다. 아마 아내와 두 아들을 다 모아놓고 상의를 하여 결정하였겠지요. 우리가 잠시 이 환란, 곧 기근과 흉년을 피해서 장소를 옮겨 모압으로 가자. 거기 가면 먹고사는 문제는 해결할 수 있다. 우리나라도 가난하던 시절, 미국에 이민을 가면 그곳에서는 쓰레기만 뒤져도 먹을 것을 얻어서 목숨은 부지할 수 있다 하는 생각을 하며 이민을 떠났던 이들이 있었던 것과 비슷한 상황이겠지요. 지금은 너무 살기가 어렵고 이 땅에서는 살아남기가 힘드니까 모압으로 가자. 그러면 거기서는 최소한 밥은 먹고 살 수 있다. 이렇게 결정을 하고 그곳으로 이주를 한 것입니다.

그리고 그다음 읽으신 대로, 그곳에서 정착을 매우 잘한 것 같습니다. 왜냐하면, 이주한 지 얼마 지나지 않아서 두 아들을 그 지역에 사는 여자들과 다 결혼을 시켜 며느리를 얻었습니다. 생각해 보십시오. 외국에서 이민 온 사람한테 거기 사는 토박이들이 쉽사리 딸을 내주겠습니까? 아마 그 땅에 가서 초기에 잘 정착을 하여 그 주민들에게도 제법 인정도 받았던 것 같습니다. 그렇게 해서 새 가정을 이루었습니다. 그런데 몇 년 후, 남편 엘리멜렉이 갑자기 죽어버렸습니다. 그래서 오늘 본문대로 나오미와 그의 두 아들만 남았더라고 기록하고 있습니다. 네 식구가 갔는데 하나가 죽고 셋이 남았습니다. 그 후 10년이 채 못 되어 두 아들도 죽었습니다. 큰아들이 먼저 죽고 작은아들도 죽어버렸습니다. 그래서 나오미와 그곳에서 얻은 며느리 둘, 즉 과부 셋만 덜렁 남게 되었습니다. 이것이 오늘 우리가 읽은 본문의 이야기입니다.

엘리멜렉의 결정은 사실 매우 합리적이고 정당합니다. 흉년이 닥쳐서 온 식구가 굶어 죽을지도 모르는 처지에서 가장이 온 가족의 생존을 보장하기 위하여 모압으로 이주하기로 결정한 것은 상식적인 선에서는 정당하고 책임감 있는 행동입니다. 그렇지 않습니까? 오늘 본문은 엘리멜렉의 행동에 대하여 콕 집어 죄다, 잘못했다, 혹은 괜찮다는 등의 평가를 하지는 않습니다. 그러나 본문이 사사들이 치리하던 때였다는 말에 이어서 엘리멜렉의 이 행동을 제시하고 있다는 점을 주목한다면, 본문이 지금 엘리멜렉의 모압 이주를 어떻게 여기고 있는지 살짝 눈치를 챌 수 있습니다. 탐탁지 않게 여기고 있는 것입니다. 사사들이 치리하던 시대, 곧 모든 사람이 자기 소견에 옳은 대로 살아가는 것이 시대의 풍조인 그 시대에 이 사람도 그 풍조대로 아무 생각 없이 모압 땅으로 가야겠다고 결정을 하고 그렇게 행동하고 있다고 넌지시 고발하고 있는 셈입니다.

닥쳐온 기근을 피하기 위한 목적으로 선뜻 다른 지방으로 이주하는 예는 성경 다른 곳에서도 찾아볼 수 있는데 그때마다 하나님은 좋아하지도 당연하게 여기지도 않으셨습니다. 아브라함 때에 큰 기근이 들었습니다. 그래서 아브라함이 기근을 피하려고 가나안을 떠나 애굽으로 내려갔습니다. 그 과정에서 아브라함은 거짓말을 하게 되고 게다가 망신을 당한 적이 있었습니다. 그리고 백년 후 이삭 때에 또 그런 일이 있었습니다. 창세기 26장을 한 번 가보시면 그 현장을 볼 수 있습니다. 1-4절입니다.

> 아브라함 때에 첫 흉년이 들었더니 그 땅에 또 흉년이 들매 이삭이 그랄로 가서 블레셋 왕 아비멜렉에게 이르렀더니 여호와께서 이삭에게 나타나 이르시되 애굽으로 내려가지 말고 내가 네게 지시하는 땅에 거주하라 이 땅에 거류하면 내가 너와 함께 있어 네게 복을 주고 내가 이 모든 땅을 너와 네 자손에게 주리라 내가 네 아버지 아브라함에게 맹세한 것을 이루어 네 자손을 하늘의 별과 같이 번성하게 하며 이 모든 땅을 네 자손에게 주리니 네 자손으로 말미암아 천하 만민이 복을 받으리라(창 26:1-4).

아브라함 때에 첫 흉년이 들었는데 그 땅에 다시 흉년이 들었습니다. 첫 흉년과 이 본문에 나타난 두 번째 흉년 사이에는 100년이라는 시간적 간격이 있습니다. 100년 만의 흉년이 다시 닥친 것입니다. 이삭은 자기 아버지 아브라함에게 들은 것도 없었는지 하여튼 양식을 찾아 이사를 갑니다. 이삭이 식솔들을 이끌고 양식을 찾아 이주하기로 결정한 것은 가장으로서 마땅히 할 만한 일이고 상식적으로 볼 때도 잘한 일입니다. 책임감 있는 지도자의 리더십 발휘라고 할 수 있습니다. 그런데 양식을 찾아가는 이삭을 하나님께서 나타나셔서 막으셨습니다. 이삭의 가는 길을 막고 이렇게 말씀하십니다. 애굽으로 내려가지 말고 내가 네게 지시하는 땅에 거하라. 풀어서 말하자면 네 눈에 보기에 좋은 곳으로 가지 말고 내가 있으라는 곳에 있으라는 말입니다.

하나님께서 이삭에게 있으라는 그곳은 지금 100년 만의 기근으로 살기 힘든 곳입니다. 그런데 그 땅은 하나님께서 아버지 아브라함에게 약속하셨던 언약, 곧 내가 너에게 복을 주고 네가 이 땅에서 큰 민족을 이루고 내가 너에게 큰 복을 주겠다고 언약하신 그 약속이 담겨 있는 바로 그 땅입니다. 그런데 하나님께서 큰 복을 약속하신 그 땅의 현실은 당장 먹고살면서 오늘 생명을 유지하기가 어려운 위험한 처지입니다. 그래서 이 문제를 해결하려고 그곳을 떠나고 있습니다. 그런데 하나님이 나타나셔서 당장 생계를 유지하기도 어려운 곳에 머물라는 것입니다. 네 눈에 보기 좋은 곳으로 가지 말고 내 약속이 있는 곳에 머물러 있으라는 말씀인 셈이지요. 복을 주신다는 하나님의 약속은 언제 이루어질지 모르는 저 멀리에 있는 일이고, 당장 양식이 없어 굶어 죽을 위험은 눈앞에 닥친 현실인데 하나님이 이렇게 말씀하신 것입니다. 결국 그 땅은 하나님이 복주시겠다는 약속이 있는 곳인데, 그곳이 지금 힘든 상황이라 하여 그곳을 떠나는 것은 그 땅에서 복을 주시겠다는 하나님의 약속을 믿지 못하고 있다는 증거가 되는 것입니다. 하나님의 약속과 지시에 우선순위를 두지 않고, 자기가 볼 때 문제의 해결책이라고 여겨지는 대로 살고 있다는 지적인 것이지요. 결국 사사 시대의 말로 바꾸어 말하자면, 제 소견에 옳은 대로 살고 있는 모습입니다.

시대의 풍조를 따르는 결정

하나님께서 이삭에게 원하시는 것은 무엇일까요? 첫째, 네가 정말 나를 신뢰한다면, 내가 너에게 약속한 것이 반드시 이루어질 거라고 나를 믿는다면, 오늘 눈앞에 닥친 어려움을 해결하는 데 급급하지 말고 하나님의 언약에 우선순위를 두라는 것입니다. 둘째, 그 어려움을 걸머지고 혹시 죽게 되면 죽을지라도 하나님이 이 땅에서 복을 주겠다 하셨으므로 복은 이 땅에서 임한다는 약속을 믿으라는 것입니다. 셋째, 복 주신다는 하나님의 언약과 하나님의 하나님 되심에 대한 신뢰를 버리거나 포기하지 말라는 지적입니다. 이것은 이삭이 지금 자기가 떠나려는 곳을 세상 사람들이 보는 방식과는 다른 눈으로 보아야 하고, 떠나는 자기의 발걸음의 의미를 입을 것과 먹을 것과 마실 것 기준이 아니라, 하나님과의 관계가 어떻게 되는가를 기준으로 평가해야 한다는 요구입니다.

약속의 땅을 버리고 모압으로 내려가는 엘리멜렉의 처신과 행동에 대하여 본문이 넌지시 고발하는 문제도 바로 이 대목입니다. 세상의 누가 보아도 그것은 정당하고 오히려 칭찬받아야 할 책임 있는 가장의 처신입니다. 하지만, 하나님의 백성인 그리스도인들은 세상 사람들과는 다른 기준으로 처신을 결정하며 살아야 할 것을 요구받습니다. 또 세상 사람이 삶에 대해 의미를 부여하는 방식과 다른 방식으로 자기의 삶에 의미와 가치를 부여하며 살 것을 요구받습니다.

엘리멜렉은 가정을 이끌고 모압으로 가고자 합니다. 그곳에 가면 기근의 문제를 벗어날 가능성이 보입니다. 그러나 그곳에서 주일 예배를 드릴 교회를 찾을 가능성은 없습니다. 속상하고 고달플 때 새벽에도 금요일 저녁에도 아무 때나 찾아나가 하나님께 부르짖으며 엎드릴 예배당을 만날 가능성은 없습니다. 힘들고 지쳐 있을 때 찾아와 위로해주고 기도해줄 구역장도 없고 다른 동료 신앙인을 만날 가능성도 전혀 없습니다. 결혼적령기에 이르는 두 아들을 위하여 신앙의 가정에서 잘 자란 믿음 좋고 신실한 신앙인 며느리를 들일 가능성은 전혀 없습니다. 엘리멜렉은 그곳으로 가려 하는 것입니다.

더구나 모압은 역사적으로 이스라엘과 적대관계에 있었습니다. 그들은 출애굽한 이스라엘 백성이 40년 광야생활을 마치고 마침내 가나안 땅에 입성하려 할 때, 길을 내어 달라는 청을 거절하였습니다. 그렇게 함으로써 하나님의 위대한 구원 역사를 정면으로 부정하고 저주하였습니다. 바로 이런 이유로 모압 족속은 이스라엘의 회중 가운데 들어올 수 없다고 신명기에 기록해 두고 있습니다. 그뿐만 아니라, 사사 시대 초기에 모압 왕 에글론이 18년 동안 이스라엘 백성을 억압했던 역사가 있습니다. 그런데 어찌된 일인지 모르지만, 80km 정도밖에 안 떨어진 바로 그 모압에는 흉년이 안 들었습니다. 그래서 조상 대대로 신앙생활을 해오고 모태 신앙인인 엘리멜렉이 모압으로 이주하기로 결정했습니다.

엘리멜렉은 왜 이렇게 했는가? 오늘 본문은 그가 사사 시대에 사는 사람이어서 그렇게 했다고 넌지시 암시하고 있습니다. 엘리멜렉은 양심에 거리끼면서 이래선 안 되는데, 떠나선 안 되는데… 그러면서 떠난 것 같지 않습니다. 그냥 자연스럽게 양식이 없어 다 굶어 죽을 형편인데 어떻게 하나? 알아봤더니 모압에는 양식이 있다는 구나! 거기 가면 집도 얻을 수 있으니 잠시 거처를 모압으로 옮기자. 그러면서 그냥 자연스럽게 갔을 것입니다. 그래서 그것을 가리켜 사사들이 치리하던 시대에 일어난 일이라고 말하는 것입니다. 사사 시대를 떠올리면 무엇이 자연스럽고 당연하고 그 시대의 삶을 지배하는 시대 풍조였습니까? 그저 퍼뜩 생각해서 그거겠네! 하면서 그대로 행하고 사는 시대였습니다. 그 시대는 이것이 무슨 의미가 있는가, 하나님은 이것을 어떻게 생각하실 건가, 하나님의 관점에서 볼 때 이렇게 해도 괜찮은 것인가, 하는 생각을 하지 않으며 사는 것이 그 시대를 지배하는 풍조인 때였습니다.

엘리멜렉은 시대를 지배하는 풍조에 물들어서 당연히 모든 사람이 사는 방식대로 자연스럽게 산다고 본문은 고발하고 있습니다. 말하자면, 사사 시대를 결론지은 말, 곧 제 소견에 옳은 대로 행했더라를 가져다가 엘리멜렉의 모압 이주에 대입해서 말하자면, 제 소견에 좋은 대로 자연스럽게 모압으로 이주했다는 말입니다.

결정의 중요한 근거

그러나 이주를 결정하기 전에 하나님께서 약속하신 땅이 잠깐 기근으로 살기 어렵지만, 약속은 이 땅에 대해 하셨고 하나님은 이곳에서 우리를 복되게 하실 것이므로 흉년으로 어렵더라도 우리는 남아 있어야 한다고 신앙 차원에서 검토했어야 합니다. 그런데 그런 검토 없이 모압으로 떠나버렸습니다. 오늘날 우리는 신자이며 하나님의 백성이며 하나님과 언약을 맺은 사람이므로 우리의 태도, 결정, 행동, 처신들은 세상 사람들이 이 시대 풍조를 따라 당연히 그렇게 하는 게 맞다고 결정하는 방식과는 다른 차원에서 점검해야 합니다. 우리가 하나님의 언약 백성이라면, 삶의 현장에서 내린 결정과 처신들을 하나님과의 관계라는 안목에서 점검하고 있는지 물어야 합니다. 자녀관, 부부관, 직장관, 생활관.... 나아가서 세계관에 이르기까지요.

여러분의 삶에서 하나님은 어느 정도 영향력이 있으십니까? 결정과 처신에 전적으로 내 소견이 작동하고 있습니까? 이 세상 풍조가 모두 그렇다면서 전적으로 세상 방식을 따른 결정을 정당화하고 있습니까? 아니면, 하나님과의 관계에 무게 중심을 두고 주어진 환경보다 하나님이 주신 약속을 더 신뢰하고 하나님의 뜻과 원하시는 바를 따라 내 태도와 처신을 결정합니까? 하나님과의 인격적 관계를 늘 염두에 두고 그것을 기준으로 우리 자신을 보고 있습니까? 오늘 본문은 엘리멜렉 가정에 대한 간단한 한마디 언급으로 사실은 그것을 우리에게 묻고 있는 것입니다.

요셉을 잘 아실 것입니다. 요셉은 보디발의 집에 들어가서 보디발에게 신뢰를 받았습니다. 이 준수하고 똑똑한 청년을 보디발의 아내가 마음에 품었습니다. 그리고 계속 졸라댔습니다. 나중에는 노골적으로 붙잡고 같이 동침하자 했습니다. 요셉은 여자가 유혹해도 아무런 느낌도 없는 목석같은 남자가 아니었습니다. 그런데 그는 넘어가지 않았습니다. 그가 넘어가지 않은 이유 두 가지를 대는 데 첫째는 당신 남편이 나를 신뢰하는데 내가 그를 배반할 수 있겠느냐는 것이었습니다. 더 결정적인 둘째 이유는, 내가 어찌 이 일을 행하여 여호와께 죄를 지을 수 있겠느냐는 것이었습니다. 하나님과의 관계라는 눈으로 자기 현실을 보고 자기 처신을 결정한 것입니다.

오랜 세월이 지난 후 요셉을 팔아넘겼던 형들이 큰 기근이 닥치는 바람에 양식을 얻기 위하여 요셉의 손을 의존할 수밖에 없는 처지가 되어 요셉 앞에 섰습니다. 형들은 요셉을 알아보지 못합니다. 그러나 요셉은 형들을 알아보고 밖에 나가서 홀로 실컷 통곡한 후에 형들에게 자기를 밝힙니다. 원수는 외나무다리에서 만난다고 얼마든지 한풀이를 할 수 있었습니다. 칼자루는 요셉이 쥐고 있고, 칼끝은 형들을 향하고 있습니다. 요셉이 당한 피해 사실을 감안하면 얼마든지 세상 법정에 호소해서 형들을 처벌할 수 있습니다. 그것이 법적으로 잘못도 아니고 윤리적으로도 문제가 되지 않습니다. 그러나 요셉은 그렇게 하지 않습니다.

아버지가 돌아가신 후에는 형들이 대표를 뽑아서 몰려왔습니다. 동생 요셉의 복수가 겁이 났을 것입니다. 그간 우리한테 복수하지 않은 것은 아버지 때문이고 이제 아버지가 돌아가셨으니 틀림없이 복수를 할 것으로 형들은 생각했습니다. 꼭 자기들 하던 대로밖에 생각하지 못합니다. 자기 수준대로 요셉도 그럴 줄 알고 찾아와서 사정합니다. 아버지께서 유언하셨는데 형제끼리 화목하고 우애하며 살라 하셨답니다. 그러자 요셉이 너무 답답해서 웁니다. 그리고 요셉은 내가 당신들만이 아니라 당신들의 자식들까지도 책임지겠다고 말합니다. 요셉은 왜 그러는가? 인격이 고매해서가 아닙니다. 성품이 매우 너그럽고 좋은 사람이어서가 아닙니다. 당하고도 모르는 세상 물정에 어두운 사람이어서가 아니었습니다.

창세기 45장, 50장에서 요셉은 분명히 말을 합니다. 45장에서는 당신들이 나를 판 것이 아니라 이런 기근의 때가 있을 줄을 알고 당신들을 먹여 살리려고 하나님께서 나를 보냈습니다. 라고 합니다. 50장에서는 내가 하나님을 대신하겠습니까? 라고 말합니다. 그래서 원수를 갚지 않은 것입니다. 자기 도덕성에서 나온 것이 아니었습니다. 요셉은 하나님과 맺은 관계라는 기준으로 자기의 현실을 점검하고 거기에 따라서 자기의 처신과 행동을 결정한 것입니다.

하나님에 대하여 부요하지 못한 자

신약에 가면 정말 하나님이 누구신지, 하나님과의 관계를 전혀 생각하지 않고 마치 사사 시대의 사람들처럼 제 소견에 옳은 대로 살아버린 사람의 이야기가 있습니다. 예수님의 비유에 등장하는 인물입니다. 누가복음 12장에 가보시면 유산을 나누지 않는 형을 권면해 유산을 나눠주게 해달라는 어떤 젊은이의 청을 들으시고 예수님이 대답한 비유입니다.

또 비유로 그들에게 말하여 이르시되 한 부자가 그 밭에 소출이 풍성하매 심중에 생각하여 이르되 내가 곡식 쌓아 둘 곳이 없으니 어찌할까 하고 또 이르되 내가 이렇게 하리라 내 곳간을 헐고 더 크게 짓고 내 모든 곡식과 물건을 거기 쌓아 두리라 또 내가 내 영혼에게 이르되 영혼아 여러 해 쓸 물건을 많이 쌓아 두었으니 평안히 쉬고 먹고 마시고 즐거워하자 하리라 하되 하나님은 이르시되 어리석은 자여 오늘 밤에 네 영혼을 도로 찾으리니 그러면 네 준비한 것이 누구의 것이 되겠느냐 하셨으니 자기를 위하여 재물을 쌓아 두고 하나님께 대하여 부요하지 못한 자가 이와 같으니라 (눅 12:16-21).

한 부자가 있었습니다. 100리 밖만 나가도 다 흉년인데, 이 사람에게만 희한하게 풍년이 들었습니다. 곡물을 쌓아둘 곳이 없게 수확했습니다. 그래서 물건도 다 바꿨습니다. 냉장고도 바꾸고 텔레비전도 바꾸고, 자동차도 바꿨습니다. 문제가 생겼습니다. 그렇게 다 바꾼 물건들을 둘 곳이 없습니다. 넘치게 거둔 곡식을 쌓아놓을 곳이 없습니다. 여러 날 동안 심히 고민했습니다. 그러다가 묘수가 떠올랐습니다. 아 이렇게 하면 되지. 창고를 다 헐어버리고 더 크게 더 많이 지으면 될 것 아닌가? 그래서 공사판을 벌였습니다. 이전의 창고를 헐고 더 크게 더 많이 창고를 지었습니다. 새로 산 물건과 거둔 곡식을 다 넣어 뒀습니다. 다 끝난 다음에 이 사람이 창고를 순방하면서 재고 조사를 합니다. 1번 창고, 가득 찼구나. 잘 됐다. 2번 창고, 여기도 가득 찼구나. 15번 창고, 오! 30번 창고… 물건과 곡식을 쌓아놓은 창고들을 다 둘러본 다음에, 이 사람이 뒷짐을 지고 아주 만족스러워서 중얼거립니다. 나는 이제 앞으로 여러 해 동안 비 한 방울 오지 않아도, 여러 해 동안 손가락 하나 까딱하지 않아도 걱정 없다! 그리고 이어 말합니다. 내 영혼아 이제 먹고 마시고 인생을 한번 즐겨 보자꾸나! 그것을 하나님이 들으시고 보셨습니다. 그리고 즉석에서 하나님이 말씀하셨습니다. 어리석은 자여, 오늘 이 밤에 내가 네 생명을 도로 찾으리니 너 쌓아 놓은 그것이 뉘 것이 되겠느냐? 그것으로 끝나 버렸습니다. 그 사람은 그날 죽었습니다. 그거 다 누구의 것이 됐을까요? 다음 날 아침에 남의 것 됐지요.

이 사람을 놓고 하나님은 어리석은 자라고 선언하셨습니다.

무엇이 어리석은 것일까요? 이 사람은 왜 어리석은 것일까요? 이 사람은 자기 상황에 비춰 최소한 세 가지 질문을 하지 않은 점에서 어리석습니다. 첫째, 내가 얻은 이 많은 부가 어디서 온 것인가? 어디에서 온 것인지 질문을 한 번만 했어도 그것이 하늘로부터 온 것이라는 이치를 깨닫고 겸손하게 하나님의 섭리를 인정할 기회를 얻었을 것입니다. 둘째, 이것이 왜 나에게 주어져 있는가? 저 사람들에게 없는 것이 나에게는 주어지고 있다는 사실의 의미가 무엇인가를 한 번만 물었어도 그렇게 여러 날 심히 고민하고, 그렇게 복잡한 공사판을 벌일 필요가 없었을 것입니다. 자기 쓸 만큼 챙기고 나머지는 기근에 굶주리는 다른 사람들에게 나눠주면 간단히 해결될 것이었습니다. 저 사람들 책임지라고 내게 주어진 것이구나! 라며 하나님이 주신 의미 있는 사명을 발견했을 것입니다. 셋째, 사람의 생명의 주인은 누구인가? 내가 내일도 사는 것이 재물들과 무슨 관계가 있는가? 내가 가진 부는 내 인생을 보장하는가? 사람은 돈과 건강과 환경만 갖추면 얼마든지 살고 싶은 만큼 살아지는 것인가라는 질문을 한 번만 했어도 생명은 내 소유와 상관없이 주관하는 자가 따로 있음을 깨닫고 주권자인 하나님을 만나고 그 주권을 인정할 수 있었을 것입니다. 하나님의 섭리에 순종할 기회를, 내 인생이 의미 있도록 하나님이 주신 사명에 순종할 기회를 잃었습니다. 하나님이 생명을 주관하신다는 사실을 인정할 기회를 이 사람은 놓쳤습니다. 그것이 이 사람의 어리석음이었습니다.

그런데 희한하게도 예수님은 이 사람을 놓고 자기를 위하여 재물을 쌓아두고 하나님께 대하여 부요하지 못한 자라고 요약합니다. 이 말씀은 하나님께 헌금하지 않아서 하나님의 창고가 비어서 하나님이 가난하게 되었다는 말이 아닙니다. 하나님을 부요하게 하지 않았다는 말이 아닙니다. 하나님은 한 번도 가난하신 적이 없고, 가난해질 수도 없습니다. 이 부자가 가난하다는 말입니다. 무엇에 대해 가난한 것입니까? 재물에 대하여가 아니라, 하나님에 대하여 가난하다는 말입니다. 왜 하나님에 대해 가난합니까? 하나님이 없으니까요. 돈이 없으면 재물이 부요하지 못한데, 하나님이 없으니 하나님에 대하여 부요하지 못합니다. 말을 할 때, 행동할 때, 처신할 때, 하나님과 관련지어서 그 안목으로 의미를 부여하고 그 기준으로 점검하며 하지 않으니까, 그의 생활 어디에서도 하나님을 찾을 수 없습니다. 그의 삶 속에서 하나님을 볼 수 없습니다. 쉴 새 없이 말을 계속 하는데 그의 말 가운데서 하나님의 흔적을 찾을 수 없는 사람들이 있습니다. 죽어라고 열심히 살아가는데 그의 삶 어디에서도 하나님의 흔적을 찾을 수 없는 이들이 있습니다. 결국 자기 인생, 하는 일, 생각, 행동, 처신에서 하나님을 찾아볼 수가 없습니다. 하나님이 없는 것입니다. 돈이 없으면 재물이 가난한 자일 것입니다. 그러나 그는 하나님이 없습니다. 그러니까 그는 하나님이 가난한 자입니다. 다만 제 소견에 옳고 자기 판단에 옳아 보이는 대로 해버리니까 그에게서 하나님을 찾으려 해도 찾을 데가 없는 거예요. 그것이 하나님에 대한 가난입니다.

그런데 예수님은 하나님에 대하여 부요하지 못한 자는 모두 이와 같다고 말씀하십니다. 이렇게 말씀하심으로써 하나님께 부요하지 못한 자는 얼마든지 더 있을 수 있다는 사실을 강조하는 데로 나아갑니다. 특정한 경우를 모두에게 해당되는 사실로 보편화하고 있는 것이지요. 이런 방식으로 예수님은 이 사람에 대하여 말씀하시지만, 사실은 이 사람에게만 말씀하고 있는 것이 아니라 모든 사람에게 말씀하고 있는 셈입니다. 누구나 이런 사람이 될 수 있다는 데로 나아가고 있는 것입니다.

소견에 좋은 대로 살아버린 결과

오늘 우리가 보고 있는 룻기 첫머리의 이 사건이 우리에게 놀랍게 도전하는 메시지가 있습니다. 모압으로 이민을 떠난 엘리멜렉을 비롯한 이 가정은 어떻게 되었는가? 금방 본문에서 우리가 본대로입니다. 다 죽어 나갔습니다. 모압 이민이라는 불순종으로 벌을 받아서 다 죽었다고 말하기는 어렵습니다. 그러나 어쨌든 가서 죽었습니다. 엘리멜렉도 죽고, 큰 아들도 죽고, 작은 아들도 죽었습니다. 사실 엘리멜렉이 모압으로 이주한 것이 영원히 베들레헴을 떠나려고 한 것은 아니었습니다. 여기에 쓰인 단어를 보면 거기에 거류하였다고 했습니다. 거류하다ㄱㄲ란 단어의 사용만으로 보면 엘리멜렉의 가정은 완전히 그리고 영구적으로 모압으로 이민 가서 거기서 시민권 얻고 거기서 아들 낳고 딸 낳고 평생 살

맘을 먹고 간 것이 아닙니다. 잠깐 살러 갔습니다. 지금 여기는 흉년으로 너무 살기 힘드니 이 어려운 때만 살짝 좀 피했다 오자 이렇게 하고 갔습니다.

요즘 말로 하면, 지금 내가 신앙생활하고 또 신앙대로 살려면 너무 많은 대가를 치러야 하니까 이번만 그냥 눈 질끈 감고 성경도 덮고 신앙도 좀 모른 체하고 이번만 어떻게 넘기자. 이번 일만 넘기고 우리가 또 한 번 힘내서 신앙생활 제대로 해보자 그런 식이지요. 잠깐 살고 오려고 갔습니다. 그러나 거기에 영원히 묻히게 됐습니다. 제 소견에 옳은 대로 행동은 할 수 있지만, 제 소견에 원한 대로 일이 이루어지지는 않았습니다. 우리가 우리 소견에 좋은 대로 행동할 수 있고 처신할 수 있습니다. 그러나 우리 소견에 원하고 계획한 대로 인생이 이루어지는 것은 아닙니다. 그것은 하나님이 하시는 일입니다. 그러므로 내 소견이 아니라, 하나님의 소견에 옳은 대로 사는 것이 지혜입니다. 이 말이 우리는 아무런 생각도, 계획도 없이 그냥 되는대로 하루하루 살면 된다는 말이 아닙니다. 야고보서 4장 13-17절이 이 내용을 분명하게 말씀합니다.

들으라 너희 중에 말하기를 오늘이나 내일이나 우리가 어떤 도시에 가서 거기서 일 년을 머물며 장사하여 이익을 보리라 하는 자들아 내일 일을 너희가 알지 못하는도다 너희 생명이 무엇이냐 너희는 잠깐 보이다가 없어지는 안개니라 너희가 도리어 말하기를 주의 뜻이면 우리가 살기도 하고 이것이나 저것을 하리라 할 것이거늘 이제도 너희가 허탄한 자랑을 하니 그러한 자랑은 다 악한 것이라 그러므로 사람이 선을 행할 줄 알고도 행하지 아니하면 죄니라(약 4:13-17).

이 말씀은 오늘 본문이 우리에게 주는 교훈이라고 말씀드렸던 그 말씀을 하고 있습니다. 우리가 계획한다고 해서 되는 게 아니고, 우리가 원한다고 해서 그대로 되는 것이 아니라, 하나님의 주권으로 하나님이 하신다는 말씀입니다. 물론, 그러니까 계획도 하지 말고 원하지도 말고 그냥 되는 대로 그날그날 살라는 말이 아닙니다. 그런데 야고보서 말씀을 언뜻 보면 그렇게 보입니다. 내일 이 일도 하고 저 일도 해야지! 나 내년에 이런 사업을 해서 돈 벌 거야! 내일 사업 이렇게 할 거야! 하는 사람들을 비웃고 있습니다. 너 내일 어떻게 될지도 모르면서. 너는 안개 같은 존재야. 무슨 계획을 세우고 그래? 그렇게 말하는 것처럼 보여요. 그러니까 그냥 되는대로 살아. 그저 다 내려놓고 생각도 말고 그냥 닥치는 대로 살아! 마치 오늘 아무렇게나 살고, 책임 없이 막 사는 것이 하나님께 맡기고 사는 삶이라고 말하는 것 같습니다.

그러나 야고보서는 그렇게 말하는 것이 아닙니다. 야고보서 4장 15-17절에 보시면, "너희가 도리어 말하기를 주의 뜻이면 우리가 살기도 하고 이것이나 저것을 하리라 할 것이거늘 이제도 너희가 허탄한 자랑을 하니 그러한 자랑은 다 악한 것이라. 그러므로 사람이 선을 행할 줄 알고도 행하지 아니하면 죄니라." 이렇게 말씀하고 있습니다. 하나님이 주권적으로 하는 것이니까 네가 해봤자 소용없고 네가 원하는 대로 안 되는 거니까 손 내려놓고 그냥 되는대로 살라는 말이 아니라고 분명히 못 박고 있는 것입니다. 허탄한 자랑, 악한 자랑으로 하는 이런저런 계획과 의도를 금하고 있습니다. 그리고 선을 행하라고 말씀합니다. 그러므로 사람이 선을 행할 줄 알고도 그것을 행하지 않으면 죄다. 아무 계획도 세우지 말고 아무 일도 하지 말라는 말이 아니고 선을 행하라는 것입니다.

그러므로 네가 계획 세우고 네가 주장하고 네 소견에 옳은 것으로 밀고 나가도 그대로 되는 게 아니다, 너는 어찌될 지 모르고 하나님이 하시는 것이니까 너는 선한 일을 하라는 것입니다. 그렇게 하지 않는 것을 놓고 손해 보는 짓이라고 하지 않고 죄라고 말합니다. 여기서 말한 선한 일은 무엇일까요? 그것이 야고보서 4장 15절입니다. 주의 뜻이 무엇인가를 고민해서 그 일을 하는 것입니다. 열심히 살라는 것입니다. 열심히 사는데 네 소견에 좋은 것, 원하는 것이 아니라 하나님의 뜻이 무엇인가를 고민하고 파악하고 따져서 선을 행하는 삶을 열심히 살라고 말씀하는 것입니다. 일을 열심히 할 것인가 일을 하지 않을 것인가를 말하는 것이 아니라, 어떤 일을 열심히 할 것인가를 말하고 있는 것입니다.

모든 사람이 그렇게 생각하고 사는 세상이어서 나도 세상의 풍조를 따라 생각하고 그렇게 사는 것이 지극히 당연한 것처럼 사는 것은 신자가 세상을 사는 방식이 아닙니다. 내 소견에 좋은 것이 하나님의 소견에도 좋은 것인지 분별해야 합니다. 그리고 하나님의 소견에 좋은 대로 살아야 합니다. 그것이 시대의 흐름을 거역하는 어리숙한 처신으로 보일지라도 그 길을 가는 것이 신자입니다. 신자는 세상의 풍조를 따르는 사람이기보다는 많은 경우에 세상을 거스르며 사는 사람들입니다. 하나님의 소견에 좋은 것을 따르기 때문입니다.

룻 1:6-7

그 여인이 모압 지방에서 여호와께서 자기 백성을 돌보시사 그들에게 양식을 주셨다

함을 듣고 이에 두 며느리와 함께 일어나 모압 지방에서 돌아오려 하여

있던 곳에서 나오고 두 며느리도 그와 함께 하여 유다 땅으로 돌아오려고 길을 가다가

02

귀향

우리가 살면서 사람으로서 행할 책임과 지켜야 할 도리를 잘 지키는 것은 매우 중요한 덕목입니다. 그러나 다른 사람과의 관계에서 사람으로서 최소한의 도리와 책임감을 가지고 처신하는 것이 하나님과 관계를 맺는 데서는 때때로 치명적인 장애물이기도 합니다. 예수님은 이렇게 말씀하셨습니다. "무릇 내게 오는 자가 자기 부모와 처자와 형제와 자매와 더욱이 자기 목숨까지 미워하지 아니하면 능히 내 제자가 되지 못하고"(눅 14:26). 세상 살아가면서 참으로 감당하기 어려운 말씀이기도 합니다.

베들레헴으로 귀향 결심

나오미가 모압 지방을 떠나서 유대 베들레헴으로 다시 돌아가야겠다는 결심을 합니다. 그래서 살던 곳을 나와 유다 땅으로 가고 있습니다. "그 여인이 모압 지방에서 여호와께서 자기 백성을 돌보시사 그들에게 양식을 주셨다 함을 듣고 이에 두 며느리와 함께 일어나 모압 지방에서 돌아오려 하여 있던 곳에서 나오고 두 며느리도 그와 함께하여 유다 땅으로 돌아오려고 길을 갔다." 이것이 룻기 1장 6-7절의 말씀입니다. 나오미에게 사실 지난 10여 년 세월은 환경적으로든지 개인적으로든지 모든 것이 수수께끼처럼 꼬여있는 세월이었습니다.

본래 베들레헴에 살고 있는데 그곳에 큰 흉년이 들었습니다. 베들레헴은 떡집이라는 뜻입니다. 그 말의 뜻이 무색하게 떡집에 떡이 없어서 생계를 유지하기가 어려운 처지가 되었습니다. 남편 엘리멜렉의 이름은 나의 하나님은 왕이다는 뜻입니다. 그 이름의 뜻이 무색하게 엘리멜렉은 자기가 현실에서 어려운 일을 당하자 자기가 왕이 되어서 결정을 내립니다. 하나님이 어떻게 생각하실까, 하나님은 장차 이 일을 어떻게 풀어 가실까, 하는 고민을 하지 않고 가족을 이끌고 모압으로 떠납니다. 교회라고는 없는 곳, 일이 다급하고 힘들고 어려울 때 언제라도 앉아 눈물 흘리며 기도라도 해볼 수 있는 기도처 하나도 없는 곳, 이제 며느리 맞을 때가 가까워 오는데 예수 잘 믿는 며느리를 얻을 가능성은 전혀 없는 곳, 구역장도 없고 중보기도를 부탁할 사람도 없는 곳, 여호와가 왕이 아니라 그모스 신이 왕이 되어서 모두가 그 신만 섬기고 사는 곳으로 이민을 갑니다. 나의 하나님은 왕이시다 하는 이름을 가진 사람이 그런 곳으로 이민을 가고 있습니다.

나오미라는 이름의 뜻은 즐거움입니다. 그러나 그 이름이 무색하게 나오미는 즐거움은커녕 고통과 수치가 넘칩니다. 베들레헴에 돌아와 자신을 알아보는 이들에게 나를 나오미라 하지 마라. 나를 마라라 하라고 합니다. 마라는 쓰다는 뜻입니다. 그러니까 모든 것이 다 꼬여버렸습니다. 고향을 잃어버렸습니다. 양식을 잃었습니다. 남편을 잃었습니다. 큰아들도 잃었습니다. 작은아들도 잃었습니다. 혼자 남았습니다. 나중에 보니까 심지어 자기 이름도 잃었습니다. 나오미는 점점 이렇게 여자 욥처럼 모든 걸 잃고 희망도 목표도 없이 인생길을 계속 가는 삶을 지난 10여 년 동안 살아왔습니다.

그런데 어느 날 이 나오미가 매우 중요한 결정을 합니다. 자기의 고향으로 돌아가기로 한 것입니다. 왜 이런 결정을 했을까요? 나오미는 가족이 다 죽고 재산도 아무것도 없이 혼자 남은 과부로서 돌아가는 것입니다. 다시 재혼할 가능성은 전혀 없다고 자기도 공개적으로 말할 만큼 이제 나이도 들었습니다. 그런 그녀가 고향으로 돌아가기로 합니다. 그 결정이 쉬웠을까요? 아! 이제 다 잃고 남편도 없고 자식도 없고 타향살이도 외로우니 이제라도 고향에 돌아가서 뼈라도 고향에 묻자. 그런 귀소 본능이 살아나서 그랬을까요? 타향살이 이제 접고 고향에 가서 여생을 살고 싶어서 그랬을까요? 만약, 그랬다면 그녀는 고향으로 돌아갈 수 있었을까요?

우리라면 돌아가더라도 그곳으로는 못 돌아갈 것입니다. 왜냐하면, 룻기 1장 뒷부분을 보면 이민을 떠나기 전에 나오미의 집은 꽤 유명했던 것이 분명합니다. 나오미가 돌아가서 거기에 도착하니까 온 시내에 난리법석이 났습니다. 나오미가 돌아왔다고 알아보고 소란스럽습니다. 그걸 보면 유명한 집이었던 것이 분명합니다. 자기 집은 더 좋은 살 곳 찾아 이민 간다고 당당하게 갔다가 다 말아먹고 쫄딱 망해서 혼자서 그곳으로 돌아갈 수 있었을까요? 절대 못 돌아갈 것입니다. 저는 나오미가 돌아가는 결정을 한 것이 이제 고향에 가서 여생을 보내야겠다는 마음이었거나 귀소본능의 낭만적인 생각에서 그랬다면 절대 그곳으로 돌아갈 수 없었을 것으로 봅니다. 창피해서라도 못 돌아가지요. 그곳에 돌아가면 어떤 수모를 당하고 살아야 할지 너무나 뻔합니다.

전에 제가 목회할 때 우리 교회에 심각한 가정 문제로 이혼하려는 결정과 번복을 몇 차례 하고 갈등하고 수시로 교회를 안 나오는 부부가 있었습니다. 우리는 정말 하나님의 은혜로 만난 사람들이라며 결혼하더니, 얼마 지난 후에는 우리는 절대로 만나서는 안 되는 사람들이 만났다면서 이혼 외에 다른 길이 없다며 헤어진다는 것이었습니다. 그러다가 목회자인 제가 어떻게 잘 설득하고 기도하고 도와주어 다시 화해하고 정상적으로 잘 살게 되었습니다. 얼마 지난 후에는 그 때 헤어졌으면 큰일 날 뻔했다며 행복하게 잘 살았습니다. 좀 지나면 그런 부부가 대개 나타내는 반응이 무엇인 줄 아십니까? 목사님이 우리 가정을 이렇게 잘 돌봐주시고 이렇게 회복하도록 도와주셨으니까 우리는 죽을 때까지 목사님 따라다니면서 목회에 협력하고 목사님과 함께 이 교회에서 뼈를 묻겠습니다. 그럴 것 같으세요? 여러분은 그러실지 모르겠습니다. 하지만, 제가 경험해본 바로는 그렇지 않은 분이 더 많았습니다. 안정을 찾게 되면 뭐라고 하는지 아십니까? 교회 옮기겠다고 찾아옵니다. 이런저런 그럴듯한 이유를 대지만 진짜 이유는 다른 데 있습니다. 우리의 과거를 다 알고 있는 이 교회에서는 떳떳하고 당당하게 신앙생활 하고 봉사하고 나서서 일하기가 힘듭니다. 우리 과거를 모르는 곳에 가서 떳떳하게 봉사하며 새롭게 교회 생활 하겠습니다 라는 것입니다. 떠나겠다는 그들이 야속하고 서운하지만, 이해할 수 있습니다.

나오미가 베들레헴으로 돌아가겠다고 결심했을 때, 그것은 로맨틱하고 자연스러운 결정이 아니었습니다. 자연스러운 정서를 거스르는 의지적인 결단이었다고 봐야 합니다. 돌아가도 그 동네로는 못 가지요. 다른 동네 가서 그냥 숨어서 살다가 조용히 세상을 떠나고 싶겠지요. 그런데 왜 굳이 베들레헴 그곳으로 가려고 결단을 하는 것일까요?

절망 중에 들은 긍휼의 소식

룻기 1장 6절에 보면 나오미가 돌아가기로 마음을 먹은 결정적인 근거와 계기가 있었습니다.

> 그 여인이 모압 지방에서 여호와께서 자기 백성을 돌보시사 그들에게 양식을 주셨다 함을 듣고 이에 두 며느리와 함께 일어나 모압 지방에서 돌아오려 하여(룻 1:6).

그곳에 여호와께서 자기 백성을 돌보시고 그들에게 양식을 주시고 있다는 소문을 들은 것입니다. 다른 말로 하면, 여호와께서 그곳에 긍휼을 베풀고 계신다는 소문을 들은 것입니다. 나오미는 긍휼의 하나님에 눈이 뜨인 것입니다. 그래서 하나님의 긍휼이 있는 곳으로 돌아가겠다고 결심을 한 것입니다. 아니 긍휼의 하나님을 향해 나는 돌아가야만 한다고, 내가 죽어도 긍휼의 하나님께로 돌아가서 거기서 죽어야겠다는 결심을 한 것입니다. 7절에 보면, 그래서 있던 곳 모압, 곧 자기가 살던 그곳에서 돌아오려고 중대 결심을 했습니다.

그리고 하나님의 긍휼이 있는 곳, 긍휼의 하나님이 있는 곳으로 가는 길에 들어섰습니다. 그곳을 향해 걷고 있습니다.

이 말씀을 가만히 떠올리면 매우 감격스러워집니다. 하나님에 대한 지식이 그냥 우리에게 어떤 행동을 불러일으키지는 않습니다. 하나님의 하나님 되심에 대한 지식, 우리가 알고 있는 그 하나님 지식이 허구이거나 그것이 힘이 없거나 사실이 아니기 때문이 아니라 하나님에 대한 지식이 있음에도 불구하고 하나님을 아는 지식에 걸맞은 반응을 하지 않는 우리 때문에 그것이 행동을 불러일으키지 못할 때가 있습니다. 예를 들어, 하나님은 우리의 기도를 들으시는 분이십니다. 이것은 하나님에 대한 우리의 지식입니다. 그러나 기도를 들으시는 하나님 앞에 어려울 때나 평소에 엎드려 무릎 꿇고 기도하는 사람은 그렇게 많지 않습니다.

또 내가 싫어하는 사람일지라도 용서하고 사랑하는 것을 하나님께서는 기뻐하시고 그렇게 이웃을 사랑하는 사람에게 하나님은 복을 주신다는 것은 하나님에 대한 우리의 지식입니다. 그러나 내가 하나님을 그렇게 알고 있는 것에 걸맞게 다른 사람을 용서하고 다른 사람을 사랑하는 반응을 수반하는 사람은 많지 않습니다. 거기에는 매우 강한 의지적인 결단과 자기 통제가 필요합니다. 그 대목에서 우리는 자주 실패하곤 합니다.

그런데 나오미는 긍휼의 하나님이 거기 계시구나. 그에게로 돌아가야 할 텐데 하는 마음이 들고, 그래서 그는 7절에서 본 것처럼, 일어나서 지금까지 살아온 그곳에서 일어나 나옵니다. 그리고 베들레헴을 향한 길에 들어서서 걷고 있습니다. 우리가 알고 있는 하나님 지식에 걸맞게 우리는 의지적인 행동을 하고 있는지 점검해보도록 은근히 우리를 촉구하는 말씀입니다. 나오미는 돌아가면서 온갖 생각이 들었을 것입니다. 소망보다는 절망, 평안보다는 불안한 생각이 훨씬 더 많았을 것입니다.

수년 전에 일본에 큰 지진이 일어났었습니다. 그때 갑자기 생각이 나서 「대지진」이라는 영화를 일부러 찾아서 집에서 텔레비전으로 봤습니다. 이 영화는 1976년 7월 28일 중국 허베이 성에 있는 당산 시에서 일어나서 시민 24만 명이 죽은 당산 대지진이라는 실화를 배경으로 한 영화입니다. 거기서 일어났던 한 가정의 문제를 다룬 실화인데요. 한 부인이 눈앞에서 지진으로 자기 남편이 죽는 걸 보았고, 딸과 아들이 무너진 축대에 깔렸는데 둘 중 하나만 살려야 하는 상황에 놓입니다. 아들을 살리려고 축대를 들어올리면 딸이 깔려서 죽고, 딸을 꺼내려면 아들이 깔려서 죽는 상황에 놓입니다. 둘 다 함께 못 살려내는 상황에서 하나만 택해야 했습니다. 엄마가 어떻게 택하겠어요. 구조대원이 둘 다 죽일 거냐고 빨리 누구를 구조할 것인지 결정하라고 다그치니까 결국은 하나를 택하는데, 아들을 택했습니다. 아들은 그 사고로 한쪽 팔을 잃고 살아갑니다. 그렇게 엄마와 아들 둘이 살아갑니다. 세월이 흐르고 아들이 사정이 좋아져서 좋은 집에서 편안히 살도록 엄마를 모시고 싶어합니다. 죽은 남편과 죽은 딸을 그리워하는 엄마는 집을 옮기는 것을 한사코 받아들이지 않습니다. 살던 집을 떠나지 않겠다고 고집을 부리는 엄마와, 이 엄마를 편안히 잘 모시고 싶은 출세한 아들 사이에 의견의 갈등이 생기고 아들이 엄마를 답답해하면서 화를 냈습니다. 그러자 그 엄마가 아들한테 이렇게 말하면서 그 집을 떠날 수 없다고 고집을 꺾지 않습니다. "모든 것을 다 잃는다는 것이 어떤 건지 네가 알기나 하냐?" 그 말을 들으면서 나오미가 퍼뜩 생각 났습니다. 나오미의 심정이 그런 심정이었을까?

나오미는 모든 것을 잃은 사람이었습니다. 모든 것을 혼자 결정해야 하고, 혼자 책임져야 하는 상황에 던져진 사람입니다. 이런 상황에서 그가 이렇게 중대한 결정을 한 것입니다. 이곳 모압을 떠나서 베들레헴으로 돌아가자. 머물던 곳에서 나와서 하나님의 긍휼이 있는 그곳을 향해 가자. 그래서 그가 유다 땅으로 돌아오는 길을 걷고 있습니다. 나오미가 그곳으로 가려고 하는 결단이 얼마나 어려운 상황인가 하는 것은 이미 밝힌 대로입니다. 그런데도 왜 그곳으로 가려고 했는가? 귀소 본능 때문도 아니고, 향수병에 걸려서도 아니고, 타향살이 몇 해던가 손을 꼽아 세어봐서도 아닙니다. 그곳에 간들 사람들이 자기를 대환영하며 잘 받들어줄 것도 아니고 양식이 풍부해서 거저먹을 수 있는 것도 아닙니다. 2장에 보면 그곳에 도착한 이후에도 같이 따라온 과부 며느리 룻이 남의 밭에 가서 이삭을 주어다가 먹여 살려야 생계를 유지할 수 있을 만큼 가난하게 살 것이 너무 분명한데 그곳으로 가려고 합니다.

왜 가는가? 금방 밝힌 것처럼 하나님의 긍휼이 있는 곳으로 가야 한다는 것 때문에 그랬습니다. 긍휼의 하나님께로 돌아가자! 긍휼의 하나님이 있는 곳이면 나의 개인적인 수모와 어려움과 아픔과 수치가 전제된 곳이라 할지라도 가겠다는 것입니다. 그곳이 하나님의 긍휼이 임하고 긍휼의 하나님과 함께할 수 있는 곳이라면 그곳으로 가야 한다는 것을 나오미는 알고 있습니다. 하나님의 긍휼이 나오미를 불러들이고 있었고, 나오미는 긍휼의 하나님께 자기 남은 인생이 나아가야 할 방향을 맞추고 갈 길을 결정한 것이었습니다.

하나님의 긍휼의 실상

하나님의 긍휼을 우리는 때로 너무 쉽게 생각하는 경향이 있습니다. 하나님의 긍휼은 그냥 지갑에 지폐가 많이 들었으니까 얘, 너 이거 써라 하고 지갑에서 얼마 빼주는 것처럼 생각할 게 아닙니다. 그 긍휼을 베푸시는 하나님의 처지에서 보면, 하나님의 긍휼은 매우 심각하고 때로는 매우 처절한 값을 치러야 이루어지는 것임을 우리는 자주 잊고 삽니다. 우리를 위해 베푸시고 우리 때문에 내놓으시는 하나님의 긍휼은 매우 값비싼 대가를 치른 후에야 주어진 것임을 알아야 합니다.

이미 사사기에서도 여러 번 보았습니다. 하나님이 어떻게 긍휼을 베푸시는가? 하나님이 저들을 다시 구원하려고 작정하실 때에 어떤 절차가 있었는가? 하나님께서 마음에 괴로워하시고 하나님이 근심하시고 고통당하신 대가로 이루어지는 것이 하나님의 긍휼이었습니다. 하나님께서 징계하실 때에도 그 자체가 하나님이 긍휼을 베푸시는 행위라는 것임을 우리는 기억해야 합니다. 하나님께서 언약 백성에 걸맞게 살도록 은혜를 주셨는데도 하나님의 친 백성이 아니라 바알의 백성으로 사는 자들, 그들이 범한 죄를 하나님께서 징계하실 때, 하나님은 화풀이로 그렇게 하시는 것이 아닙니다. 하나님이 그렇게 하신 것은 저들을 바알의 자식처럼 내버려두어 망하게 해서는 안 된다는 하나님의 근심과 염려 때문에 그렇게 징계하시는 것입니다.

히브리서 12장에는 그 사실을 분명히 밝힙니다. 하나님이 그의 백성을 징계하는 것은 아비로서 그렇게 하는 것이요, 아비가 아니었다면 그를 징계하지 않았을 것이라고 합니다. 하나님이 징계하지 않는 자식은 사생자요 하나님의 친아들이 아니라는 증거라고 합니다. 하나님의 징계는 말 안 들으니까 홧김에 화풀이로 내려 친 것이고, 마음이 가라앉은 다음에 돌이켜서 보니까 너무했다 싶어서 긍휼을 베푸는 게 아닙니다. 징계할 때부터 하나님은 아버지의 근심, 염려, 고통을 걸머지고 그들을 징계하십니다. 그리고 징계로 말미암아 그의 자녀들이 당하는 고통을 볼 때, 하나님은 또 제2의 대가를 치르시는데 그것이 근심입니다. 사사기에서 하나님이 그의 백성들의 고통스러운 신음을 들으시고 마음에 근심하여 사사를 세우십니다. 그뿐만 아니라 하나님의 긍휼이 우리에게 임할 때, 많은 경우 그 긍휼은 하나님이 모욕당하고 멸시당하는 대가를 하나님께서 걸머지시므로 우리에게 그 긍휼이 주어진다는 것을 기억해야 합니다.

사사기 16장에 가면 삼손이 사사답게 살지 않다가 붙잡힙니다. 그리고 그의 초인적 힘이 다 없어져서 눈도 뽑힌 채 사람들에게 장난감이 되어서 재주를 부리는 장면이 23-24절에 등장합니다. 하나님의 특별대우를 받은 삼손이 제 소견에 좋은 대로 제멋대로 살다가 머리를 깎이고 힘을 잃었습니다. 블레셋 사람들이 그를 잡았습니다. 눈을 빼버렸습니다. 그에게 맷돌을 돌리게 합니다. 그리고 그 나라의 잔칫날 그를 불러내서 재주를 부리게 합니다. 거기에 왕과 만조백관들이 모여 있고 백성 대표 3,000명이 그 궁궐에 구경꾼으로 와있습니다. 삼손으로 하여금 재주를 부리게 하면서 이들이 함성을 지릅니다. 그 함성이 무슨 대~한민국 짜짜 작~짝짝 이런 함성이 아닙니다.

블레셋 사람의 방백들이 이르되 우리의 신이 우리 원수 삼손을 우

리 손에 넘겨 주었다 하고 다 모여 그들의 신 다곤에게 큰 제사를
드리고 즐거워하고 백성들도 삼손을 보았으므로 이르되 우리의
땅을 망쳐 놓고 우리의 많은 사람을 죽인 원수를 우리의 신이 우
리 손에 넘겨 주었다 하고 자기들의 신을 찬양하며(삿 16:23-24).

삼손이 모욕당하는 것이 아니고 하나님이 모욕당하고 있습니
다. 이후에 왕조 시대에 이스라엘 백성이 범죄하고 망했을 때, 포
로 시기에 이 일들은 계속 일어납니다. 다니엘서에도 가보면 그들
이 다 이스라엘 성전에서 약탈한 그릇을 가지고 일부러 술잔으로
삼아 돌리면서 자기들의 신이 여호와라는 저들의 신을 이겼다 하
고 자기 신을 찬양하며 하나님을 망신시키고 있습니다. 사사 시대
에는 더 말할 나위가 없습니다.

사사 시대에 엘리라는 제사장이 있었습니다. 엘리의 아들들에
게 신앙이 전수되지 않아서 아들들이 망나니였습니다. 나중에 블
레셋과 전쟁이 일어나자 이들이 언약궤를 전쟁터로 옮깁니다. 언
약궤를 가져다가 전쟁터에 두면 전쟁에서 이길 줄 알고 가져왔다
가 언약궤 앞에서 죽임을 당했습니다. 누가 지금 망신당하고 있는
것일까요? 언약궤는 하나님의 언약과 하나님의 임재를 나타내는
눈에 보이는 상징물입니다. 언약궤를 빼앗은 블레셋 민족은 언약
궤? 그거 아무것도 아니구먼. 그게 무슨 능력이 있는 것도 아니구
먼 하지 않았겠습니까? 지금 누구에게로 모욕이 가고 있을까요?
엘리 제사장이 성막 문 앞에 앉아서 소식을 기다리고 있다가 언약

궤를 빼앗겼다는 소식을 듣고 넘어져서 죽습니다. 나이 많아 늙었고 몸이 비둔한 연고였다고 본문은 원인을 기록합니다.

여기까지만 써 놓으면 정말 좋겠는데 사무엘상 4장은 그 뒤에 한 마디를 더 붙여 놓았습니다. 그가 이스라엘의 사사가 된 지 40년이었다. 이 순간, 화살이 누구에게로 돌아가는 걸까요? 엘리가 이 모양이 되어서 죽었는데, 여호와께서 그를 이스라엘의 사사로 세우셨고 40년 동안 사사 노릇한 사람이란다! 하나님이 망신당한 것입니다. 하나님이 이런 망신과 모욕을 당하고 다른 신들보다 못한 신으로 이렇게 조롱을 받으면서까지 이런 일들을 하시는 이유가 무엇입니까? 그의 백성을 돌이키게 하려는 것입니다. 하나님은 온 세상의 우스갯거리가 되고 망신이 되더라도, 그런 값을 치르고서라도 그의 백성이 돌아오게 하고 제대로 되게 하는 일을 기꺼이 하시는 하나님이라는 것을 이렇게 말하고 있습니다.

이 긍휼을 위한 하나님의 자기희생, 하나님이 그의 백성에게 긍휼을 베풀기 위한 자기헌신, 그 절정은 결국 어디에서 나타나는가? 십자가 위에서 나타납니다. 십자가 위에서 독생자 예수를 죽여버림으로 그의 백성을 살리는 긍휼을 이루어내시고야 마는 것입니다. 히브리서 4장에 가면 이것을 잘 설명해 놓았습니다. 14-16절입니다.

> 그러므로 우리에게 큰 대제사장이 계시니 승천하신 이 곧 하나님
> 의 아들 예수시라 우리가 믿는 도리를 굳게 잡을지어다 우리에게

있는 대제사장은 우리의 연약함을 동정하지 못하실 이가 아니요 모든 일에 우리와 똑같이 시험을 받으신 이로되 죄는 없으시니라 그러므로 우리는 긍휼하심을 받고 때를 따라 돕는 은혜를 얻기 위하여 은혜의 보좌 앞에 담대히 나아갈 것이니라(히 4:14-16).

히브리서 4장은 우리에게 큰 대제사장이 있다고 말합니다. 이 큰 대제사장이 누구인가? 예수 그리스도십니다. 우리에게 주어져 있는 이 큰 대제사장은 무엇을 했는가? 15절은 그가 우리의 연약함을 동정했다고 말합니다. 이 동정했다는 말이 그렇게 뛰어난 번역은 아닙니다. 그에 비해 예전에 쓰던 개역한글 성경은 그는 우리의 연약함을 체휼하지 않은 분이 아니요 라고 했습니다. 저는 이 말이 훨씬 더 좋고 실감 나는 번역이라고 생각해요. 이 말은 쉽게 풀면 그는 우리에게 큰 대제사장이신데 그분이 스스로 우리와 같은 처지가 되셨다는 말입니다. 우리와 똑같은 처지가 됐다는 말의 핵심 내용은 죄가 없으신 분이지만 우리 죄인처럼 되어서, 죄인이 죽어야 할 죽음을 죽었다는 말입니다. 이 말을 빌립보서 2장 6-8절에 가면 더 잘 설명해 놓았습니다.

그는 근본 하나님의 본체시나 하나님과 동등됨을 취할 것으로 여기지 아니하시고 오히려 자기를 비워 종의 형체를 가지사 사람들과 같이 되셨고 사람의 모양으로 나타나사 자기를 낮추시고 죽기까지 복종하셨으니 곧 십자가에 죽으심이라(빌 2:6-8).

그분은 근본 하나님 자신이지만 하나님이시기를 사양하시고 자기를 비워 사람과 같이 되었습니다. 우리와 같이 되셔서 십자가에 죽기까지 복종하셨습니다. 우리 연약함을 체휼했다고 히브리서에서 한 말을 사도 바울은 빌립보서에서 이렇게 말씀하고 있는 것입니다. 그가 하나님이기를 사양하고 사람이 되셔서 죄인들이 죽어야 할 죽음으로 죽었다. 이것은 하나님이 스스로 받은 모욕의 극치였고 하나님이 긍휼을 이루려고 취하신 절정의 헌신이었습니다. 우리가 얻은 긍휼은 그렇게 해서 이루어진 것입니다.

그래서 히브리서 4장 16절은 그 긍휼을 근거로 그러므로 우리는 긍휼하심을 받고 때를 따라 돕는 은혜를 얻기 위하여 은혜의 보좌 앞에 담대히 나아가라고 말씀합니다. 은혜의 보좌 앞에 긍휼을 얻기 위하여 담대히 나갈 수 있는 유일한 근거가 하나님의 긍휼입니다. 그 긍휼의 절정이 무엇인가? 하나님의 자기 죽음입니다. 우리에게 주어진 하나님의 긍휼은 그렇게 값비싼 것입니다.

뻔뻔스럽게라도 돌아가라

그 긍휼을 근거로 담대하게 하나님께로 나아가라고, 하나님께로 돌아오라고 말하고 있습니다. 어떤 자리에서도 우리는 돌아갈 수 있습니다. 그것이 실패한 자리나 무너진 자리라도 돌아갈 수 있습니다. 모든 것을 잃은 자리에서도 돌아갈 수 있습니다. 우리는 히브리서 4장에 말씀한 것처럼 담대하게 하나님께로 일어나서 다시 돌아갈 수 있습니다. 말이 좋아서 담대하게 이지 실제 우리

말로 표현하면 뻔뻔스럽게입니다.

돌아가신 박윤선 목사님은 강청하는 기도를 해야 한다고 같은 맥락의 말씀을 하시면서 그걸 철면피 기도라 하셨습니다. 우리 기준과 체면으로 볼 때는 참 뻔뻔스럽고 철면피 같아서 감히 그렇게 할 수 없지만, 하나님께서는 그것을 위하여 죽으셨습니다. 그러니까 그것을 근거로 어떤 상황이나 처지에서든지, 어떤 이유로든지, 하나님께 못 돌아갈 이유가 없다고 말씀하는 것입니다. 우리는 하나님의 긍휼 때문에 하나님께 돌아갈 수 있습니다. 그런데 그렇게 잘 안 하려 합니다. 최소한의 도리와 체면을 유지한 채 가려 합니다. 이것이 사람과 사람 사이에서는 중요한 덕목이지만, 하나님과의 관계에서는 치명적인 장애가 되기도 합니다.

그전에 제가 목회할 때, 참 답답한 경우가 이런 경우이었습니다. 어느 교인이 신앙생활도 제대로 않고 오래 딴 짓하고 그러다가 어려운 일이 닥쳤습니다. 제가 심방을 가서, 선생님 이제 이렇게 큰 어려운 일 당했는데 그래도 어쨌든 이번 일을 기회로 다시 신앙생활 회복하시고 교회 나오시고 다시 신앙생활 하시지요. 그렇게 말씀드립니다. 그럼 그 말 듣고 이렇게 반응합니다. 예. 제가 신앙생활 않고 믿음 생활 제대로 않고 하니까 하나님이 저를 치셔서 이런 일이 생긴 것이 확실합니다. 하여튼 제가 믿음 생활 제대로 않다가 이런 일 당했으니 제 잘못은 제가 감당을 해야지요. 이 일을 잘 마무리하고 나면 교회 나가서 신앙생활 새롭게 시작하려고 그렇지 않아도 맘먹고 있습니다. 이렇게 답을 합니다.

여러분, 어떻게 들리세요? 어려움의 극치에서 신음하는 분에게 제가 뭐라고 할 수는 없어서 말은 않았지만, 속으로는 매우 답답합니다. 뭐라고요? 당신의 잘못으로 일어난 일이니까 당신이 책임을 감당하고 그다음에 떳떳하고 당당하게 신앙생활을 다시 시작하겠다고요? 당신이 잘못해서 벌어진 일을 스스로 수습할 수 있다고 생각합니까? 우리는 그런 존재가 아니랍니다. 만약 하나님께서 얘들아 이제부터 우리 계산을 제대로 하자. 네가 잘못한 것에 대해서는 책임을 제대로 묻고, 잘한 것에 대해서는 상을 제대로 주면서 우리 앞으로는 계산 바로 하면서 함께 가자고 하시면 여러분, 어떻겠습니까? 잘했으니까 받을 것은 눈곱만큼, 잘못해서 책임져야 할 것은 하늘만큼 땅만큼 됩니다. 우리가 아무리 마음이 강퍅해도 그건 인정할 수 있잖아요? 만약 하나님이 그렇게 하시기로 작정하고 우리를 대하셨다면 우리는 벌써 열두 번도 더 죽고 골백번도 더 망했어야 합니다. 아무도 자기 잘못을 자기 스스로 깨끗하게 처리하고 책임지고 해결하고 그다음에 당당하고 떳떳하게 하나님과 다시 관계를 맺고 신앙생활 할 수 있는 사람은 없습니다. 대체 우리 가운데 그럴 수 있는 이가 누가 있습니까?

저는 하박국의 기도를 무척 좋아합니다. 하박국서 2장에서 하박국이 하나님을 새롭게 확인하고 3장에 가면 바로 여호와여⋯ 진노 중에라도 긍휼을 잊지 마옵소서라고 기도하는 모습을 보게 됩니다. 하나님, 내가 한 짓을 보면 진노를 받아 죽어야 맞습니다. 그러니까 죽여주십시오. 죽겠습니다. 이렇게 말하는 게 아닙니다.

예, 제가 한 짓을 보면 죽어야 맞습니다. 그러나 하나님, 저 죽기 싫어요. 죽이지 말아주세요 라고 말하는 셈입니다.

저는 아이를 셋 키웠습니다. 4살, 7살, 8살 때, 데리고 유학을 떠나서 막둥이가 10살 때 돌아왔는데, 거기서 아이들이 초등학교 다닐 때, 저와 어떤 약속을 했습니다. 이러이런 건 하지 마라. 이거 하면 10대씩 맞는다, 알겠지? 약속받았습니다. 그런데 결국 잘못하고 말지요. 이리 와. 약속대로 10대 맞아야지! 그러면, 큰 애하고 특히, 막둥이는 난리가 나요. 아빠 잘못했어요, 아빠 죄송해요, 엄마 죄송해요, 엄마 잘못했어요. 안 맞으려고 눈물 바람입니다. 때리지 말라고 아프다고 난리가 납니다. 둘째는 딸인데요, 성격이 매우 강하고 똑똑합니다. 그런데 이 아이는 딱 버티고 서서 약속대로 10대를 다 맞아냅니다. 동생이 놀라서 울어대면 울지마. 울지마 그러면서 딱 버티고 서서 초등학생이 10대를 다 맞아내요. 제가 그 아이를 때리면서 무슨 마음이 들까요? 진짜 너는 책임감이 강하구나! 너 큰 인물 되겠다. 그럴 것 같습니까? 때리지 말아 달라고 아빠의 가슴을 파고들지 않는 것이 서운해요. 내 자식 같지 않고 무서운 아이라는 생각이 들기도 해요.

자신의 책임을 다 지고 나서 하나님께 우리가 떳떳하고 당당한 모습으로 나가서 새로 시작하겠다고요? 그게 아니고 하나님의 긍휼하심을 믿고 그분을 붙잡아야 합니다. 인간적으로 생각하면 참 철면피 같고 면목 없고 체면이 서지 않습니다. 돌아가느니 차라리 이대로 그냥 죽는 것이 오히려 책임 감당하는 일 같기도 합니다. 하지만 그런 때에도 우리는 일어나서 여기 말씀한 대로 담대하고 뻔뻔스럽게 여전히 하나님의 긍휼이 있는 그곳을 향하여 돌아갈 수 있습니다. 아니, 그래야만 합니다.

집 나간 탕자인 둘째 아들이 아버지께 돌아오기로 한 것은 무엇 때문인가요? 나는 이제 아들이 아니고 종으로 봐주시라고 해서 돌아올 수 있었던 것이 아닙니다. 나 이제 아들 취급 안 하고 종 취급해달라고 하면 되지 뭐. 내가 그만큼 양보하면 이제 가도 되겠지. 그래서 간 것이 아닙니다. 아버지니까 돌아가기로 한 것입니다. 하나님은 우리가 어디에 있든지, 나오미가 그랬듯이 그렇게 돌아오는 것을 기뻐하십니다. 오늘 우리도 어떤 상황에서든지 내가 그 문제를 해결했기 때문이 아니라, 내가 회개했기 때문이 아니라, 그냥 하나님이 나에게 긍휼을 베푸시니까 가는 것입니다. 나 같은 자라도 긍휼을 베푸시려고 하나님께서 하나님의 아들까지 죽게 하셨으니까요. 우리는 회개하고 나서 회개했으니까 하나님께 가는 것이 아니라 뻔뻔스럽지만 하나님께 가서 거기서 회개하게 되는 것입니다. "그러므로 우리는 긍휼하심을 받고 때를 따라 돕는 은혜를 얻기 위하여 은혜의 보좌 앞에 담대히 나아갈 것이니라." 긍휼의 하나님 때문에 오늘도 하나님을 향하여 돌아가기로 하고 그 하나님께로 돌아가는 길목에 들어서서 걸어가는 여러분들이 되시기를 바랍니다.

룻 1:6-18

그 여인이 모압 지방에서 여호와께서 자기 백성을 돌보시사 그들에게 양식을 주셨다 함을 듣고 이에 두 며느리와 함께 일어나 모압 지방에서 돌아오려 하여 있던 곳에서 나오고 두 며느리도 그와 함께 하여 유다 땅으로 돌아오려고 길을 가다가 나오미가 두 며느리에게 이르되 너희는 각기 너희 어머니의 집으로 돌아가라 너희가 죽은 자들과 나를 선대한 것 같이 여호와께서 너희를 선대하시기를 원하며 여호와께서 너희에게 허락하사 각기 남편의 집에서 위로를 받게 하시기를 원하노라 하고 그들에게 입 맞추매 그들이 소리를 높여 울며 나오미에게 이르되 아니니이다 우리는 어머니와 함께 어머니의 백성에게로 돌아가겠나이다 하는지라 나오미가 이르되 내 딸들아 돌아가라 너희가 어찌 나와 함께 가려느냐 내 태중에 너희의 남편 될 아들들이 아직 있느냐 내 딸들아 되돌아 가라 나는 늙었으니 남편을 두지 못할지라 가령 내가 소망이 있다고 말한다든지 오늘 밤에 남편을 두어 아들들을 낳는다 하더라도 너희가 어찌 그들이 자라기를 기다리겠으며 어찌 남편 없이 지내겠다고 결심하겠느냐 내 딸들아 그렇지 아니하니라 여호와의 손이 나를 치셨으므로 나는 너희로 말미암아 더욱 마음이 아프도다 하매 그들이 소리를 높여 다시 울더니 오르바는 그의 시어머니에게 입 맞추되 룻은 그를 붙좇았더라 나오미가 또 이르되 보라 네 동서는 그의 백성과 그의 신들에게로 돌아가나니 너도 너의 동서를 따라 돌아가라 하니 룻이 이르되 내게 어머니를 떠나며 어머니를 따르지 말고 돌아가라 강권하지 마옵소서 어머니께서 가시는 곳에 나도 가고 어머니께서 머무시는 곳에서 나도 머물겠나이다 어머니의 백성이 나의 백성이 되고 어머니의 하나님이 나의 하나님이 되시리니 어머니께서 죽으시는 곳에서 나도 죽어 거기 묻힐 것이라 만일 내가 죽는 일 외에 어머니를 떠나면 여호와께서 내게 벌을 내리시고 더 내리시기를 원하나이다 하는지라 나오미가 룻이 자기와 함께 가기로 굳게 결심함을 보고 그에게 말하기를 그치니라

03

나의 하나님

살다 보면 남은 인생에 큰 영향을 미칠 만한 중요한 결정을 해야할 때가 있습니다. 그때마다 무엇을 가장 중요한 기준으로 삼아서 결정을 하는지 세밀하게 살펴볼 필요가 있습니다. 합리적인판단을 근거로 결정을 할 때가 있는가 하면, 그것이 가능한지 그가능성을 근거로 결정하기도 하고, 상식적으로 결정할 때도 있습니다. 그러나 하나님의 백성은 합리적·실용적·상식적 기준과는다른 차원의 기준으로 결정할 것을 성경이 자주 요구합니다. 합리적·상식적·실용적으로 결정하는 것이 죄거나 나쁘거나 악하기 때문이 아닙니다. 하나님의 언약 백성이라는 우리의 신분이우리에게 그에 걸맞는 근거와 기준으로 결정을 하도록 요청하기때문입니다.

갈림길에 선 여인의 선택

　오늘 읽은 본문은 인생에 중요한 결정을 해야 하는 인생의 갈림길에서 자기의 남은 인생의 방향을 결단한 여인을 우리에게 소개합니다. 바로 룻입니다. 우리가 룻기를 다룬지 6번째에 드디어 이제 룻을 만나게 되었습니다. 룻을 생각할 때, 우리는 전통적으로 매우 의리가 있고 특별히 효심이 뛰어난 며느리로 들어왔습니다. 룻기의 이 장면은 주로 5월이 되면 교회마다 자주 설교되는 본문입니다. 며느리들을 향해서 나이 많고 힘없는 시어머니, 외로운 시어머니를 잘 모셔라! 그것이 성경의 가르침이다. 오늘 룻을 보아라! 이렇게 하지요. 저도 어렸을 때 들었던 기억이 나는데, 주로 부흥회를 하면 부흥사 목사님들이 대개 룻 설교를 한 번씩은 하고 가셨습니다. 그때 고부간의 갈등 문제를 잘 해결하는 본문으로 설교 되곤 했습니다. 그러나 오늘 이 말씀을 찬찬히 뜯어보면, 룻은 도덕적인 결정을 하는 사람이 아니라 신앙적인 결정을 하는 사람이라는 것을 확인할 수 있습니다.

　본문은 룻을 과부 되고 나이 많고 외롭고 가난한 노년의 시어머니에게 지극정성의 효도를 다 한 사람으로 말하지 않고, 하나님을 향한 신앙의 결단을 한 사람으로 제시하고 있다는 사실을 발견하고 충격을 받게 됩니다. 우리가 지금까지 보았던 것처럼 나오미 부부와 두 아들 부부, 여섯이 살다가 남자들은 다 죽어버리고 덜렁 과부 셋만 남게 됐습니다. 이제 시어머니 나오미가 하나님의 긍휼이 베들레헴 고향 땅에 임하고 있다는 소식을 듣고 그 긍휼이 있는 곳으로 긍휼의 하나님에게 되돌아가기로 결단하고 그 길을 가고 있습니다. 거기에 두 며느리가 같이 따라 길을 나서고 있습니다. 한참 길을 가다가 나오미가 문뜩 정신을 차린 것 같습니다. 그리고 자기를 따라나선 두 과부 며느리를 보고, 저렇게 앞길이 창창한 인생이 왜 나 같은 사람을 따라와서 고생하고 망쳐야 하는가, 하는 생각을 하게 되었습니다. 남편들이 다 죽어버려서 저렇게 된 것도 미안해 죽겠는데 저들이 나를 따라와서 평생을 과부로 수절할 필요가 있겠는가, 하는 데 생각이 미친 것입니다. 그래서 가던 발걸음을 멈추고 이야기를 시작합니다.

롯기는 전체가 85절로 되어 있습니다. 복음서나 선지서의 긴 장으로 치자면 그저 한 장이 될 정도의 분량입니다. 전체 85절 중 55절이 대화로 되어 있습니다. 롯기는 이 대화를 통해서 매우 중요한 메시지들을 툭툭 던지는 방식을 취하고 있어서 주고받는 대화를 정신을 차리고 잘 따지면서 읽어야 그 의미를 제대로 파악할 수 있습니다. 오늘 읽은 본문은 크게 세 이야기로 되어 있습니다.

나오미가 먼저 이 두 며느리에게 이야기를 합니다. 너희가 나를 따라올 게 뭐냐? 하나님이 나를 이렇게 치셔서 내가 이렇게 되는 바람에 너희한테 미안한 게 한둘이 아닌데… 이제 너희 어머니에게로 돌아가라! 이렇게 말합니다. 친정으로 돌아가라는 말이지요. 그리고 나를 따라오지 말라고 매우 미안한 마음으로 강하게 이야기합니다. 돌아가라는 이야기를 듣고 두 며느리가 같이 울면서 이야기를 합니다. 아닙니다. 우리는 어머니를 따라가겠습니다.

이게 첫 대화입니다.

그러자 나오미가 두 번째 대화를 다시 시작합니다. 그러지 말고 돌아가라. 여러 이야기를 하면서 왜 며느리들이 자기를 따라오면 안 되는지를 조목조목 논리적으로 이해할 수 있게 설득하고 돌아가라고 권합니다. 그 이야기를 듣고 둘째 며느리 오르바는 설득이 되어 울면서 작별 키스를 하고 자기 어머니에게로 돌아갔습니다.

그리고 이제 세 번째 대화가 시작됩니다. 오르바는 돌아가고 며느리 룻만 남았습니다. 룻에게 다시 너도 돌아가라. 네 동서가 돌아간 것처럼 너도 그렇게 하라고 이야기합니다. 그러자 룻이 대답을 합니다. 저에게 돌아가라고 하지 마십시오. 당신이 가는 곳에 저도 가고 당신이 머무는 곳에 저도 머물고 당신이 죽는 곳에서 저도 죽을 것입니다. 그리고 매우 강한 어투로 맹세를 하면서 돌아가지 않겠다고 말합니다. 첫 대화는 자부 둘이서 시어머니에게 우리는 당신과 함께하겠습니다. 라는 결론으로 끝났습니다. 두 번째 대화의 결론은 며느리중 한 사람이 떠나간 것이었습니다. 이제 마지막 대화에서는 룻이 저는 당신을 따라가겠습니다 라고 결단하는 것으로 대화가 이어지고 있습니다.

룻이 당신이 가는 곳에 저도 가고 당신이 머무는 곳에 저도 머물고 당신이 죽는 곳에서 저도 죽겠습니다라고 한 말이 아마 나오미의 마음을 녹여버렸는지 모르겠습니다. 그래서 나오미가 룻을 설득하기를 그치고 그러면 가자! 고 합니다. 그래서 이제 두 과부가 함께 베들레헴으로 가고 있습니다. 이렇게 이야기로 된 본문들은 우리에게 어떤 장면을 연상해보고 마치 내가 거기 있는 것처럼 당사자가 돼서 상상해 볼 것을 자주 요구합니다. 그렇게 해봐야 제대로 알게 됩니다. 지금 그들이 함께 가는 베들레헴은 룻에게는 전혀 낯선 곳입니다. 사실 룻은 매우 어렵고 위험한 결정을 한 것입니다. 어떤 주석을 보니까 그 주석가도 틀림없이 모압 사람인 룻은 이스라엘 회중에 들어올 수 없다. 그러므로 룻이 시어머니를 따라서 그곳을 가도 거기 베들레헴에 있는 유대인들이 자기들 그룹으로 절대 쳐주지 않고 왕따를 당하리라는 것을 이미 알고 있었다고 봐야 한다고 설명해 놨습니다. 그걸 알고도 간 거예요. 그러니까 매우 위험한 결정을 한 것입니다.

나오미와 룻의 아름다운 동행

이것은 단순히 어머니가 고향으로 돌아가신다는데 시어머니니까 나도 같이 따라가야지 하는 차원이 아닙니다. 물론 눈에 보이는 목적지는 베들레헴 한 곳입니다. 그러나 이 두 사람에게는 그것이 전부가 아닙니다. 하나님을 향하여 나아가고 있습니다. 한 하나님을 목적으로 같은 마음을 품고 길을 가고 있는 것입니다.

두 여인은 어떤 마음에 어떤 모습으로 함께 길을 걸었을까요? 둘이 손을 잡고 갔을까요, 아니면 팔짱을 끼고 갔을까요? 전망은 어둡고, 여정은 고생스럽지만 마음은 매우 흡족하고 행복했을 것입니다. 그런데 룻은 왜 이 결정을 했을까요? 룻이 지금 나오미를 따라가겠다는 것은 단순한 인간적인 의리일까요? 그건 아니라고 제가 이미 얘기했습니다. 그러면 효심 때문인가요? 마음이 여려서 괴부된 시어미와의 관계를 끊지 못해서 그랬을까요? 오늘 읽은 본문이 밝혀 줍니다. 따라오지 말고 돌아가라는 나오미는 룻에게 왜 돌아가라고 하는지, 끝까지 함께하겠다는 룻은 왜 기어이 따라간다고 하는지를 반복하여 밝혀놓았습니다. 섣불리, 룻이 참착한 사람이구나, 시어머니한테 진짜 잘하는구나, 하는 해석으로 기울 수 없도록 본문이 매우 강한 장치를 해놓았습니다.

나오미는 왜 룻에게 나를 따라오면 안 된다고, 네 어머니 집으로 돌아가야 한다고 계속 말하는 것입니까? 젊은 사람이 이대로 평생을 살아서는 안된다고 생각했습니다. 착한 이 며느리는 재혼해서 가정을 갖고 행복하게 살아야 한다고 생각했습니다. 나오미는 룻이 앞으로 살아야 할 인생의 중요한 지향점을 재혼하여 가정을 이루고 평안한 삶을 살아야 할 것으로 정해 놓고 있습니다. 그러니 다음에 당연히 나오는 것은, 그러면 어떻게 하는 것이 룻이다시 남편을 만나 가정을 이룰 가능성이 있는 것인지에 생각이 미치게 됐습니다. 나오미가 룻에게 자기를 따라오지 말라는 이유를 대는데 하나같이 똑같은 이야기 아닌가요? 너는 나를 따라오면 남편을 만날 가능성이 없다. 너는 나를 따라오면 재혼할 가능성이 절대로 없다. 너는 나를 따라오면 가정을 다시 이룰 가능성이 없다는 것이 나오미가 내놓는 따라와서는 안된다는 이유입니다. 한번 보시겠습니까? 룻기 1장 8절을 보시지요.

나오미가 두 며느리에게 이르되 너희는 각기 너희 어머니의 집으
로 돌아가라 너희가 죽은 자들과 나를 선대한 것 같이 여호와께서
너희를 선대하시기를 원하며(룻 1:8).

이렇게 친정으로 돌아가라고 말하고 있습니다. 이어지는 룻기
1장 9절 봅니다.

여호와께서 너희에게 허락하사 각기 남편의 집에서 위로를 받게
하시기를 원하노라 하고 그들에게 입 맞추매 그들이 소리를 높여
울며(룻 1:9).

친정에 남자 숨겨놓고 거짓으로 시집와서 여기서 망했으니까
이제 본 남자에게 돌아가라는 말이 아니라, 친정으로 돌아가서 새
남자를 만나 재혼하라는 말입니다. 그다음에 룻기 1장 11절을 보
시면 왜 돌아가야 하는지 그 이유를 말하고 있습니다.

나오미가 이르되 내 딸들아 돌아가라 너희가 어찌 나와 함께 가려
느냐 내 태중에 너희의 남편 될 아들들이 아직 있느냐(룻 1:11).

계대 결혼에 대해서 여러분이 알고 계실 것입니다. 이스라엘
사람들은 전통적으로 남편이 죽으면 그 동생이 형수를 위로하고
책임지기 위해서 형수와 결혼했습니다. 그러니까, 내 태 중 너희

의 남편 될 아들들이 있느냐 내가 혹시 아들을 임신했다고 하면 그 아들이 너와 결혼해서 네가 남편을 얻겠지만 그럴 수 없다. 가능성이 없다. 그 이야기입니다. 룻기 1장 12-13절로 가봅니다.

> 내 딸들아 되돌아가라 나는 늙었으니 남편을 두지 못할지라 가령 내가 소망이 있다고 말한다든지 오늘 밤에 남편을 두어 아들들을 낳는다 하더라도 너희가 어찌 그들이 자라기를 기다리겠으며 어찌 남편 없이 지내겠다고 결심하겠느냐 내 딸들아 그렇지 아니하니라 여호와의 손이 나를 치셨으므로 나는 너희로 말미암아 더욱 마음이 아프도다 하매(룻 1:12-13).

내가 늙어버렸기 때문에 불가능하지만 혹시 재혼해서 남편으로 말미암아 아이를 가질 경우를 생각해 보더라도 그것도 불가능하다고 말하고 있습니다. 오늘 밤에 남편을 두어 아들들을 낳는다 하더라도, 너희가 어찌 그들이 자라기를 기다리겠느냐? 혹시 오늘 밤에 남편을 두어 아들을 낳는다 하더라도 너하고 결혼하려면 십수 년을 기다려야 하는데 그때까지 어떻게 기다리겠느냐. 지금 이런 가정 자체가 불가능하지만, 그렇게 불가능한 것이 혹시 실현된다고 할지라도 네가 남편을 얻는다는 것은 불가능하다는 것입니다. 그것이 얼마나 불가능한가를 이중으로 계속 말하고 있습니다. 어찌 남편 없이 지내겠다고 결심하겠느냐고 13절에 이야기하고 있습니다.

결국, 나오미가 계속하고 있는 말은 너희는 남편을 만나서 가정을 이루어야 하는데 나를 따라오면 그럴 가능성이 절대로 없다. 그러니까 너희는 나를 따라오려 하지 말고 가능성이 있는 어머니의 집, 곧 고향으로 돌아가야 한다고 말하는 것입니다. 매우 논리적이고 합리적이고 상식적이지요. 또 어떻게 보면 매우 책임감 있고 양심적인 시어머니입니다. 그래서 이 말이 둘째 며느리 오르바에게 먹혔습니다. 이 논리로 설득됐습니다. 그런데 룻은 설득이 안 되는 거예요. 룻이 계속 못 떠난다고 버티고 있습니다. 룻이 시어머니 나오미에게 저는 그럴 수 없습니다. 못 떠납니다라고 계속해서 말하는 그 핵심적인 이유는 무엇입니까? 룻이, 어머니 아닙니다. 그것은 어머니가 잘못 생각해서 그렇지 거기 가면 새 남편을 만날 길이 혹시 있을 수도 있습니다라고 생각해서 따라붙는 것이 아닙니다. 본문이 자꾸 말하고 있습니다. 룻도 이미 시어머니를 따라서 베들레헴으로 가면 다시 가정을 이룬다는 것은 절대 불가능한 일이라는 것을 알고 있습니다.

하나님 편에 서는 신앙

그런데도 룻은 계속 가겠다고 말합니다. 왜 나오미를 떠나 길을 달리 할 수 없는지 룻기 1장 16-17절에서 말하고 있습니다.

룻이 이르되 내게 어머니를 떠나며 어머니를 따르지 말고 돌아가라 강권하지 마옵소서 어머니께서 가시는 곳에 나도 가고 어머니께서 머무시는 곳에서 나도 머물겠나이다 어머니의 백성이 나의 백성이 되고 어머니의 하나님이 나의 하나님이 되시리니 어머니께서 죽으시는 곳에서 나도 죽어 거기 묻힐 것이라 만일 내가 죽는 일 외에 어머니를 떠나면 여호와께서 내게 벌을 내리시고 더 내리시기를 원하나이다 하는지라(룻 1:16-17).

이것이 룻이 어떤 경우에도 나는 어머니와 함께 베들레헴으로 가야 합니다. 가겠습니다. 가고야 말겠습니다라고 결정하는 근거였습니다. 당신의 백성에게로, 아니 그 백성의 하나님에게로 나도 가야 하겠습니다. 이렇게 말하고 있는 것입니다. 내가 만약 그리 가지 않고 남편을 얻을 가능성을 보고 내 친정으로 돌아간다면 여호와께서 내게 벌 위에 벌을 내리시기를 원합니다. 자기를 저주하는 맹세까지 하면서 그렇게 합니다. 결국 룻은 베들레헴으로 가면 새롭게 남자를 만나서 다시 가정을 이루거나, 평생 신분이 보장될 가능성이 있는가 없는가가 아니라, 그리로 가는 것이 하나님께로 가는 것이라는 것 때문에 그런 결정을 하였다는 것입니다. 어떻게 하는 것이 하나님 편에 서는 것인가, 어떻게 하는 것이 신앙을 따라 사는 것인가를 근거로 자기 인생의 중요한 결정을 하고 있다는 말입니다. 룻에게 자기 고향으로 돌아가는 것은 여호와를 버리고 자기 백성의 신 그모스에게 돌아가는 것입니다. 이것은 룻만이 아니라 나오미도 그렇게 생각하고 있습니다. 룻기 1장 15절에 보시면, 오르바가 떠난 후에 자기 고향 친정집으로 돌아가 버린 오르바의 행동의 의미가 무엇인지를 나오미가 직접 자기 입으로 말합니다.

> 나오미가 또 이르되 보라 네 동서는 그의 백성과 그의 신들에게로
> 돌아가나니 너도 너의 동서를 따라 돌아가라 하니(룻 1:15).

너도 너의 동서를 따라 너의 백성과 너의 신들에게로 돌아가라는 말이지요. 그러니까 룻이 그것을 거부하면서 당신의 백성과 그 백성의 하나님께로 나도 가겠다고 합니다. 이것은 나오미의 생각과는 완전히 다른 것입니다. 나오미는 재혼에 목적을 두고 그 가능성 여부로 처신을 결정하는 입장입니다. 그러나 룻은 그렇지 않습니다. 어떻게 하는 것이 하나님께로 가는 것인가를 기준으로 자기의 처신을 결정하는 입장입니다. 다른 말로 하면, 룻은 어떻게 하는 것이 신앙 우선으로 사는 것인가, 어떻게 하는 것이 하나님 편에 서는 것이 되는가를 최우선적인 결정 기준으로 삼았다는 말입니다.

이것은 룻기 2장에 가보면 좀 더 분명해집니다. 우리가 나중에 또 보겠습니다만, 베들레헴으로 돌아온 후에 룻은 보아스라는 사람을 만나게 됩니다. 이 사람 룻이 시어머니를 따라서 베들레헴으로 온 것이 무슨 의미인가를 보아스가 설명하고 해석합니다. 룻기 2장 11-12절입니다.

보아스가 그에게 대답하여 이르되 네 남편이 죽은 후로 네가 시어머니에게 행한 모든 것과 네 부모와 고국을 떠나 전에 알지 못하던 백성에게로 온 일이 내게 분명히 알려졌느니라 여호와께서 네가 행한 일에 보답하시기를 원하며 이스라엘의 하나님 여호와께서 그의 날개 아래에 보호를 받으러 온 네게 온전한 상주시기를 원하노라 하는지라(룻 2:11-12).

보아스는 룻이 시어머니를 따라온 것을 놓고 여호와의 날개 아래 보호를 받으려고 온 것으로 해석합니다.

뜻밖의 대조

결국 룻은 가능성에 근거해 삶을 결정하라는 시어머니 나오미와 전혀 다른 가치관과 생각으로 인생을 사는 사람입니다. 무엇을 얻을 가능성이 있는가가 아니라, 어떻게 하는 것이 하나님을 향하는 삶인가를 처신의 최우선 순위에 놓고 사는 사람이지요. 참 신기하지요? 요즘 말로 하면, 나오미는 조상 대대로 예수 믿어온 모태 신앙이고, 교회에서 잔뼈가 굵은 교회 중직자입니다. 신앙의 연륜이 있는 사람입니다. 반면 룻은 평생 예수의 예자도 못 들어보고 살다가 그냥 시집와서 어떻게 예수 만나서 믿게 된 완전히 생짜배기 초신자입니다.

그런데 인생의 중대한 결정을 해야만 하는 인생의 갈림길에서 두 사람을 맞대놓고 보니까 뜻밖의 모습으로 서로 대조가 되는 것입니다. 조상 대대로 예수 믿고 신앙을 자랑하며 입만 벌리면 신앙 얘기하고 하나님 얘기하며 교회 중직으로 수십 년 봉사해온 나오미 권사님보다 초신자 룻이 훨씬 더 놀라운 믿음을 갖고 있는 거예요. 아마 이 대목에서 나오미는 상당히 창피했을 것입니다. 어떻게 이런 일이 생겼을까요? 모르겠습니다. 룻은 어떻게 이런 생각을 할 수 있었을까요? 그것도 모르겠습니다. 천국 가서 물어봐야 할 일입니다.

그러나 우리가 분명하게 말할 수 있는 것은 현실의 삶에 부딪혀놓고 보니 룻이 나오미보다 나은 신앙을 가지고 있다는 사실입니다. 나오미가 매일 데리고 앉아서 가정 예배를 드리면서 가르쳤는지, 제자 훈련을 했는지, 일대일 성경공부를 시켰는지 모르지만, 어쨌든 선생보다 훨씬 나은 믿음을 갖고 있잖아요. 이런 현상에 대하여 우리가 내릴 수 있는 결론은 한 가지밖에 없습니다. 하나님이 룻에게 은혜를 주셨구나! 룻이 하나님의 은혜를 받았구나! 그렇게 보면 우리가 다 룻이라고 할 수 있지요. 제가 무슨 재간이 있어서 목사가 되고, 더구나 이렇게 설교를 하겠습니까? 아무리 생각해도 하나님의 은혜예요. 우리가 하나님의 은혜라는 창을 통하지 않고는 이런 이해할 수 없는 일, 그것이 고난이든지 형통함이든지 간에 이 신비스러운 일들을 달리 설명할 길이 없습니다.

왜정 때, 제 아버지는 17살 어린 나이에 김용완 목사님이라는 분을 만나서 예수를 믿었습니다. 저는 딱 두 번 그 분을 뵈었습니다. 제 큰 누님 결혼할 때 오셔서 그때 한 번 뵈었고, 그 후에 한 번 더 뵈었습니다. 그런데 그분 이름은 잊을 수 없어요. 우리 형제들 모두가 그분 이름을 잊지 않습니다. 왜냐하면 가정 예배드릴 때든지 무슨 중요한 일이 있을 때, 기회만 있으면 아버님이 꼭 그러셨기 때문입니다. "너희는 김용완 목사님의 은혜를 잊어서는 안 된다." 김용완 목사님이 우리 아버지 죽을 병 고쳐준 것도 아니고 돈 다발 갖다가 땅 사준 것도 아닙니다. 우리 아버지 전도해서 예수 믿게 한 것뿐이에요. 그런데 아버지가 예수를 믿고 은혜를 받고 보니까, 당신이 예수 믿게 된 것이 참 신기한 겁니다. 하나님의 은혜를 입었다는 것이지요. 그렇게 하나님의 은혜를 받는 길목에 김용완 목사님, 그분이 있었다는 거죠. 김용완 목사님이라는 분을 통해 내가 하나님의 은혜를 입었으니 그분의 은혜를 잊을 수가 없고, 나의 자녀들까지도 그것을 잊지 않게 하고 싶다는 것입니다.

오죽하면 돌아가시기 2개월 전 설 명절에 예배드리고 나서 하시는 말씀이, 내가 모든 사람 가운데서 가장 큰 복을 받았다 그러셨습니다. 재산이 있는 것도 아니고 학벌은 왜정 때 초등학교 졸업하신 게 전부인데 사실 그렇게 말할만한 내용이 뭐 있겠어요? 그래서 제가 여쭈었습니다. "왜 그렇게 생각을 하세요?" 이것이 아버님의 답이었습니다. "우리 집안에서 나 혼자 예수 믿었다. 나 혼자." 그러시면서 말씀하셨습니다. "그런데 지금은 내가 낳은 8남매는 말할 것도 없고, 우리 집에 들어온 며느리 사위 거기서 난 손주들 심지어 내 조카들까지 모두 다 믿는다." 그러시는 것입니다. 이것이 하나님의 은혜를 받아서 된 일이구나 하는 생각이 드시니까, 내가 가장 큰 복을 받았다 라고 고백한 것이었습니다.

룻에게 임한 은혜

저는 룻이 그런 은혜를 받았다고 생각합니다. 시어머니를 따라 베들레헴으로 가면 아무런 인간적 가능성도 없고, 경제적 안정이나 신변의 안전을 보장받을 가능성도 없다는 것을 빤히 알면서도, 그래도 하나님이 거기 계시고 하나님의 백성들이 그곳에 있으니까 나도 그곳으로 가야된다, 그모스 신에게로 돌아가지는 않겠다는 입장을 그렇게 확고하게 갖게 된 것은 바로 이런 연유 때문이었습니다. 하나님이 이 여자에게 베푸신 긍휼의 결과였습니다. 하나님은 베들레헴에 긍휼을 베푸시기 전에 모압에서도 이 이방 과부 룻에게 이미 긍휼을 베풀고 계셨던 것입니다. 하나님의 긍휼과 은혜가 만들어내는 위대한 열매들을 우리는 때로 너무 소홀히 여기는 경향이 있습니다. 신앙생활 제대로 하겠다고 몸부림치는데 사업은 더 어려워지고 되는 일은 없는데도 그래도 신앙생활에 힘써야 된다는 생각을 품고 여전히 하나님을 섬기고 있는 것은 여러분이 바보여서도 아니고 그렇다고 여러분의 인격이 훌륭해서도 아닙니다. 하나님의 은혜를 받았기 때문입니다. 하나님의 은혜가 만들어낸 위대한 열매인 것이고, 여러분이 하나님의 은혜를 받은 사람이라는 확실한 증거입니다. 그러므로 기죽지 말고 오히려 자랑스러워해야 합니다.

시대의 풍조는 거스를 수 없다고?

룻의 모습은 동시에 사사 시대를 사는 이스라엘 백성들을 은 근히 고발하고 있기도 합니다. 하나님의 백성이 되는 은혜를 받았으면서도 제 소견에 옳은 대로 제 잘난 멋에 사는 유대인들을 부끄럽게 하려는 것입니다. 아마도 룻의 이 모습을 보는 이스라엘 사람들은 심한 수치심을 느낄 것입니다.

이미 강조했듯이 이 시대 이스라엘 사람들은 각각 제 잘난 멋을 따라 제멋대로 살고 있습니다. 모두가 각각 자기 소견에 옳은 대로 판단하고 행동하는 것이 지극히 당연하게 여겨지는 시대입니다. 이 시대를 사는 이스라엘 백성은 모두 자기가 자기 인생의 왕이 되어 자기가 원하는 대로, 좋아 보이는 대로, 옳다고 판단하는 대로 사는 것이 오랜 세월 삶의 방식이 되어버린 시대였습니다. 그렇게 사는 것이 당연해서 그렇게 살지 않으면 세상 물정이 어두운 사람이 되고, 어리버리한 사람으로 치부되고, 그 사회에서는 제대로 살아남지 못할 것처럼 무능한 사람이 되는 그런 시대였습니다. 나오미의 가정도 그래서 자기들의 소견과 결정에 따라 큰 고민 없이 모압으로 이주해 왔던 것이지요.

그런데 모든 사람이 시대의 풍조를 내세우며 하나님을 제치고 자기가 왕이 되어 사는 것이 자연스러운 이런 상황에서도 하나님을 왕으로 알고 최고로 알고 하나님께 붙는 것을 최우선 순위로 알고 사는 사람이 여기 있다는 식으로 한 사람을 내세우고 있습니다. 그게 바로 이방 모압 사람이며 여자요, 그것도 과부인 룻입니다. 어느 모로 보나 이스라엘 사람들이 보면 사람 취급도 하지 않을 사람이지요. 하나님께서는 지금 룻이라는 생소한 이 여자 하나를 내세워서 오래된 하나님의 백성들인 이스라엘 백성들을 매우 부끄럽게 하고 있습니다. 마치 사사 시대를 사는 온 이스라엘 사람들을 향하여 이렇게 말하는 듯합니다. 너는 무엇을 근거로 인생의 중요한 일을 결정하는가? 가능성이 판단과 처신의 기준인가, 아니면 하나님의 편에 서는 것이 기준인가? 모두가 제 소견에 옳은 대로 사는 것이 거역할 수 없는 세상의 풍조요 대세요 거역할 수 없는 흐름이라고? 세상 모두가 그렇게 살고 있으니 별 수 없다고? 너희가 사람 취급도 하지 않고 무시하는 이방 여자, 과부, 초신자 한 사람이 여기 이렇게 살고 있다. 세상의 흐름을 따라 제 소견에 좋은 대로가 아니라, 세상의 흐름을 거스르며 하나님의 소견에 좋은 길을 따라서 모험적인 신앙생활을 하고 있다.

말하자면, 목사님도, 권사님도, 장로님도, 4대째 믿는다는 관록 있는 집사님도 모두 시대의 흐름을 따라 제 잘난 맛에, 제 생각과 판단에 따라 살고 있는데, 정말 볼품없는 초신자 한 사람이 자신의 안전과 평안을 보장해줄 모든 것을 포기하면서도 하나님께 달라붙는 길을 가는 것입니다. 시대의 풍조와 흐름을 거스리며 살고 있는 것입니다.

여자 아브라함 같은 사람
이런 관점에서 본다면 룻은 마치 여자 아브라함 같다는 생각이 듭니다. 하나님 편에 서기 위하여 본토 친척 아비 집을 떠나는 아브라함처럼 룻도 하나님을 향하여 본토 친척 아비 집을 떠나고 있습니다. 이 여자 아브라함 같은 룻은 사실 갈대아우르를 떠나던 남자 아브라함보다도 더 뛰어나 보입니다. 아브라함은 떠나기 전에 육성으로 찾아오신 하나님의 명령과 엄청난 약속을 받았습니다. 그러나 이 여자 아브라함 룻은 아무런 음성도 약속도 받은 것이 없이 그냥 알아서 떠납니다. 그 시대를 지배하고 있는, 아무도 거역할 수 없는 풍조와 큰 흐름을 혼자서 거스르고 있습니다.

오늘날 한국 교회와 우리에게도 가장 필요한 것이 있다면 바로 이렇게 시대의 흐름을 거스르는 신앙일 것입니다. 무엇을 근거로 우리가 중요한 결정들을 하느냐는 매우 중요합니다. 나오미와 룻의 대조를 통하여 오늘 이 말씀이 우리에게 도전하는 메시지는 분명합니다. 나오미처럼 가능성이 아니라, 룻처럼 어떻게 하는 것이 하나님 편에 서는 것인가를 결정의 근거로 삼아야 한다는 것입니다. 이 시대를 지배하고 휩쓰는 불신앙의 큰 흐름을 혼자서라도 거역하는 신앙을 갖고 사는 신앙인, 교회 지도자, 교회가 시급히 필요합니다. 예배가 공연장의 문화 행사처럼 변질되는 때, 강단이 말씀을 이탈하는 현상이 극심해지는 이때가 바로 거역하는 신앙을 필요로 하는 때입니다. 많은 교회의 목회 방침, 정책, 지향하는 바가 실용성을 근거로 이루어지고 있습니다. 어떻게 하는 것이 교회를 더 빨리 성장하게 할 수 있는가? 어떤 방식을 도입해야 교인들을 철저하게 헌신시킬 수 있는가? 하는 것으로 경도되어서 마치 교회가 교회답지 않은 쪽으로 질주하고 있습니다. 요즘 교회는 이런저런 문화 활동을 해야 교회가 살아남는다. 목회자는 CEO처럼 교회를 잘 경영해야 교회가 부흥한다는 풍조가 지배적입니다. 교인들도 마음 편하게 해주는 교회가. 필요를 잘 채워주는 기능성 교회가 어디 없는지를 찾아 방황하기도 합니다. 이런 풍조가 팽배한 이때에 한국 교회에 정말 필요한 게 있다면, 이런 큰 흐름과 풍조에 대해 아니오! 라고 말하고 나 혼자서라도, 우리 가정만이라도, 그리고 우리 교회만이라도 시대의 흐름을 거스르는 위험 부담을 걸머지고 나서는 일이 필요한 때입니다. 이 시대의 룻이 필요한 것입니다.

이 시대 신자와 교회가 가질 수 있는 가장 귀한 가치가 있다면 그것은 바로 이런 시대의 풍조를 거스르며 바른 신앙의 길로 나서는 일입니다. 모두가 양적 성장만을 부흥이라 외치고 있을 때, 묵묵히 교회다운 교회가 되기 위한 힘든 선택을 하여 나가는 것입니다. 모두가 헌신을 명분으로 일 중독자가 되고 있을 때, 일이 아니라 사람을 중요하게 여기며 하나님과의 관계를 바르게 하는 일에 힘을 쏟는 것입니다. 시대를 지배하고 있는 잘못된 거센 풍조를 혼자서라도 거역하면서 하나님을 향하여 나가는 외로운 길 그리고 힘든 그 길을 걸어가는 것입니다. 우리가 이 시대의 룻이어야 합니다.

많은 사람이 교회를 개혁해야 한다고 말합니다. 교회는 개혁되어야 합니다. 그러나 교회개혁을 말할 때 알아야 할 것이 있습니다. 앞으로의 교회개혁은 마틴 루터가 나타나고 칼빈같은 신앙의 영웅들이 나타나서 깃발 꽂아놓고 이 깃발 아래 다 모여라! 하여 한 번에 판을 바꿔버리는 그런 방식의 개혁은 이제 없습니다. 마치 전체가 검은 판인데 한 사람이 와서 한 번에 흰 페인트로 칠해서 바꿔버리는 그런 개혁은 이제 불가능합니다. 검은 판 안에 하얀 작은 점이 여기 하나 생기고, 저기에 하나 더 생기고, 그렇게 여기저기 작은 점들이 자꾸 많아지면서 점차 전체적인 분위기를 바꿔가는 방식의 개혁일 수밖에 없습니다. 그러니까 작은 룻들이 필요한 것입니다. 그리고 시대의 흐름을 거스리며 가기에는 너무 연약한 작은 점들이 서로를 격려하고 지탱해주며 그 길을 가는 것입니다. 힘든 길을 작은 룻들을 일으켜서 서로 격려하고 이 거센 물결 안에 작은 실낱같은 하나의 물줄기라도 만드는 일로 교회는 나가야 합니다. 이 일들을 잘 할 수 있도록 교회가 집중하고 협력하고 지원하고 헌신한다면 우리는 그야말로 이 시대에 정말 위대하고 멋있는 일을 하는 것이 될 것입니다.

신앙생활 제대로 하겠다고
몸부림치는데 사업은 더 어려워지
고 되는 일은 없어도 여전히 하나님
을 섬기고 있는 것은 여러분이
하나님의 은혜를 받은 사람이라는
확실한 증거입니다.

룻 1:19-22

이에 그 두 사람이 베들레헴까지 갔더라 베들레헴에 이를 때에 온 성읍이 그들로 말
미암아 떠들며 이르기를 이이가 나오미냐 하는지라 나오미가 그들에게 이르되 나를
나오미라 부르지 말고 나를 마라라 부르라 이는 전능자가 나를 심히 괴롭게 하셨음
이니라 내가 풍족하게 나갔더니 여호와께서 내게 비어 돌아오게 하셨느니라 여호와
께서 나를 징벌하셨고 전능자가 나를 괴롭게 하셨거늘 너희가 어찌 나를 나오미라
부르느냐 하니라 나오미가 모압 지방에서 그의 며느리 모압 여인 룻과 함께 돌아왔
는데 그들이 보리 추수 시작할 때에 베들레헴에 이르렀더라

04

신음소리

나오미의 귀환과 탄식

베들레헴을 떠났던 지난 십여 년 사이에 모든 것을 다 잃어버리고 혼자 남겨져 마치 욥처럼 된 시어머니 나오미와 아브라함처럼 본토 친척 아비 집을 다 버리고 모압 땅을 떠난 며느리 룻이 베들레헴을 향해 길을 걷고 있습니다. 마치 여자 욥과 여자 아브라함이 함께 길을 가는 것 같습니다. 아브라함은 그래도 하나님께서 찾아오셔서 육성으로 주신 분명한 약속을 들었습니다. 내가 지시하는 곳으로 네가 가면 내가 네게 복을 주어 너로 큰 민족을 이루게 하겠다는 약속입니다. 그러나 룻에겐 그런 음성으로 찾아오신 하나님과의 대면도 없고 떠나면 무엇을 보장하겠다는 약속도 없었습니다. 그냥 본토 친척 아비 집, 곧 자기의 신변의 안전과 인간관계와 삶의 평안을 보장하는 것들을 다 버리고, 하나님이 거기 계시니 그곳으로 가야겠구나 하는 생각 하나로 따라나선 길이었습니다. 이렇게 보면 룻은 사실 아브라함보다도 더 놀라운 사람입니다.

두 여자가 드디어 베들레헴에 도착했습니다. 베들레헴에 도착하자 온 성읍이 시끌벅적 합니다. 여기저기서 난리입니다. 오늘 본문에 그렇게 쓰여 있습니다. 나오미가 왔대! 나오미! 저이가 진짜 나오미란 말이야? 나오미! 드디어 왔구나! 별별 소리가 다 들립니다. 아마 이런 말도 언뜻 한 마디씩 들렸을 것입니다. 다 망해 먹고 혼자서 빈손으로 돌아왔다며? 나오미, 나오미 나오미, 나오미가 장안의 화제가 되었습니다. 온 도시에 그저 나오미 이야기뿐입니다. 19절입니다.

> 이에 그 두 사람이 베들레헴까지 갔더라 베들레헴에 이를 때에 온 성읍이 그들로 말미암아 떠들며 이르기를 이이가 나오미냐 하는지라(룻 1:19).

그런데 당사자인 나오미는 그 사람들을 향하여 이렇게 대답합니다.

> 나오미가 그들에게 이르되 나를 나오미라 부르지 말고 나를 마라라 부르라 이는 전능자가 나를 심히 괴롭게 하셨음이니라 내가 풍족하게 나갔더니 여호와께서 내게 비어 돌아오게 하셨느니라 여호와께서 나를 징벌하셨고 전능자가 나를 괴롭게 하셨거늘 너희가 어찌 나를 나오미라 부르느냐 하니라(룻 1:20, 21).

"나를 나오미라 부르지 마시오!" "나를 마라라 부르시오!" 나오미라는 말은 즐거움이라는 뜻입니다. 어떤 주석가는 달콤한 사람이란 뜻도 있다고 합니다. 여하튼 기쁨, 즐거움, 그런 뜻입니다. 마라는 쓰다, 고통스럽다는 말입니다. 나를 나오미라 부르지 말고 마라라 부르라. 내가 풍족하게 이 베들레헴을 떠났지만 이제 빈털터리가 되어 돌아왔다고 말합니다. 자기는 징벌을 받은 자로, 괴로움을 당하는 자로 돌아왔다고 쏟아놓습니다.

그러면서 어쩌다가 자기가 이렇게 됐는지를 숨 가쁘게 계속 쏟아냅니다. 여호와의 손이 나를 치셔서 내가 이렇게 됐다. 이것은 이 앞의 13절에도 있는 말씀이지요. 자기 며느리에게 돌아가라고 하면서 했던 말입니다. 여기서는, 전능자가 나를 심히 괴롭게 하셨다고 합니다. 괴롭다는 말이 바로 마라라는 말인데 쓰다는 뜻입니다. 전능자가 내 인생을 쓰게 하셨다. 전능자는 엘샤다이를 번역한 말인데 나오미는 의도적으로 하나님을 전능자라는 이름을 사용해서 지칭합니다. 이어지는 21절에도 여호와께서 빈손 인생이 되게 하셨다고 말합니다. 하나님이 나를 나오미가 아니라 마라의 인생으로 만드셨다. 전능하신 여호와께서 내 인생을 괴롭게 하셨다. 여호와께서 나로 텅 빈 인생이 되게 하셨고, 여호와께서 나를 징벌하셨고, 전능자가 나를 이렇게 괴롭게 하셨다고 계속 쏟아붓습니다. 모압 땅에서 나오미는 하나님의 긍휼이 베들레헴에 임했다는 소식을 들었습니다. 그래서 어렵게 며느리 룻과 함께 베들레헴으로 돌아왔습니다. 그런데 베들레헴에 도착하고, 옛날에 같이 지냈던 고향의 사람들을 보자 나오미는 참지 못하고 속내를 드러내는 것입니다.

처음에 베들레헴 동네로 돌아갈 생각을 했을 때, 나오미는 자신의 처지가 너무 부끄러워서 차라리 어느 산골이나 아무도 자기를 모르는 다른 동네에 숨어 살고 싶었을 것입니다. 그러나 자기의 체면이 아니라, 긍휼의 하나님께 나아가야 한다고 결단하고 여기까지 어렵게 온 사람입니다. 그렇다면 이제 잠시 입을 다물고 묵묵히 그 지역에 긍휼을 베푸신 하나님께서 자기에게 어떻게 긍휼을 베푸실지 기대하며 조용히 기다려야 했을 것입니다. 내가 이 처참한 환경, 쓰디쓴 인생 중에 하나님의 긍휼을 바라보고 이곳까지 왔으니 사람들이 뭐라고 하든지 좀 기다리고 있으면 하나님이 내게도 긍휼을 좀 베푸시겠지! 라며 인내하며 기다리면 좋았을 것입니다. 그런데 나오미는 계속해서 자기의 괴로운 심정을 토로합니다. 하나님 때문에 내 인생이 이렇게 쓰고 고달픈 인생이 됐다고 답답하고 괴로운 심정을 쏟아붓습니다. 아마 나오미가 긍휼의 하나님을 찾아서 오긴 했지만, 하나님이 자기에게도 어떤 긍휼을 베푸시겠지 하는 마음으로 잠잠히 기다리기에는 그가 처한 현실 상황이 너무 가혹하고 절망적이었던 것 같습니다. 어떤 면에서 이해가 됩니다.

고통의 신음소리

어떤 이들은 나오미의 이러한 모습을 근거로 나오미가 아직도 불신앙적인 태도를 못버리고 여전히 이렇게 하나님을 원망하고 있다고 비난합니다. 그리고 우리는 이렇게 해서는 안된다고 반면 교사의 근거로 삼기도 합니다. 그런데 정말 그럴까요? 나오미의 이러한 태도는 그가 불신앙적인 사람이라는 증거를 보여주는 것일까요? 교회 지도자들이 어려움을 당한 처지에서 원망을 쏟아내는 교인들을 종종 이러한 해석과 태도로 대하기 때문에 교회 안에 많은 상처들을 만들어내곤 합니다.

오래전 제가 사역하는 교회에 집사님 한 분이 있었습니다. 그야말로 다 망해버렸습니다. 더는 소망이 없습니다. 심방은 가지만 가서 할 말이 없어요. 내가 무슨 말을 해도 그게 귀에 안 들어오고 믿어지지 않을 상황인데 무슨 말을 하겠어요? 그래도 가서 앉아 있다가 어색하게 시간을 보낸 다음, 이제 인사치레는 됐다 싶으면 돌아와야 하는데 그냥 올 수는 없으니 그 집사님께 제가 기도나 한번 하고 갈게요. 하고는 기도를 합니다. 그런데 제가 하는 기도가 실현될 가능성이 없다는 것은 그분도 알고 저도 알지요. 그냥 인사 절차상 기도를 하는 정도였습니다. 제가 믿음이 없어서가 아니고 상황이 그랬어요.

늘 제가 심방을 갔는데 어느 날은 그분이 저를 찾아 심방을 오셨습니다. 그리고 잠시 후 이렇게 이야기를 했습니다. "목사님, 알다시피 저는 다 망했고 더는 망할 것도 없고 아무런 할 일도 없습니다. 내가 할 수 있는 일은 한 가지뿐입니다. 죽는 것이지요. 저는 죽고도 싶고 죽을 수도 있습니다. 목사님 그런데 재수 없게 예수까지 믿어 갖고 죽을 수도 없어요." 제가 어떻게 반응을 했을까요? 집사님 왜 그런 말씀을 하세요. 절대 자살하면 안 돼요. 자살하면 큰일 납니다. 죄입니다. 예수를 믿은 것이 재수가 없어서 그랬다니요. 왜 그런 불신앙적인 무서운 말씀을 하세요? 그랬을까요? 저는 잠시 가만히 있다가 입을 열었습니다. "집사님, 제가 목사인데요. 제가 집사님의 처지였으면 저도 그런 생각이 들었을 거예요." 그분의 말은 정말 자살하겠다는 것이 아닙니다. 자기 현실이 얼마나 아픈지, 거기서 나오는 신음소리라는 것을 저는 알기 때문에 그렇게 말한 것입니다. 그분 보내고도 하나님 저 사람 큰일 났네요. 자살 안 하게 마음을 바꿔주세요. 저 사람 믿음이 있는 줄 알았더니 믿음이 없네요. 믿음을 회복시켜주세요. 이런 기도 하지 않았습니다. 하나님, 저 집사님의 아픔을 좀 달래주십시오. 그랬습니다. 그것은 자살하겠다는 의사 표현이나 믿음이 없다는 증거가 아니라, 자기 현실이 지금 그만큼 아프다는 신음소리인 것입니다. 그분 자살하지도 않았고, 교회를 떠나지도 않았습니다.

아무리 상황이 어려워도 나오미처럼 이따위로 말하면 안 된다든지, 이렇게 불신앙적이고 불경건하게 말하지 맙시다 라고 이 말씀을 풀어낸다면 나오미는 틀림없이 큰 상처를 받고 매우 서운해할 것입니다. 나는 지금 내 인생이 너무 아프고, 나의 현실이 너무 가혹해서 신음소리를 내고 있는 것인데... 네가 내 처지를 알아? 너도 내 처지가 한번 돼봐. 그따위 말이 그렇게 쉽게 나오나! 아마도 이렇게 말할 것 같습니다. 나오미의 심정이 이해가 됩니다. 목회를 해보면 이러한 상황은 더 깊이 이해가 됩니다.

바른 상황인식과 잘못된 해석

그런데 나오미의 이 말, 여호와께서 그의 인생을 쓰게 하셨고, 텅 비게 하셨고, 징벌하셨다는 그 말은 사실일까요? 나오미가 지금 자기가 처한 현실에 대해 가진 이 인식은 과연 정확한 것인지 의문이 남습니다. 어떤 점에서 나오미의 현실 인식은 매우 정확합니다. 여호와께서 그렇게 하셨다, 전능자가 그렇게 하셨다는 점에서는 맞습니다. 하나님이 그렇게 하신 것입니다. 그러나 하나님이 내 인생을 징벌하려고 이렇게 하셨다, 하나님이 나의 인생을 몹시 쓰게 하려고 이렇게 하셨다, 하나님이 내 인생을 텅 비게 하려고 이렇게 하셨다는 자기 현실에 대한 해석은 정확하지 않습니다. 하나님이 그의 현실을 이렇게 만들었다는 현실 인식은 정확하지만, 하나님의 행위와 처사에 대한 나오미의 해석은 잘못됐습니다. 하나님이 나오미의 해석처럼 그런 의도로 그렇게 하신 것이 아니요, 결과론적으로 볼 때 하나님은 오히려 그 반대의 결과를 위하여 그렇게 하신 것임을 이후에 이어지는 본문을 통해서 우리는 확인하게 됩니다.

룻기의 처음과 끝, 나오미의 처음과 그 후의 인생이 어떻게 진행이 됐는지를 룻기를 통해 다 파악하고 있는 독자의 입장에서 나오미가 자기의 현실을 놓고 하는 이 넋두리를 들으면 그냥 빙그레 웃음이 나오기도 합니다. 그리고 이런 생각을 혼자 하게 됩니다.

아직 아무것도 모르면서 … 조금 더 살아봐. 어떻게 일이 진행되는지. 그때도 지금처럼 하나님을 말할 수 있을 것인지. 아마 지금 이렇게 말한 것이 하나님께 염치가 없어서 두고두고 후회하게 될걸? 지금 이 대목이 나오미의 인생 여정에서 어디로 가는 길목인지를 우리는 알고 있으니까요. 잠시 우리가 당하는 어려운 현실을 놓고 하나님 때문이라고, 하나님이 나를 돌아보지 않으신다고 투덜대며 대드는 우리의 모습을 보시며 하나님은 더 지내보고 말해 보시게! 하며 빙그레 웃으실 때가 있지 않을까요? 자기의 현실에 대한 그와 같은 나오미의 해석은 옳지 않다는 것을 바로 이어지는 본문도 암시하고 있습니다. 룻기 저자는 나오미가 쏟아낸 말 뒤에 슬쩍 한마디를 덧붙여 놓았습니다. 그것이 룻기 1장 22절입니다.

> 나오미가 모압 지방에서 그의 며느리 모압 여인 룻과 함께 돌아왔는데 그들이 보리 추수 시작할 때에 베들레헴에 이르렀더라(룻 1:22).

은근히 던지는 도전

나오미의 장탄식에 덧붙인 이 말을 가만히 듣고 있으면 사실은 자기의 처지를 놓고 소리소리 지르는 나오미에게 이렇게 속삭이는 것처럼 보입니다. 네 말대로 하나님이 네가 당한 너의 현실을 만드신 것은 사실이다. 너의 그 말은 정확하다. 그러나 하나님이 왜 그렇게 하셨는가에 대한 너의 해석은 정확하지 않다. 네 말대로 너의 인생을 그렇게 망쳐놓으려고 너의 현실을 이렇게 하셨다면, 네가 며느리와 함께 돌아와 네 곁에 며느리가 서 있고, 네가 돌아온 이 시점에 굶어 죽지는 않아도 되는 추수 때가 되도록 하셨겠니? 너의 현실이 그렇게 된 것까지만 전능자 하나님이 하셨고, 네가 드디어 베들레헴에 돌아왔고, 네 곁에는 모압 사람 과부 며느리 룻이 함께 있고, 마침 아무 밭이라도 들어가서 이삭이라도 주워 생계를 이을 수 있는 보리 추수기라는 이런 여건은 전능자 하나님과 상관없이 저절로 혹은 우연히 된 것이라고 너는 생각하는 거니? 하나님이 그렇게 하셨다고? 그러면 하나님은 왜 너에게 그렇게 하신 것이라고 너는 생각하는 거니? 하고 묻고 있는 것입니다.

22절을 이렇게 이해하고 보면 나오미의 탄식 끝에 슬쩍 22절을 덧붙여 놓은 저자의 의도에 눈이 번쩍 뜨입니다. 이것은 언뜻 보면 덤덤하게 사실을 진술하는 것처럼 보입니다. 그러나 사실은 저자의 의도를 반영한 고도의 수사학적 전략입니다. 룻기의 저자는 이 말을 덧붙임으로써 나오미와 독자인 우리들의 시선을 다른 곳으로 돌려놓으려 합니다. 우리가 의식하지 못하는 사이에도 하나님의 손길이 여전히 움직이고 있다는 사실을 주목하게 하려는 것입니다. 나오미가 자기의 현실에 대하여 원망 섞인 탄식을 쏟아내고 있을 때에도 하나님은 여전히 그를 위한 일을 묵묵히 진행하시고 있다는 사실을 확인시켜 주는 것입니다. 즉, 여전히 우리를 위하여 일하시는 하나님의 손길을 주목하라는 촉구입니다. 룻기의 일관된 중요 주제 가운데 하나는 하나님의 섭리라는 것은 부인할 수 없는 사실입니다.

보아스와 룻, 그리고 나오미 사이에 일어나는 일들이 어떻게 하나님의 손길이 작용하고 있는가를 생생하게 보여주는 것이 룻기 2장입니다. 그러한 하나님의 섭리에 이들이 어떻게 반응하고 순종하는가를 보여주는 것이 룻기 3장입니다. 그리고 세상 모든 사람이 하나님도 없고 왕도 없는 것처럼 자기가 왕이 되어 수백 년을 살아오는 사사 시대의 그 역사 속에서도 하나님은 어떻게 여전히 일을 하시고 역사를 어디로 이끌어오셨는가를 생생하게 보여주는 극적인 내용이 룻기 4장입니다. 나오미의 귀환 사건을 다루는 룻기 1장을 하나님의 손길에 눈을 돌리게 하는 22절의 말씀으로 마감을 짓는 것은 2장에서 본격적으로 펼쳐질 하나님의 섭리에 대한 암시적 서막처럼 우리에게 주어지고 있습니다. 이런 점에서 룻기 1장 22절의 말씀은 1장을 마감하는 마무리임과 동시에 2장을 여는 시작이라는 2중적 역할을 하고 있습니다. 그리고 22절이 말하고자 하는 핵심은 어느 상황에서나 우리의 현실 속에서 하나님의 손길이 역사하고 있다는 사실을 주목하라고 촉구하는 것입니다. 그러므로 나오미의 탄식 뒤에 슬쩍 덧붙인 룻기 1장 22절 말씀으로부터 우리가 확인하는 하나님의 손길에 대한 관찰은 하나님의 섭리를 본격적으로 드러내는 현장의 이야기인 룻기 2장을 살펴보는 다음 장에서 "하나님의 손길"이라는 제목으로 더 자세하게 살펴보도록 하겠습니다.

잠시 우리가 당하는
어려운 현실을 놓고 하나님
때문이라고, 하나님이 나를 돌아보지
않으신다고 투덜대며 대드는 모습을
보시며 하나님은 "더 지내보고 말해
보시게!" 하며 빙그레 웃으실 때가
있지 않을까요?

하나님의 손길

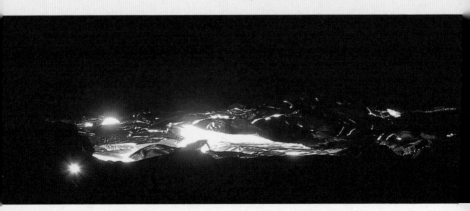

룻기 2장

01 섭리
02 하나님이 떠오르는 사람
03 헤세드
04 영적 민감성

룻 1:20-22

나오미가 그들에게 이르되 나를 나오미라 부르지 말고 나를 마라라 부르라 이는 전
능자가 나를 심히 괴롭게 하셨음이니라 내가 풍족하게 나갔더니 여호와께서 내게
비어 돌아오게 하셨느니라 여호와께서 나를 징벌하셨고 전능자가 나를 괴롭게 하셨
거늘 너희가 어찌 나를 나오미라 부르느냐 하니라 나오미가 모압 지방에서 그의 며
느리 모압 여인 룻과 함께 돌아왔는데 그들이 보리 추수 시작할 때에 베들레헴에 이
르렀더라

01

섭리

살다 보면 때때로 원인도 이유도 알 수 없는 이런저런 일들을 당하곤 합니다. 그래서 사람들은 좋은 일이 생기면 재수가 참 좋았다고 합니다. 일이 잘 안 되면, 올해는 운이 나빠서 일이 이렇게 꼬인다고 말하기도 합니다. 혹은 살다 보니 우연히 일이 이렇게 되었다고 말하기도 합니다. 그러나 성경의 분명한 가르침은 재수가 좋거나 나쁘거나 우연히 그렇게 되는 일은 인생에 없다는 것입니다. 하나님은 천지를 창조하시고 인간을 창조하신 다음에, 이제 끝났다. 한 작품 끝났으니 이제 다 잊고 다음 일을 해야지 하고 손을 놓으신 분이 결코 아닙니다. 그분은 창조해 놓은 것을 던져놓고 그냥 잊어버리시는 분이 아닙니다. 특별히, 독생자의 피 값으로 구원하신 하나님의 자녀들을 방치하시는 일은 결코 없습니다. 우연히 무슨 일을 만나도록 버려두거나, 재수 없어서 곤경에 빠지게 놔두시는 법이 없습니다. 그분은 구원하신 그의 친 백성을 그냥 팽개쳐 놓고 딴 일 보시는 법이 없으십니다. 하나님이 반드시 간섭하시고 보존하시고 돌보시고 이끄십니다. 그것을 가리켜 우리는 하나님의 섭리라고 말합니다. 쉽게 말하면 그분의 뜻에 따라 우리를 이끌어가시는 하나님의 손길이라고 할 수 있겠지요.

현실에서 움직이는 하나님의 손길을 주목하라

바로 이전 시간에 베들레헴에 돌아온 나오미가 자기의 처지를 놓고 고통에 찬 탄식을 쏟아내는 장면을 보았습니다(룻기 1:20-21). 나는 하나님에 의해서 빈털터리 인생이 됐다. 나는 아무것도 없이 다 잃어버려서 고달프고 쓰디쓴 인생을 사는 사람이다. 나는 여호와께 징벌을 받은 사람이다. 나오미라니! 그것은 나한테 어울리지 않는 이름이니 차라리 나를 마라라고 부르라. 그것이 지금 내 꼬라지에는 훨씬 더 잘 어울리는 이름이다. 나는 지금 내 인생이 쓰디쓰다. 그런데 룻기 저자는 나오미가 쏟아낸 말 뒤에, 별 연관성 없어보이는 말을 덤덤하게 의도적으로 슬쩍 덧붙여 놓았다는 사실을 주목하고 넘어왔습니다.

> 나오미가 모압 지방에서 그의 며느리 모압 여인 룻과 함께 돌아왔는데 그들이 보리 추수 시작할 때에 베들레헴에 이르렀더라(룻 1:22).

나오미가 모압 지방에서 베들레헴에 도착하였다. 그의 며느리 모압 여인 룻과 함께 돌아왔다. 바로 보리 추수를 시작할 때였지. 왜 이 말을 하나님을 두고 쏟아내는 나오미의 탄식 끝에 붙여놨을까요? 룻기 저자가 굳이 여기서 이 사실을 확인시켜주는 의도가 무엇일까요?

나오미의 탄식을 다 들은 저자는 이런 식으로 나오미에게 반문을 하는 셈입니다. 정말 네 말대로 그런가? 나오미의 탄식에 반박이라도 하듯이 부인할 수 없는 사실을 밝히고 있는 것입니다. 너는 베들레헴에 도착하였다. 네가 돌아오기를 소원하였던 그곳 베들레헴. 바로 하나님의 긍휼이 베풀어지고 있는 베들레헴에 드디어 도착한 것이다. 그리고 너는 홀로 남은 텅 빈 인생이 아니다. 네 옆에는 모압 여인 룻, 너의 며느리가 있다. 이 며느리가 얼마나 네 인생을 복되게 할 복덩어리로 네 옆에 있는지 넌 아직 몰라. 그리고 지금 돌아와 봤더니 보리 추수할 때가 아니냐? 넌 아무리 가진 것이 없어도 굶어 죽을 염려는 없게 되었어. 나오미 자신과 이 이야기를 읽는 독자들에게 본문은 이렇게 말을 걸고 있는 것입니다. 지나가는 말처럼 며느리인 모압 여인 룻과 함께 돌아왔다고 툭 던지고 있는 것 같지만, 우리는 지금 함께 돌아와 옆에 있는 룻이 앞으로 나오미의 인생에 어떤 반전을 일으킬 실마리가 될지 잘 알고 있습니다. 나오미의 인생에서 룻은 그냥 모압에서 온 과부 며느리 하나일 뿐인 사람이 아닙니다. 나오미의 슬픔은 이해할 수 있습니다. 아마 자신의 현실을 두고 쏟아내는 나오미의 탄식 속에 담긴 진정한 슬픔은 남편과 자식이 없고 재산과 집이 없다는 것보

다는, 하나님이 나를 치셨고 하나님은 내 편이 아닌 것 같다는 그
것이었을 것입니다. 자신은 하나님으로부터 끊어져 버린 인생이
라는 느낌이었을 것입니다.

　그러나 1장 22절은 나오미 자신은 알지도 감지하지도 못하는
사이에 하나님께서 이미 그녀를 어디론가 이끌고 계시는 하나님
의 손길을 감지하게 합니다. 하나님은 이미 나오미를 위해 움직이
고 계신다는 암시와 실마리를 여기 이렇게 던져놓고 있는 것입니
다. 하나님이 너의 인생에 이미 개입하셔서 움직이고 계신다는 메
시지인 것이지요. 이것을 가리켜 우리는 하나님의 섭리라 말합니
다. 하나님의 손길입니다. 실제로 곧 이어지는 2장부터는 온통 이
하나님의 섭리의 손길을 드러내는 이야기들로 가득 차 있습니다.
사실 룻기 전체를 통해서 일관되게 흐르는 매우 중요한 몇 가지
주제가 있는데, 그 중에 하나가 바로 하나님의 손길, 곧 하나님의
섭리입니다. 그래서 처음부터 그 손길을 감지하고 그것을 따라가
게 하는 장치들을 룻기는 여기저기 이렇게 심어 두고 있습니다.

　룻기 2장으로 넘어오면 룻과 보아스 사이에서 일어나는 일들
을 통하여 하나님께서 보이지 않는 손길로 정확하게 일들을 진행
하고 있음을 은근히 부각시키고 있습니다. 룻이 이삭을 줍기 위해
나오미에게 허락을 받고 밭으로 갑니다. 3절에 우연히 어떤 밭에
들어가서 이삭을 주었다. 그런데 그게 보아스의 밭이었다. 4절에
가면, 때마침 보아스가 출장 갔다가 돌아와서 자기 밭에 들어왔는
데 우연히 둘이 만났다. 우연히 그리고 때마침 이라고 하면서 이

이야기가 그냥 저절로 어떻게 하다 보니 일어난 일같이 말합니다. 그러나 룻기 저자는 매우 의도적으로 하나님께서 보이지 않는 손길로 정확하게 일들을 엮어가고 있다는 것을 이런 방식으로 암시하고 있는 것입니다. 이것이 하나님의 섭리이며 손길입니다. 룻기 2장 22절에 가면 나오미가 보아스와 룻 사이에 심상치 않은 일이 진행되고 있음을 눈치채면서, 그때서야 하나님의 손길이 움직이고 있다는 것을 감지합니다. 그렇게 하나님의 손길을 감지한 나오미는 룻기 3장에 가면 보아스와 룻을 결혼시키려고 적극적으로 나서기 시작합니다. 그제서야 아, 하나님이 섭리하시고 있다는 사실을 감지한 것입니다. 그 후에 결국 룻기 4장 13절에 가면, 보아스와 룻이 결혼합니다. 그리고 바로 일이 이어집니다.

> 이에 보아스가 룻을 맞이하여 아내로 삼고 그에게 들어갔더니 여호와께서 그에게 임신하게 하시므로 그가 아들을 낳은지라(룻 4:13).

모압에서 10년 가까이 부부 생활하면서 남편과 같이 살았지만, 아이가 안 생겼던 사람입니다. 그런데 보아스와 부부로서 첫날을 동침하였더니 당장 아기가 생겼어요. 본문은 여호와께서 그에게 임신하게 하셔서 그렇게 되었고, 그렇게 해서 아들을 낳았다고 분명하게 밝히고 있습니다. 하나님의 개입으로 된 일이라는 것이지요. 후에 나오미의 인생이 어떻게 회복되고, 텅 비워졌던 그의 인생이 어떻게 신비롭고 놀랍고 멋지게 채워지고 있는지를 룻기는 생생하게 펼쳐냅니다. 나오미는 그때 틀림없이 하나님께 염치없고 미안했을 것입니다. 머리를 긁적이면서, 진작 이렇게 할 거라고 말씀해주시지, 전 그것도 모르고 그렇게 막 불평하고 대들고 큰소리치고 그랬잖아요? 그랬을 것 같습니다. 하나님이 섭리 중에 행하시는 그분의 뜻은 대부분의 경우에는 일이 다 지난 다음에 돌아보면서야 우리는 확인하고 확실히 알게 됩니다.

섭리의 본질, 긍휼과 은혜

룻기는 하나님의 섭리를 큰 주제로 강조합니다. 하나님의 섭리란 무엇인가? 여러 사람이 여러 가지로 이야기합니다. 창조와 관련해서 보존이라는 개념으로 섭리를 말하는 신학자들이 많습니다. 그러나 저는 섭리를 제 나름대로 이해합니다. 섭리는 하나님께서 깊은 사랑과 완전한 계획을 가지시고 내 인생에 개입해 들어오신 사건을 나에 대한 하나님의 섭리라고 이해합니다. 더 넓혀서 이야기하면, 하나님께서 깊은 사랑과 완전한 계획을 가지고 역사 현장으로 개입해 들어오신 것이 하나님의 섭리입니다. 하나님은 자신의 절대주권을 행사하여 섭리를 따라 그분의 뜻을 성취해 나가십니다. 하나님이 그의 백성의 삶에 개입하시는 섭리의 궁극적 목적은 무엇일까요? 그의 백성과 그의 나라를 그분의 뜻대로 복되게 하시려는 것입니다. 그러므로 결국 하나님의 섭리의 본질은 언제나 사랑이고, 긍휼이고, 은혜입니다.

다른 말로 하면, 결국은 우리를 잘되게 하는 것, 복되게 하는 것, 복스러운 자리에 이르게 하는 것이 하나님이 우리 인생에 대한 하나님의 섭리의 본질입니다. 우리는 인생을 살아나가는 과정에서 종종 그 반대로 말할 수 밖에 없는 당장의 현실에 던져지곤 합니다. 하나님이 내 인생을 정말 너무 쓰게 하셨어, 하나님이 나에게 이러실 수 있어? 라고 말할 만한 고통과 좌절의 현실에 던져지기도 합니다. 시편의 시인들은 자주 자기가 처한 현실에 대하여 하나님께 탄식합니다. 왜 얼굴을 가리십니까? 왜 주무십니까? 왜 멀리 계십니까? 나를 잊으셨습니까? 등등 절망과 좌절에 차서 외쳐대곤 하지요. 그러나 결국은 우리를 잘되게 하시고 하나님이 원하시는 가장 복된 현장으로 이끄시려는 데 섭리의 본질이 있습니다. 하나님께서 우리 인생에 여러 방식으로 개입하시지만, 그 의도는 언제나 동일합니다. 본질은 언제나 사랑이고 결국은 언제나 은혜입니다. 데살로니가전서 2장 11-12절의 말씀을 보시지요.

> 너희도 아는 바와 같이 우리가 너희 각 사람에게 아버지가 자기 자녀에게 하듯 권면하고 위로하고 경계하노니 이는 너희를 부르사 자기 나라와 영광에 이르게 하시는 하나님께 합당히 행하게 하려 함이라(살전 2:11-12).

하나님께 합당하게 행하는 사람으로 살게 하려고 간섭하십니다. 하나님께 합당하게 행한다는 말을 더 쉬운 말로 바꾸면, 하나님의 기준으로 재어 볼 때 값이 나가는 인생, 하나님의 저울로 달아볼 때 무게가 나가는 인생을 살게 한다는 말입니다. 그것을 위해서 하나님이 우리에게 여러 양상으로 간섭하시는 것입니다. 선지자 예레미야를 통해서 하신 말씀을 빌려서 말하면 이렇습니다.

> 여호와의 말씀이니라 너희를 향한 나의 생각을 내가 아나니 평안이요 재앙이 아니니라 너희에게 미래와 희망을 주는 것이니라(렘 29:11).

이것을 위하여 하나님은 우리 인생과 삶의 현장, 역사의 현장에 개입해 들어오시는 것이고 그렇게 움직이시는 하나님의 손길을 통하여 하나님은 이 약속을 이루어내시는 것입니다.

하나님의 섭리를 믿는 자의 현실 생활

그러므로 우리의 삶의 현장에서 하나님의 손길이 여전히 일하고 있다는 사실, 곧 하나님의 섭리를 믿는 사람은 세 가지의 모습을 취하게 됩니다.

현실에 대한 신중한 인식

첫째, 우리 현실에 대한 인식을 매우 신중하고 진지하게 합니다. 그냥 느껴지는 대로, 눈에 보이는 대로, 그리고 생각나는 대로 쏟아내면서 인생을 살 수 없다는 것을 알게 됩니다. 나오미처럼 말 한마디라도 그렇게 그냥 쏟아내서는 안된다는 생각을 하게 됩니다. 왜냐하면, 지금 하나님의 손길이 움직이고 있다는 확신이 있으니까요.

소망을 품은 인내

둘째, 우리 현실에서 직면하는 고난과 환난에 대하여 소망을 품고 인내로 기다립니다. 왜냐하면 지금 당한 이 현실의 결국이 어떻게 될 것인가를 알기 때문입니다. 인내하는 것입니다. 인내는 하나님이 내 인생에 섭리의 손길을 펴고 계심을 믿고, 하나님이 섭리하시고 그의 손길이 움직여 이루는 결과가 결국은 나를 복되게 하실 것을 확신하기 때문에 절망과 포기의 순간을 넘기며 소망을 품고 기다리는 것입니다. 그러므로 그리스도인들에게 있어서 인내란 이를 악물고 씩씩거리며 견뎌내는 것을 말하지 않습니다. 인내란 가슴에 한을 품고 참아내는 것도 아닙니다. 인내란 기다리는 것입니다. 그리고 그 기다림은 확신에 찬 소망에서 오는 기대감입니다. 그러므로 인내는 포기의 순간을 넘기는 것입니다. 하나님의 섭리에 대한 신뢰에서 소망이 생기고, 소망이 확실하니까 그것을 기다립니다. 기대에 찬 기다림이 인내입니다. 그러므로 인내는 참음보다 훨씬 더 기다림에 가깝습니다. 참음은 현실 지향적이지만 기다림은 미래지향적입니다. 인내는 현실을 뛰어넘어 저만치에 있는 세월의 결국을 내다보는 사람의 지혜가 만들어내는 성품입니다. 당신이 나를, 그리고 내가 당신을 참아준다는 것은 당신이 나를 그리고 내가 당신을 견딘다는 말이 아닙니다. 소망을 품고 기다려준다는 말입니다. 그러므로 인내, 그것은 아름다운 것입니다.

현실에 대한 영적인 차원의 이해

셋째, 하나님의 섭리를 확실히 믿고 그것을 붙잡는 사람은 현실에 대하여 영적인 차원의 눈을 갖게 됩니다. 고린도후서 12장 7-10절에 우리가 너무 잘 아는 사도 바울의 고백이 있습니다.

> 여러 계시를 받은 것이 지극히 크므로 너무 자만하지 않게 하시려고 내 육체에 가시 곧 사탄의 사자를 주셨으니 이는 나를 쳐서 너무 자만하지 않게 하려 하심이라 이것이 내게서 떠나가게 하기 위하여 내가 세 번 주께 간구하였더니 나에게 이르시기를 내 은혜가 네게 족하도다 이는 내 능력이 약한 데서 온전하여짐이라 하신지라 그러므로 도리어 크게 기뻐함으로 나의 여러 약한 것들에 대하여 자랑하리니 이는 그리스도의 능력이 내게 머물게 하려 함이라 그러므로 내가 그리스도를 위하여 약한 것들과 능욕과 궁핍과 박해와 곤고를 기뻐하노니 이는 내가 약한 그 때에 강함이라(고후 12:7-10).

바울은 문제 해결을 현실 인식에서 시작합니다. 바울은 매우 처참하고 불편하고 고통스러운 현실에 직면해 있습니다. 바울 자신의 말로 이것은 사단이 내게 준 가시라고밖에는 달리 말할 수 없을 만큼 참혹하고 싫은 문제입니다. 얼마나 이게 싫고 지독하고 미운 것이면 사단이 내게 준 가시, 사단의 사자라고 말하겠습니까? 그리고 이어서 말하기를, 그 고통이 내게서 없어지고 그 짐을 벗기 위해서 세 번씩 기도했다. 한 번 두 번 세 번, 이렇게 기도했다는 말이라기보다, 결단하고 작정하고 매우 열심히 기도했다는 말이지요. 그렇게 작정하고 하나님께 간구해야 할 만한 혹독한 현실에 처해 있습니다.

그런데 그렇게 간구하는 중에 바울은 자기와 하나님의 현실 인식은 완전 딴판이라는 것을 발견합니다. 하나님은 바울에게 말씀하십니다. 내 은혜가 네게 족하도다 이는 내 능력이 약한 데서 온전하여짐이라. 바울 자신은 사단의 가시와 같고 정말 벗어버리고 싶어서 하나님께 매달리는 혹독한 현실인데, 그걸 놓고 하나님은 은혜요 능력으로 인식하고 계시다는 말입니다. 어떻게 이 현실이 은혜와 잇닿아 있고, 어떻게 이런 가시가 하나님의 능력과 잇대어 있을 수 있단 말인가? 이 모순과 번민 사이에서 바울이 확인한 것이 있습니다. 인생의 의미는 보이고 느껴지는 대로가 아니라는 사실입니다. 내 현실에 하나님의 섭리가 작동하고 있고, 인생의 의미와 가치가 그 섭리로부터 주어진다는 것을 바울이 확인한 것입니다. 인생의 의미와 가치가 내 눈에 보이고 내가 생각하고 내 몸이 느끼는 데서 생기지 않고, 다른 데서 부여되는 것을 바울은 확인한 것입니다. 그러니까 하나님이 내 인생에 간섭하고 내 현실에 지금 섭리하셔서 내 삶의 어떤 부분이 하나님과 잇닿아 있다는 것을 볼 때 비로소 거기에서 내 인생의 진정한 의미와 가치를 누리게 된다는 것을 바울이 확인하고 있습니다. 그래서 바울이 내리는 결론입니다.

> 그러므로 도리어 크게 기뻐함으로 나의 여러 약한 것들에 대하여 자랑하리니 이는 그리스도의 능력이 내게 머물게 하려 함이라 그러므로 내가 그리스도를 위하여 약한 것들과 능욕과 궁핍과 박해와 곤고를 기뻐하노니 이는 내가 약한 그 때에 강함이라(고후 12:9b-10).

조금 전까지도 사단의 사자로 여겨질 만큼 지독하게 싫고 그 짐을 벗기 위해 세 번씩 작정하고 기도할 만큼 싫었던 것이 어떻게 큰 기쁨과 자랑이 되는가? 어떻게 이제는 떠나가기 위해 간구할 것이 아니라, 오히려 내게 머물도록 붙잡아 두고 싶은 것이 되는가? 오히려 기쁨으로 걸머지고 가고 싶은 것이 될 수 있는가? 약한 것, 능욕, 궁핍, 곤고 등은 그 자체로는 결코 기쁜 것이 아닙니다. 약함, 곤고, 가난, 굶주림, 능욕 받음, 매 맞음, 고생, 박해받음, 괴로움 당함이 그 자체로 큰 기쁨이 되는 사람이 있다면 그는 제 정신이 아닐 것입니다. 그럴 수가 없습니다. 바울의 말은 그 자체를 즐긴다는 게 아닙니다. 그것이 어떻게 나의 현실이 되었고, 내가 그렇게 싫어하던 것이 어떻게 나의 인생의 한 부분이 되었으며, 그것이 내게 이루어낼 것이 무엇인가를 드디어 확인하게 되었다는 것입니다. 고달픈 현실과 서러운 아픔 그 현장에 무엇이 역사하고 있는지를 발견하였습니다. 새로운 눈으로 자기 현실을 보게 된 것입니다. 그것이 무엇인가? 하나님이 내 인생에 간섭하셔서 일어난 일이다. 나의 아픔, 서러움, 고달픔, 고통, 무거운 짐이 내 인생에서 무엇인가 일을 펼치시는 섭리의 손길과 잇대어 지금 나에게 일어나고 있다는 확인입니다. 그리고 보니 그것이 크게 기뻐할 일이라고 말하는 것입니다. 하나님의 섭리는 나의 현실에 의미를 부여합니다. 섭리에 대한 믿음은 나로 하여금 현실을 제대로 인식하고 이해하고 그 인생을 살아갈 높은 차원의 안경과 같습니다. 눈에 보이고 느껴지는 내 인생이 다가 아니라고 말합니다. 사도 바울은 골로새서 1장 24절에 같은 맥락으로 이렇게 말합니다.

> 나는 이제 너희를 위하여 받는 괴로움을 기뻐하고 그리스도의 남
> 은 고난을 그의 몸 된 교회를 위하여 내 육체에 채우노라(골 1:24).

여기서도 역시 괴로움을 기뻐한다고 말합니다. 괴로움이 기쁨이 되는 사람이 어디 있습니까? 무슨 희한한 기적이 일어나서 아무리 맞아도 오히려 재미가 있고, 밥을 안 먹어도 도무지 배가 고프지 않다는 말이 아니지요. 괴로움이 기쁜 사람이 어디에 있습니까? 그의 몸 된 교회를 위하여 그리스도의 남은 고난을 내 육체에 채웠다. 내가 받는 이 괴로움과 모욕과 수욕과 배고픔과 매 맞음과 멸시받음 같은 것들은 지독히 싫지만, 그것 자체가 아니라 그렇게 닥쳐온 현실의 의미에 초점을 맞춰 봤더니 새로운 깨달음을

얻게 되었다는 것입니다. 뭔고 하니 예수 그리스도가 여기 계셨더라면 그가 당할 고난을 내가 그리스도를 대신해 받는 것이로구나 하는 것입니다. 그리스도의 남은 고난이라는 말이 바로 그 말이지요. 내가 받는 괴로움은 싫고 힘들고 서럽고 답답하지만, 내가 이것을 감당함으로써 사실은 내가 예수가 되고 있다는 말이네! 예수님이 당할 일을 내가 당하는 거니까 그러면 이 순간에는 내가 예수 그리스도네! 이것을 확인한 것입니다. 그러고 났더니 그 괴로운 현실 가운데서도 기뻐할 수 있게 되더라는 고백입니다. 그러므로 이 말씀을 가지고, 바울을 본받아서 어떤 고난을 당하더라도 그것을 기뻐합시다 라고 말한다면 그것은 엉뚱한 소리입니다. 고난이 기뻐지는 법은 절대로 없습니다.

하나님의 섭리는 그것을 믿는 우리로 하여금 현실에 담대하며 소망에서 오는 인내로 견디게 합니다. 괴로운 짐들을 오히려 기쁨으로 걸머지는 능력을 우리에게 줍니다. 나의 이 현실 속에 이러한 하나님의 섭리가 움직이고 있다는 사실을 붙잡고 환난 가운데서도 소망에 찬 즐거움으로 기다리는 복된 삶을 사시는 오늘의 말씀이 되기를 바랍니다.

섭리란
하나님께서 깊은 사랑과
완전한 계획을 가지고 역사 현장으로
개입해 들어오신 것이
하나님의 섭리입니다.

룻 2:1-7

나오미의 남편 엘리멜렉의 친족으로 유력한 자가 있으니 그의 이름은 보아스더라 모
압 여인 룻이 나오미에게 이르되 원하건대 내가 밭으로 가서 내가 누구에게 은혜를
입으면 그를 따라서 이삭을 줍겠나이다 하니 나오미가 그에게 이르되 내 딸아 갈지
어다 하매 룻이 가서 베는 자를 따라 밭에서 이삭을 줍는데 우연히 엘리멜렉의 친족
보아스에게 속한 밭에 이르렀더라 마침 보아스가 베들레헴에서부터 와서 베는 자
들에게 이르되 여호와께서 너희와 함께 하시기를 원하노라 하니 그들이 대답하되 여
호와께서 당신에게 복 주시기를 원하나이다 하니라 보아스가 베는 자들을 거느린
사환에게 이르되 이는 누구의 소녀냐 하니 베는 자를 거느린 사환이 대답하여 이르
되 이는 나오미와 함께 모압 지방에서 돌아온 모압 소녀인데 그의 말이 나로 베는
자를 따라 단 사이에서 이삭을 줍게 하소서 하였고 아침부터 와서는 잠시 집에서 쉰
외에 지금까지 계속하는 중이니이다

하나님이 떠오르는 사람

살다 보면 때때로 사는 모습이나 하는 말과 행동이 하나님을 떠오르게 하고, 하나님이 생각나게 하는 사람들이 있습니다. 저 사람 사는 모습을 보니까 하나님이 계신다는 말이 정말인 것 같네! 당신을 보면 하나님을 믿는다는 것이 무엇인지를 알겠어요. 당신이 그렇게 된 것은 하나님이 도와주신 것이라고 밖에는 달리 설명할 길이 없네요. 등등 그 사람을 하나님과 연결시켜서 생각하는 것이 자연스러운 그런 사람들입니다. 창세기 26장 28-29절은 블레셋 왕 아비멜렉이 이삭을 찾아와서 말을 주고받는 장면입니다. 블레셋 지방에서 이삭이 크게 번창하자 아비멜렉 왕은 시기심이 발동하여 이삭을 그곳에서 추방해버렸습니다. 결국 이삭은 무리를 이끌고 브엘세바에 정착하게 되었습니다. 그런데 어느 날 아비멜렉 왕이 자기의 비서실장과 군대장관을 대동하고 이삭을 찾아왔습니다. 그리고는 이삭에게 자기들을 헤치지 않겠다는 내용으로 화친 조약을 맺어달라고 애걸합니다. 이삭은 팅팅 거리며 묻습니다. 아니 이전에는 나를 미워하고 쫓아내더니 무슨 일이요? 그러자 아비멜렉이 대답을 합니다. 여호와께서 너와 함께 계심을 우리가 분명히 보았다. 너는 여호와께서 복을 주시는 사람이다! 이삭은 아비멜렉에게 여호와 하나님이 떠오르게 하는 사람이었습니다. 사실, 하나님께서 독생자 예수 그리스도를 십자가에 내어주시고 그 피 값으로 우리를 구원하셔서 우리를 하나님의 사람으로 만드신 중요한 의도 가운데 하나도 이것입니다. 우리 주위의 다른 사람이, 그리고 세상이 우리를 보면 하나님이 떠오르고, 우리를 보면 하나님을 보는 것 같은 일이 일어나게 하시려는 것입니다. 그것이 구원받은 하나님의 자녀인 우리의 책임이고 동시에 우리의 영광입니다. 사도 베드로는 이것을 이렇게 말씀하셨습니다. "...너희를 어두운 데서 불러 내어 그의 기이한 빛에 들어가게 하신 이의 아름다운 덕을 선포하게 하려 하심이라"(벧전 2:9).

우연치 않은 만남

룻기 2장은 보아스와 룻이 만나고, 이어서 일어나는 일들을 기록하고 있습니다. 룻기 2장을 찬찬히 읽고 또 읽고, 잠시 쉬었다가 또 읽고 생각 좀 해보고, 또 읽고 그렇게 자꾸 읽다 보면 저절로 두 가지 사실을 확인하게 됩니다. 하나님이 떠오르게 하는 한 사람의 모습입니다. 본문에 등장하는 한 사람의 모습이 자꾸만 하나님의 모습과 겹쳐지면서 하나님을 떠올리게 하는 것입니다. 그 사람이 보아스입니다. 또 하나는 보아스와 룻 사이에서 전개되는 일에 보이지 않는 어떤 손길이 움직이고 있다는 확신입니다. 하나님의 손길을 감지하게 되는 것입니다.

2장 1절은 이렇게 시작합니다. "나오미의 남편 엘리멜렉의 친족으로 유력한 자가 있으니 그의 이름은 보아스더라." 지금까지 들어본 적이 없는 보아스라는 인물이 느닷없이 등장합니다. 그리고는 룻의 집안 형편 이야기로 넘어갑니다. 룻은 시어머니 나오미를 따라서 베들레헴으로 왔는데 여전히 한 끼 먹기가 어려운 삶을 살고 있습니다. 며느리 룻이 나오미에게 추수 때니까 밖에 나가 누군가의 밭에 들어가 이삭을 주워 어머니께 밥 지어드리고, 우리가 한 끼 식량을 해결할 수 있도록 허락해달라며 이삭을 주우러 가겠다고 합니다. 그랬더니 나오미가 허락을 합니다.

그 당시 유대인들에게는 추수 때에는 가난한 사람들이 남의 밭에 들어가서 떨어진 이삭을 주울 수 있도록 허용하는 율법의 규정이 있었습니다. 말하자면 나름대로 사회복지정책인 셈입니다. 들판으로 나온 룻은 추수가 진행 중인 밭 하나가 눈에 띄어서 일하는 사람들에게 허락을 받고 그 밭에 들어갔습니다. 그리고 이삭을 줍기 시작했지요. 그런데 우연히도 그 밭은 단순히 많은 밭 가운데 하나인 밭이 아니었습니다.

룻이 가서 베는 자를 따라 밭에서 이삭을 줍는데 우연히 엘리멜렉의 친족 보아스에게 속한 밭에 이르렀더라(룻 2:3).

하나님의 섭리

그것은 보아스라는 사람의 밭이었습니다. 그런데 보아스는 그냥 한 사람의 밭 주인이 아니라는 것을 본문은 은근히 강조합니다. 그 사람은 엘리멜렉의 친족이었다는 것입니다. 뒷부분을 보면, 보아스는 나오미와 같은 집안사람으로 가계를 이을 수 있는 특별한 위치에 있는 사람이었습니다(룻 2:20). 본문은 룻이 보아스의 밭에 들어가는 일이 우연히 일어났다고 말합니다. 그리고 4절에서는 마침 그때 보아스가 베들레헴에서부터 와서 이 밭으로 들어왔다고 밝힙니다.

> 마침 보아스가 베들레헴에서부터 와서 베는 자들에게 이르되...
> (룻 2:4).

정리하면 이렇습니다. 룻이 하루 식량을 해결하기 위하여 어느 밭에 이삭을 주우러 들어갔다. 그런데 우연히도 엘리멜렉의 친족인 보아스의 밭이었다. 때마침 주인 보아스가 돌아와 밭에 왔다. 그래서 두 사람이 만나게 되었다. 계속해서, 우연히, 때마침이라고 하여 이것이 그냥 어떻게 하다 보니 우연히 이루어진 일인 것처럼 묘사합니다. 그러나 정신을 차리고 돌아가는 낌새를 가만히 보면, 지금 벌어지고 있는 이 일이 그렇게 단순하지 않아 보입니다. 틀림없이 뒤에서 누군가가 어느 시에 어느 장소로 나가도록 하고, 만남을 주선한 사람은 뒤로 빠져 둘만 만나도록 한 소개팅이지 저절로 성사된 우연한 만남이라고 말할 수가 없습니다. 마치 요나서에서 큰 물고기가 바다에 던져진 요나를 삼킨 것은 얼핏 보면 우연히 그곳을 지나가다가 때마침 요나가 던져져서 된 일인 것처럼 진술하면서, 사실은 하나님이 간섭하셔서 그렇게 하신 것임을 은연중에 강조하듯이, 사실 룻기의 본문도 우연이란 말을 사용하면서 은근히 필연을 강조하고 있습니다. 하나님이 개입하셔서 일을 일으키고 계신다는 것을 의심할 수 없게 합니다.

어울리지 않는 만남

그런데 본문은 이렇게 만남이 이루어지고 있는 두 사람을 유대인 유력한 남자 보아스와 모압인 여자 룻의 대조로 부각시킵니다. 이것은 어렵사리 만나게 해놓고는 결코 이루어질 수 없는 두 사람이라는 인상을 주는 이율배반적 진술입니다. 우리는 이미 1장에서 룻의 이야기를 매우 익숙히 들었습니다. 그래서 굳이 룻을 모압 여자로 소개할 필요가 없습니다. 그냥 룻이라고 하면 다 알아듣습니다. 그런데 여기서는 마치 처음 소개하듯이 모압 여인 룻이라고 보아스의 종들의 입을 통해 소개합니다. 유력한 사람 보아스라는 소개에 대응하는 룻에 대한 소개방식인 것이지요. 보아스와 룻은 소개팅으로 만났는데, 남자는 유력한 자로 묘사됩니다. 유력한 자라는 말은 경제적·신체적·사회적으로 영향력이 있고 재력가이고 신뢰받고 인정받는 품위와 능력 있는 사람을 뜻합니다. 여자는 모압 여자입니다. 태생이 이방인이라는 말이지요.

게다가 과부입니다. 아무런 힘이 없는 보잘 것 없는 사람이라는 말이지요. 누가 봐도 이 소개팅은 이루어질 수 없는 만남이라는 걸 은근히 강조하고 있는 것이지요. 둘이 서로 격이 안 맞는 거예요. 뭐? 둘이 데이트를 한다고? 결혼한다고? 에잇, 말도 안 되지. 어떻게 둘이 그게 된다는 말이야? 누가 봐도 서로 어울릴 수 없다고 단정할 수밖에 없는 조건임을 강조하고 있습니다.

그런데 이렇게 시작된 만남이 어떻게 진행되는지 이 만남 이후의 스토리를 2장은 상세히 들려줍니다. 보아스가 룻을 어떻게 대하기 시작하는지 소상하게 진술합니다. 그것이 사람들에게도 알려집니다. 그러다가 룻기 3장에 가면, 보아스가 룻에게 이렇게 말합니다. "네가 현숙한 여자인 줄을 나의 성읍 백성이 다 아느니라." 품격이 떨어진다고 여겨졌던 배경과 신분에도 불구하고 시간이 지나면서 자연스럽게 그 사회에 있는 모든 사람이 룻, 참 현숙한 여자라는 말을 자연스럽게 하게 된 것입니다. 여기의 현숙하다는 말은 앞에서 보아스를 수식했던 유력하다는 말과 같은 말입니다. 그러니까 두 사람을 보면서 어느 틈에 사람들이 "어, 둘이 참 잘 어울리는 쌍이지" 라고 자연스럽게 말하게 된 것입니다. 이것이 우연한 일이라고 할 수 있는가 하고 본문은 은근히 묻고 있는 셈입니다.

우리는 둘의 만남이 어울리도록 일을 진행해온 보이지 않는 손길을 감지할 수 있습니다. 하나님의 손길이지요. 3장으로 넘어가면 하나님의 섭리가 작용하고 있음을 알아차린 나오미가 적극적으로 이 두 사람을 묶어주기 위하여 전면에 나섭니다. 그리고 4장에 가면 우여곡절 끝에 드디어 두 사람이 결혼에 이르게 되지요. 우연히 밭에서 만났던 사람들이 필연적으로 결혼에 이르게 된다는 이야기인 셈입니다. 그리고 모압에서 죽은 전 남편과는 10년 가까운 결혼 생활에도 아이가 없었는데 보아스와 결혼하자마자 아기가 생깁니다. 그리고는 여호와께서 아이가 생기게 하셔서 그리 되었다고 일부러 밝혀줍니다(룻 4:13).

이 두 사람이 엮어가는 이 긴 이야기를 통하여 룻기가 하고 싶은 말은 분명합니다. 하나님의 섭리입니다. 아니 섭리하시는 하나님을 드러내고자 하는 것입니다. 사람들이 모두 각각 자기 소견에 좋은 대로 사는 세상, 그래서 자기가 왕이 되고 어느 곳에서도 하나님을 확인할 수 없는 그런 현실 가운데서도 하나님은 여전히 역사를 주관하시는 분으로 섭리하시고 일하시고 계신다는 사실을 은연중에 강조하고 있는 것입니다. 이것은 룻기 전체를 관통하는 중요한 주제라는 것은 지난 시간에도 확인한 바 있습니다. 하나님은 언제나 여전히 역사의 주인으로 우리 가운데서 주도적으로 역사를 진행하고 계신다는 사실을 기억해야 합니다. 아무리 하나님이 아닌 다른 세력이 현실을 주도하는 것처럼 보여도 역사는 여전히 하나님의 계획에 따라 하나님의 의도대로 진행하고 있다는 사실을 잊지 말아야 합니다. 하박국의 말대로 하자면, 물이 바다를 덮음같이 결국은 여호와의 영광을 인정하는 것이 온 세상에 가득하게 되고야 말 것입니다(합 2:14).

하나님이 떠오르게 하는 사람

그런데 룻기 2장을 찬찬히 읽어보면 단순히 그것만이 아닙니다. 가만히 읽고 있으면 자연스럽게 어디선가 본 듯한 모습, 그리고 누군가 떠오르는 그런 느낌과 분위기를 감지할 수 있습니다. 특별히 보아스가 시종일관 룻을 대하는 행동과 말투나 태도들, 그에 대하여 룻이 나타내는 반응을 보면 어디선가 많이 본 듯한 모습이고 누군가를 떠올리게 한다는 생각에 빠져들게 됩니다. 보아스가 룻을 대하는 모습이 마치 하나님이 우리를 대하시는 것과 유사하다는 느낌입니다. 실제로 많은 주석가들이 보아스는 본문에서 하나님의 성품을 반사하는 사람이라고 해석합니다. 룻기에서 보아스는 하나님을 반영하는 사람인 것이 확실합니다. 보아스가 우리에게 자꾸 하나님이 생각나도록 하는 구체적인 내용은 한마디로 하면 하나님의 인애, 곧 헤세드입니다. 헤세드는 무엇이고 본문의 어느 대목에서 그것을 확인할 수 있는지는 다음 시간에 살펴보겠습니다. 오늘은 보아스가 일상적으로 살아가는 삶이 하나님을 생각나게 한다는 점에 주목하려고 합니다.

우리가 성경 말씀을 읽고 묵상할 때는 본문에 기록된 단어의 의미를 파악하고, 문장의 구조나 내용, 어법 등을 세밀히 살펴보고 분석하여 그것이 결국 무슨 의미인가를 밝히고 그로부터 하나님께서 우리에게 무엇을 말씀하고자 하는지 메시지를 찾고 적용하는 방식을 취해야 합니다. 그러나 어떤 경우에는 단어의 정의를 알고 문장의 의미를 이해함으로써 해석하는 게 아니라 본문이 우리에게 보여주는 특정의 상황이나 어떤 모습을 통해서 하나님이 우리에게 무엇을 말씀하고자 하는지를 찾아야 할 때가 있습니다. 연극으로 말하자면, 배우의 대사 분석을 통하여 연극을 해석하는 것이 중요합니다. 그러나 때로는 무대의 세팅이나 조명, 그리고 분위기를 통해서 그 연극의 깊은 메시지를 포착하는 경우도 있습니다. 바로 오늘 본문이 그렇습니다.

보아스는 자기 주변 사람들뿐만 아니라 독자인 우리에게 하나님의 성품과 모습을 떠오르게 합니다. 이것은 사실 우리를 피로 값 주고 구원하여 자녀를 삼으신 하나님께서 우리 모두에게 원하시는 모습이기도 합니다. 사도 베드로는 하나님이 우리를 구원하신 것은 하나님의 아름다운 덕을 선전하게 하려고 하신 것이라고 말합니다(벧전 2:9). 하나님은 우리에게 직접 나타나셔서 하나님의 모습을 보여주시지 않습니다. 우리 간구에 응답하실 때도 하나님께서 직접 나타나셔서 응답하시지 않습니다. 응답은 하나님이 하시지만, 이것이 하나님의 응답이구나 하고 확인할 수 있는 구체적인 모습은 우리가 두 눈으로 확인하고 만나고 교제하는 어떤 사람인 경우가 대부분입니다. 하나님께서는 사람을 응답으로 내세우시고 사람을 하나님이 어떤 분이신지를 드러낼 방편으로 사용하십니다. 바꾸어 말하면 우리 자신이 때로는 하나님의 응답이고, 우리가 하나님을 생각나게 하고, 하나님을 보여주는 사람이기를 원하신다는 말입니다.

모세

출애굽기 3장 7-10절에서는 어이없는 사건, 그러나 놀라운 메시지를 담고 있는 현장을 확인하게 됩니다. 하나님께서 400년 동안 애굽에서 종노릇 하며 살아온 이스라엘 백성을 건져내시려고 처음 모세 앞에 나타나셨습니다. 그리고는 앞으로 이스라엘 백성을 어떻게 하실 것인지를 최초로 밝히십니다.

> 여호와께서 이르시되 내가 애굽에 있는 내 백성의 고통을 분명히 보고 그들이 그들의 감독자로 말미암아 부르짖음을 듣고 그 근심을 알고 내가 내려가서 그들을 애굽인의 손에서 건져내고 그들을 그 땅에서 인도하여 아름답고 광대한 땅, 젖과 꿀이 흐르는 땅 곧 가나안 족속, 헷 족속, 아모리 족속, 브리스 족속, 히위 족속, 여부스 족속의 지방에 데려가려 하노라 이제 가라 이스라엘 자손의 부르짖음이 내게 달하고 애굽 사람이 그들을 괴롭히는 학대도 내가 보았으니 이제 내가 너를 바로에게 보내어 너에게 내 백성 이스라엘 자손을 애굽에서 인도하여 내게 하리라(출 3:7-10).

내용인즉 이렇습니다. 하나님께서 불타는 가시떨기 앞에서 모세에게 나타나셔서 말씀하십니다. 내가 내 백성 이스라엘이 받는 압제와 고통을 보았다. 그들이 그런 고통을 당하면서 부르짖는 서러움의 통곡 소리를 내가 들었다. 내가 그들이 가슴에 품고 있는 근심과 고통을 다 안다고 말씀하십니다. 내가 보았고, 내가 들었고, 내가 알았다. 그리고 이어서 말씀하십니다. 8절이지요.

그래서 내가 이제 내려와 내 백성을 애굽에서 이끌어내어 젖과 꿀이 흐르는 땅, 광대한 땅, 크고 아름다운 땅으로 데리고 가서 그 땅에 들여놓으려 한다. 이것이 하나님의 말씀입니다.

그런데 이 말씀을 다 하시고 나서 하나님이 모세에게 하시는 말씀은 이것입니다. "그러므로 모세야 이제 네가 가라!" 이게 말이 됩니까? 내가 내 백성의 아픔과 압제를 보았다. 그들의 서러움의 통곡 소리를 내가 들었다. 그들의 그 근심과 아픔을 내가 알았다. 그래서 이제 내가 내려왔다. 그들을 크고 광대한 땅, 젖과 꿀이 흐르는 땅 아름다운 땅에 내가 데리고 가서 그 땅을 주려고 한다. 그러므로 모세야 이제 너는 나를 따르라. 그러든지, 그러므로 모세야 너는 이제 가만히 앉아서 내가 어떻게 하는지 구경이나 하고 은혜나 받아라. 뭐 그래야 말이 될 텐데, "그러므로 모세야 이제 네가 가라!" 그러시는 거예요. 말이 안 되잖아요. 저 같아도 모세처럼 하나님께 대들었겠어요. 아니, 하나님이 보시고 하나님이 들으시고 하나님이 아셨다면서요? 그리고 그들을 구하려고 이제 하나님이 내려오셨다면서요? 그러면 하나님이 가셔야지요. 내가 간다는 게 말이 됩니까? 말이 안 되잖아요.

수년 전에 저는 이 문제로 오랫동안 고민했습니다. 왜 그럴까? 성경은 때때로 우리의 상식이나, 경험, 이성과 논리들을 비틀어서 자연스럽지 않은 방식으로 성경이 하고 싶은 메시지를 강조하는 수사학적인 전략을 구사할 때가 있습니다. 저는 이 대목이 그런 말씀이라고 생각합니다. 모세도 아니, 하나님이 가셔야지

제가 어떻게 갑니까? 하고 당장 거부합니다.

하나님이 모세에게 주시는 대답은 이것입니다.

> 하나님이 이르시되 내가 반드시 너와 함께 있으리라 네가 그 백성
> 을 애굽에서 인도하여 낸 후에 너희가 이 산에서 하나님을 섬기리
> 니 이것이 내가 너를 보낸 증거니라(출 3:12).

모세에게 주신 대답의 핵심은 간단합니다. "내가 반드시 너와
함께 있겠다!" 너 혼자 가는 것이 아니다. 내가 반드시 너와 함께
한다. 결국 하나님이 일을 하신다는 말씀입니다. 그런데 그 백성
을 애굽에서 인도하여 낸 눈에 보이는 사람은 누구인가? "네가
그 백성을 인도하여 낸 후에… 이것이 내가 너를 보낸 증거니라"
입니다. 애굽에서 이끌어내는 그 일이 다 끝나면 그것을 네가 한
것으로 해주겠다는 것입니다. 사람들이 볼 때는 이것은 분명히
모세가 한 일이 된다는 것이지요. 집을 샀는데 집값은 내가 다 내
고 소유권 등기는 네 이름으로 해줄께 하는 방식입니다. 이 말씀
은 결국 궁극적인 응답의 역사를 일으키시는 원동력과 주체는 하
나님이지만, 이 역사의 현장에 드러난 하나님의 응답은 사람이라
는 말씀입니다. 사람이 응답입니다. 하나님은 사람을 동원하여
응답하십니다. 다 비켜라, 이제 내가 나서겠다. 너희들 다 물러서
라 내가 간다. 그리고는 하나님이 짠하고 나타나시지 않는다는
말입니다. 우리 삶에서 흔히 목격되는 하나님의 응답은, 저 사람

이 나에게 하나님의 응답이라는 걸 깨닫는 방식으로 찾아옵니다. 역으로 말하면 나는 주위 누구에겐가 하나님의 응답이 될 수도 있다는 말입니다. 이것이 구원의 은혜를 입은 후에 우리가 살아야 할 삶입니다. 다른 사람들이 나를 보며 하나님을 읽어내는가? 다른 사람들이 나의 말을 들으며, 나의 사는 것을 보며 하나님을 떠올리는가?

출애굽 한 이스라엘 백성

하나님이 이것을 얼마나 철저하게 의도하셨는지를 출애굽 백성이 가나안 여정에 나선 지 두어 달 지난 후, 광야에서 이 백성 전체를 놓고 말씀 한 대목을 보면 우리는 더 분명히 알 수 있습니다. 출애굽기 19장에 가시면 우리는 중요한 현장을 볼 수 있습니다.

이스라엘 자손이 애굽 땅을 떠난 지 삼 개월이 되던 날 그들이 시내 광야에 이르니라 그들이 르비딤을 떠나 시내 광야에 이르러 그 광야에 장막을 치되 이스라엘이 거기 산 앞에 장막을 치니라 모세가 하나님 앞에 올라가니 여호와께서 산에서 그를 불러 말씀하시되 너는 이같이 야곱의 집에 말하고 이스라엘 자손들에게 말하라 내가 애굽 사람에게 어떻게 행하였음과 내가 어떻게 독수리 날개로 너희를 업어 내게로 인도하였음을 너희가 보았느니라 세계가 다 내게 속하였나니 너희가 내 말을 잘 듣고 내 언약을 지키면 너희는 모든 민족 중에서 내 소유가 되겠고 너희가 내게 대하여 제

사장 나라가 되며 거룩한 백성이 되리라 너는 이 말을 이스라엘
자손에게 전할지니라(출 19:1-6).

애굽을 벗어나 3개월이 되었을 때, 하나님께서 이스라엘 백성
을 이 광야에 모아 놓고 모세를 불러 매우 중요한 말씀을 선포하
게 하십니다. 그것이 출애굽기 19장 5-6절입니다. "세계가 다 내
게 속하였나니 너희가 내 말을 잘 듣고 내 언약을 지키면 너희는
모든 민족 중에서 내 소유가 되겠고 너희가 내게 다하여 제사장
나라가 되며 거룩한 백성이 되리라. 너는 이 말을 이스라엘 자손
에게 전할지니라." 모든 세계가 다 하나님께 속했다고 선언하십
니다. 그러나 하나님께 속한 모든 세계 민족 중에서 이스라엘 민
족은 다른 민족하고는 다른 차원에서 하나님께 속하였다고 선언
하십니다. 모든 민족 중에서 내 소유가 되겠고라고 할 때, 소유라
는 말은 보물이라는 뜻입니다. 이스라엘 민족은 모든 민족 중 내
보물이다. 내가 보물처럼 여기는 족속이라는 말입니다. 그리고 이
어지는 6절에서는, 이 민족은 내게 대하여 제사장 나라가 된다고
선언하십니다. 여기서 내게 대하여 제사장 나라라는 말 뒤에 생략
된 말은 무엇일까요? 누구를 위한 제사장 나라라는 말일까요? 이
스라엘 이외의 다른 민족들과 하나님 사이를 중재하는 제사장 나
라라는 말입니다. 그리고 마지막 세 번째 말씀은 이 백성은 거룩
한 백성이라는 선언입니다. 거룩한 백성이라는 말은 다른 모든 족
속과는 본질이 다르고 격식이 다른, 구별된 민족이라는 말입니다.

왜 이 말씀을 하셨을까요? 이 말씀을 누구 들으라고 하셨을까요? 이 말씀을 받는 대상은 둘입니다. 하나는 당사자가 된 이스라엘 백성이고, 또 하나는 여기서는 제외됐지만 지금 이 현장을 생생하게 보고 있는 다른 민족들입니다. 이 말씀은 하나님께서 이스라엘 백성을 광야 어느 은밀한 장소에 불러놓고 귓속말로, 얘들아 너희만 알아라! 이건 절대 다른 사람에게 말하면 안 돼. 비밀이야! 이렇게 말씀한 게 아닙니다. 출애굽 사건은 요즘 방식으로 바꿔 말하면, CNN에서 24시간 생중계를 할 만한 매우 충격적인 큰 사건이고 세상 모두가 관심을 갖고 지켜보고 있는 사건입니다. 실제로 출애굽 사건 이후, 다른 모든 이방 민족이 얼마나 관심을 집중해서 이 사건을 계속 보았는가 하는 것이 성경 여러 군데에서 드러납니다.

이스라엘이 여리고를 점령하려고 그 도성을 정탐할 때, 라합의 집에 정탐꾼이 숨어 들어왔습니다. 정탐꾼이라는 사실을 알자마자 라합이 뭐라고 합니까? 내가 너희의 이야기를 들었을 때 심장이 녹아버렸다. 그러잖아요. 출애굽기 32장에 가면 모세가 하나님께 십계명을 받기 위하여 산에 올라가 있는 동안 아론을 내세워서 우상을 만들고 난리 친 백성을 하나님께서 진노하여 모세에게 말씀하십니다. 내가 이 백성을 진멸해버리겠다. 그리고 약속을 다 없었던 것으로 하고 다시 너로부터 큰 민족을 이루겠다. 그러자 모세가 하나님을 붙잡고 절대 그러시면 안 됩니다. 진노를 가라앉히십시오. 그러시면 안 됩니다고 하면서 애걸복걸합니다. 모세는 왜 그렇게 하시면 안되는지 이유를 밝힙니다. 만약 하나님께서 여기서 반역을 이유로 저 백성을 다 진멸해버리면 이것을 보고 있는 애굽과 여러 이방 민족이 하나님을 뭐라고 하겠습니까? 하나님은 그 백성을 복 주려고 데려간 선한 신이 아니라, 다 죽여 버린 악신이라고 하지 않겠습니까? 하나님의 이름 때문에 안됩니다라고 하면서 하나님을 말려요. 이게 뭘 의미할까요? 하나님께서 이스라엘을 애굽에서 이끌어내는 사건은 아무도 모르게 한쪽 구석에서 일어난 사건이 아니고 온 세계가 눈을 부릅뜨고 마치 중계 카메라를 들이대고 계속 관심을 두고 보듯이 다 알고 있는 사건이라는 얘기입니다.

거룩한 백성을 향한 기대

그러므로 나온 지 석 달 만에 이 백성이 어떤 백성인지를 선포하는 이 장면은 다른 민족도 그 사실을 알았다고 생각해야 합니다. 결국 이스라엘 백성과 다른 민족 양쪽 다 들으라고 말씀한 것입니다. 문제는 바로 이것입니다. 이스라엘 백성이 그것을 들었을 때는 좋았을 것입니다. 그러나 이 사건을 지켜보고 있는 다른 민족들은 무슨 생각을 했을까요? 하나님이 보배처럼 여기는 이스라엘 백성, 다른 민족과는 구별되어 하나님 앞에 담대히 선 거룩한 제사장 나라, 그 안에 들지 못한 이들 민족은 이제 무슨 생각을 할까요? 그들은 이스라엘 너희는 우리하고 다르다는 것을 확인하려고 할 것입니다. 저들은 우리하고 달라. 여호와라는 신이 보물처럼 여기는 애들이라지. 하나님을 믿고 사는 사람들이야! 저들은 여호와와 특별한 관계를 맺은 애들로서 우리하고는 달라. 거룩해. 이렇게 여기지 않겠어요? 그 순간부터 무슨 기대가 생길까요? 과연 저들은 어떻게 다른지 그 다른 모습을 보고 싶지 않겠습니까? 배제된 이들에게 그런 기대는   정당한 권리가 될 것입니다. 그런데 그것이 안 될 때 이들은 뭐라 할까요? 이스라엘을 비난할 수 있습니다. 너희는 우리와 다르다며 대체 뭐가 다르다는 거야! 왜 우리와 마찬가지로 살지? 이렇게 말할 수 있을까요, 없을까요? 있습니다.

오늘날 한국 교회가 가지고 있는 가장 심각한 문제가 바로 이것입니다. 교회에 대한 비난과 교회에 대한 공격이 심각합니다. 어떤 비난들은 우리가 그냥 무시하면 되는 것들이고, 어떤 비난들은 턱없이 악의에 찬 것들입니다. 상당히 많은 비난은 여기에 속하는 비난들입니다. 그러나 우리가 잘못 산 것에 대해 비난할 때, 자기들은 더하면서…라고 우리가 변명할 수 있을까요? 한국 사회가 그리스도인들에 대해 퍼붓는 비난과 비방과 공격들은 어떤 의미에서 또 다른 형태로 한국 기독교가 받는 핍박이라고 생각하는 그리스도인들이 상당수 있습니다. 기독교에서 무슨 일이 일어나면 언론이 벌떼같이 일어나서 비난을 해대는 것은 또 다른 형태의 핍박, 언론으로부터 받는 현대판 교회 박해이다. 이렇게 말하면서 위안을 삼는 분들도 있습니다. 어떤 부분은 그럴 것입니다.

그러나 특별히 우리의 도덕적인 실패와 사회적 책임을 다하지 못한 실패에 대해 비난하고 욕하는 것에 대하여 이렇게 반응하는 것은 매우 잘못된 반응입니다. 우리는 겨우 500만 원밖에 뇌물을 안 받았는데 자기들은 5억씩이나 받아먹는 놈들 아냐? 지금 뭐 묻은 개가 뭐 묻은 개를 나무라는 거야?! 기독교인이나 교회들이 잘못한 것들에 대하여 비난하는 이 사회에 우리가 이렇게 말할 수 있을까요? 그럴 수 없습니다. 그들은 5억, 50억씩 뇌물을 받아도 우리는 한 푼도 받지 않고 살아야 할 사람들이라는 것을 하나님께서 이미 선언하셨습니다. 그리고 세상도 그것을 알고 있습니다. 그러므로 세상은 이렇게 말할 수 있게 된 것입니다. 우리는 어쩔 수 없어서 이렇게 살지만, 너희들은 그렇게 살지 않는 사람들이잖아! 우리처럼 부도덕하고 불의하게 살지 않는 사람이 있다는 것을 너희들은 보여주어야 되는 사람들이잖아! 우리는 우리와 같이 살지 않고 거룩하게 사는 그런 사람들이 있다는 것을 너희에게서 보고 싶다! 하나님이 출애굽 3개월 만에 그 선언을 하신 것은 세상으로 하여금 이스라엘 백성들에 대하여 당연히 그러한 기대를 가질 수 있고, 그것을 요구할 수 있도록 한 것입니다. 하나님이 우리를 구원하시고 우리가 하나님의 백성임을 선언하신 것은 세상으로 하여금 우리를 향하여 그런 기대와 요구를 당연히 가질 수 있게 한 것입니다. 역으로 말하면 우리는 세상에 대하여 그것을 보여줄 책임을 걸머진 것입니다.

세상은 하나님의 백성으로 선언된 우리에게서 자기들은 살아낼 수 없는 삶을 살아내는 모습을 보고 싶어 합니다. 그리고 그 기대가 무너졌을 때 그들은 좌절과 분노를 느끼지요. 그래서 우리에게 그렇게 사는 모습을 왜 보여주지 않느냐? 고 비난하게 되지요. 저는 하나님이 우리를 편애하듯이 세상과 구별하시는 순간 세상에게 그렇게 살지 않는 우리를 비난하고 욕할 권한을 그들에게 주셨다고 생각합니다. 얘들은 너희하고는 달라. 얘들은 내가 보물같이 여기는 애들이야. 너희는 그따위로 살지만, 얘들은 너희하고는 달리 사는 사람들이야. 거룩한 애들이야! 얘들이 너희를 위해 내 앞에서 제사장 노릇을 해줄 수 있는 존재들이야. 이렇게 말해버린 것입니다.

세상은 우리, 곧 신앙 공동체인 교회에서 하나님을 보고 싶은 것입니다. 우리는 이렇게 사는데 쟤들은 저렇게 사는 거 보니까 하나님이 있기는 있는가 봐! 저들은 그런 기대를 채우고 싶은 것입니다. 그렇게 사는 것이 힘들다고 말하는 사람들이 많습니다. 물론 힘듭니다. 괴로움이 많습니다. 그러나 불가능한 것은 아닙니다.

하나님을 보여주는 사람

우리 기독교가 한국에 들어온 초창기 시절에 그들은 어떻게 일상을 살았는가를 보여주는 다양한 이야기들이 있습니다. 두 가지 사례만 예를 들어보지요. 하나는 신문 기사에 난 것인데 당시에 지방 수령 관직을 하나 받으려면 조정에 쌀가마를 여러 가마니씩 뇌물로 갖다 바치고 관직을 사는 일이 많았다고 합니다. 그런데 이상하게 그렇게 해서 관직을 받은 사람들이 저 서북쪽 어느 지방에 발령이 나면, 그 지방은 못 가겠으니 다른 지방으로 임지를 바꾸어달라며 재고를 부탁한다는 거예요. 그래서 왜 그 지방으로는 사람들이 안 가려고 하는지 조사를 한 신문 기사의 결론은 이렇습니다. 그 지방을 조사해 봤더니 예수교를 믿는 사람들이 많더라. 그것이 그 지방으로 발령을 내지 말아 달라고 부탁하는 연고로 보인다. 뇌물을 주고 관직을 샀으니까 부임해 가면 재임 동안 그가 바친 뇌물의 몇 배를 뽑아내야 하는데, 그 지방은 예수교를 믿는 사람들이 많아서 죽었으면 죽었지 뇌물을 안 준다는 거예요. 그러니까 그 지방 가면 밑진다는 거예요. 그래서 그 지방으로는 안 가려고 한다는 것입니다.

다른 하나는 제가 유학 가기 전에 어느 선교사가 쓴 책을 번역하다가 본 것인데, 그 책에는 이런 일을 기록하고 있습니다. 어느 사람이 지방 수령에게 고발을 당하면 수령은 포졸에게 포승줄을 주어 관아로 그 사람을 묶어 데려오도록 합니다. 그런데 압송해야 할 사람이 예수 믿는 사람이면 당신이 이러이러한 일로 고소를 당했으니 몇 날 몇 시까지 관아로 나오라는 쪽지만 보낸답니다. 포승줄 없이 요즘 말로 출석요구서만 보낸다는 거예요. 예수 믿는 사람들은 절대로 도망을 가지 않으니까 묶어올 필요가 없어서 쪽지만 보낸다는 것입니다.

성경에도 그렇게 삶에서 하나님을 떠올리게 하는 사람이 자주 나타납니다. 이미 말씀드렸듯이 창세기 26장 26-29절에 가면 이삭이 그런 사람이었습니다. 아비멜렉 왕이 얼마 전에 자기가 무시하며 쫓아내었던 이삭을 비서실장과 국방장관을 데리고 찾아와서 화친조약을 맺어달라고 사정사정 하면서 하는 말이 그것이었습니다. 너는 하나님이 함께하는 사람이고 하나님이 복 주시는 사람이라는 것을 확실히 보았다. 그래서 우리는 네가 함부로 범접할 수 없는 사람이라는 것을 알았다. 그러므로 화해하고 조약을 맺자고 말합니다. 이삭은 당대 최대 권력자가 볼 때도 하나님을 떠오르게 하는 사람이었습니다.

요셉을 보디발이 그렇게 신뢰했던 이유가 어디에 있었을까요? 요셉을 보면 하나님이 떠오르는 것 때문이었습니다. 저 사람은 하나님이 복 주는 사람이요 함께하는 사람이라는 게 자꾸 떠올랐기 때문에 보디발이 요셉을 신뢰했다는 것이 창세기 39장의 말씀입니다.

예수께서 이 땅에 오셔서 하신 가장 중요한 일도 그것이었습니다. 하나님을 드러내 보여주는 것이었습니다. 예수께서는 얼마든지 십자가에서 죽지 않을 수 있었습니다. 숨 한번 내쉬어서 적들을 갈릴리 호수에 날려 수장해버릴 수 있었습니다. 그러나 주님은 그렇게 하지 않으시고 아버지의 뜻을 따라 죽기까지 순종하셨습니다. 그렇게 죽는 모습을 현장에서 보았던 백부장에게 즉각 떠오른 것은 하나님이었습니다. "저는 참으로 하나님의 아들이었도다." 이것이 백부장의 고백이었습니다.

요한복음 14장 8-9절을 보면, 빌립이 예수께 와서 그럽니다. "선생님이여, 하나님을 우리에게 보여주십시오. 그러면 족하겠나이다." 예수님이 대답하십니다. "빌립아 내가 이렇게 오래 너희와 함께 있으되 네가 나를 알지 못하느냐 나를 본 자는 아버지를 보았거늘 어찌 아버지를 보이라 하느냐." 이 말씀은 예수님과 그가 하신 일을 보는 자마다 하나님이 생각나게 하고 하나님을 떠올리게 하고 하나님을 확인하게 하고 하나님을 만나게 한다는 증언입니다. 하나님은 눈이 이렇게 생겼고 코가 이렇게 생겼고 콧수염이 이렇게 생겼다는 얘기가 아니지요. 예수를 만나면 하나님의 성품을 떠올리게 하고 하나님을 느끼게 하고 하나님을 알아가게 한다는 말씀입니다. 아니, 예수님은 그 자신이 하나님 자신이었습니다.

어리숙해서가 아니라, 하나님의 은혜를 입어서

오늘 본문으로 다시 돌아오면, 여기서도 참으로 신기한 일을 보게 됩니다. 모두가 자기 마음대로, 자기 소견에 옳은 대로 사는 세상, 그것이 그 시대의 삶의 방식이자 원리이며 철학이자 시대의 풍조가 된 시대에 그 사람을 보면 하나님이 떠오르는, 그런 삶을 사는 사람이 있다고 말하고 있습니다. 모두가 그 시대의 풍조를 따라 제멋대로 살고 있는데, 그렇게 살지 않고 하나님이 떠오르도록 하나님께 초점을 맞춰놓고 사는 사람이 있는 것입니다. 참으로 신기한 일이지요. 세상은 이런 사람들을 가리켜 세상 물정을 모르고 바보처럼 어리숙하게 사는 사람이라고 비웃고 함부로 대하기도 합니다. 그러나 그런 세상에서 혼자서라도 이렇게 살아가는 것은 하나님의 은혜를 입은 탓입니다. 어쩌면 하나님께서 남겨놓은 사람이라는 증거일 수도 있을 것입니다. 로뎀나무 아래 엘리야의 탄식을 기억하실 것입니다. 엘리야는 탄식하였습니다. 나 한사람 밖에 남지 않았습니다. 배반하거나 죽임당하거나 떠나버렸습니다. 하나님을 향한 특별한 열심이 남아 있는 사람이 나 한 사람 밖에는 없습니다며 엘리야는 항변하였습니다. 그때 하나님께서 그에게 답하십니다. 아니! 내가 7천 명을 남겨 놨어. 네가 못 보고 있는 것일 뿐이야. 7천 명이나 남아 있어! 하나님이 은혜를 베풀어 남겨 놓은 사람들이지요. 그와 같이 하나님의 신비로우신 섭리의 손길에 의해 보아스가 지금 여기에 드러나고 있습니다. 하나님 없이 사는 세상에서 하나님을 드러내며 사는 사람으로!

이렇게 사는 신자들이 오늘날도 있습니다. 예수 믿고 교회에 다닐 이유가 전혀 없어 보일 정도로 생활과 환경과 상황이 부족한 것도 없고 아쉬운 것도 없어 보이는 분들을 오래전에 만난 적이 있었습니다. 한 분은 치과 의사이고 또 다른 분은 대학교 교수인데 정말 외형적으로 부족한 게 전혀 없는 분들이었습니다. 그런데도 그렇게 헌신적이고 겸손한 모습으로 신앙생활을 하고 있었습니다. 그분들의 생각이나 태도나 삶이나 각오가 정말 놀라웠습니다. 그래서 제가 아, 나 같은 잘못된 목사들이 말아먹은 한국 교회를 저런 분들이 살리겠구나 하는 생각을 그때부터 갖게 됐습니다. 그분들을 만나고 얼마나 용기를 얻었는지 모릅니다.

어떤 사람은 힘든 인생길, 무거운 짐을 걸머지고 살면서 하나님이 생각나게 합니다. 이런 신자들을 보면 눈물이 납니다. 자신의 논리를 따라 살아야 한다고, 나처럼 요령껏 해야 문제가 해결되고 성공할 수 있다고 모두가 말하는 세상인데, 죽는 길일지라도 하나님이 나타나는 길을 가야 한다고 신앙인의 길을 가는 신자들을 보면 눈물이 납니다. 눈물은 슬플 때나 서러울 때만 나오는 것이 아닙니다. 그토록 어려운 삶 속에서도 신앙을 지키며 사는 사람을 볼 때도 은혜의 눈물이 납니다. 나는 나 혼자 이 고생을 하며 사는 줄 알았는데 나와 똑같은 신앙과 철학, 마음과 신념으로 그 길을 가는 사람이 여기도 있다는 사실을 확인할 때, 용기의 눈물이 납니다. 위로와 감사의 눈물이 납니다. 우리가 하는 말과 드러나는 삶을 보며, 우리 몸짓과 처신들을 보며 누군가가 하나님이 떠오르고 하나님이 생각나는 그런 삶을 사는 멋진 이 시대의 신자들이 되기를 바랍니다.

모두가
그 시대의 풍조를 따라 제멋대로
살고 있는데, 하나님 없이 사는
세상에서 하나님을 드러내며 사는
사람으로 보아스가 지금 여기에
드러나고 있습니다.

룻 2:8-16

보아스가 룻에게 이르되 내 딸아 들으라 이삭을 주우러 다른 밭으로 가지 말며 여기서 떠나지 말고 나의 소녀들과 함께 있으라 그들이 베는 밭을 보고 그들을 따르라 내가 그 소년들에게 명령하여 너를 건드리지 말라 하였느니라 목이 마르거든 그릇에 가서 소년들이 길어 온 것을 마실지니라 하는지라 룻이 엎드려 얼굴을 땅에 대고 절하며 그에게 이르되 나는 이방 여인이거늘 당신이 어찌하여 내게 은혜를 베푸시며 나를 돌보시나이까 하니 보아스가 그에게 대답하여 이르되 네 남편이 죽은 후로 네가 시어머니에게 행한 모든 것과 네 부모와 고국을 떠나 전에 알지 못하던 백성에게로 온 일이 내게 분명히 알려졌느니라 여호와께서 네가 행한 일에 보답하시기를 원하며 이스라엘의 하나님 여호와께서 그의 날개 아래에 보호를 받으러 온 네게 온전한 상 주시기를 원하노라 하는지라 룻이 이르되 내 주여 내가 당신께 은혜 입기를 원하나이다 나는 당신의 하녀 중의 하나와도 같지 못하오나 당신이 이 하녀를 위로하시고 마음을 기쁘게 하는 말씀을 하셨나이다 하니라 식사할 때에 보아스가 룻에게 이르되 이리로 와서 떡을 먹으며 네 떡 조각을 초에 찍으라 하므로 룻이 곡식 베는 자 곁에 앉으니 그가 볶은 곡식을 주매 룻이 배불리 먹고 남았더라 룻이 이삭을 주우러 일어날 때에 보아스가 자기 소년들에게 명령하여 이르되 그에게 곡식 단 사이에서 줍게 하고 책망하지 말며 또 그를 위하여 곡식 다발에서 조금씩 뽑아 버려서 그에게 줍게 하고 꾸짖지 말라 하니라

03

헤세드

룻기 2장은 보아스와 룻이 만나서 엮어가는 이야기입니다. 보아스는 사회적 신분, 평판, 재산, 외모 등 모든 것을 갖추어 '유력한 자'로 불리는 유대인 남자입니다. 룻은 출신 배경은 모압 출신의 이방 여자요, 개인적 이력으로는 남편을 잃은 과부요, 경제적으로는 남의 추수 밭에 가서 이삭을 주어야만 하루를 생존할 수 있는 빈털터리 여자입니다. 룻기 2장은 하늘과 땅만큼 그 처지가 달라서 서로 통할 것이라고는 아무것도 없어 보이는 이 두 사람 사이에 오가는 대화와 진행되는 일들을 소상히 기록하고 있습니다. 앞부분 잠깐과 끝부분 잠깐을 제외하고는 거의 전부가 보아스와 룻이 주고받는 대화입니다. 대화라고 하지만 사실은 보아스가 룻에게 하는 말이 대부분입니다. 룻이 하는 말은 보아스의 말을 다 듣고, 그가 처리한 일들을 다 본 뒤에 질문 두 번 하는 것이 전부입니다. 그러므로 룻기 2장에서 우리가 주로 대하는 것은 보아스의 모습입니다. 그는 유대인 남자로 모든 좋은 조건을 다 갖춘 그 지역의 능력자입니다. 본문이 드러내는 보아스의 모습은 한가지 내용으로 요약됩니다. 타향에 와서 먹을 것도 없이 사는 이방인 과부 룻을 어떻게 대하는지를 드러내는데 초점이 맞추어져 있습니다. 지난 시간에 살펴보았듯이 이 장면을 곰곰이 생각하고 현장을 떠올리며 자꾸 읽다 보면 마음이 훈훈해집니다. 보아스의 말과 일처리와 그에 대하여 룻이 보인 반응을 보면서 저절로 드는 생각이 있습니다. 이게 낯선 말이 아닌데… 어디에서 많이 들었던 말이고 많이 본 장면인데… 하는 생각을 저절로 하게 됩니다. 바로 하나님입니다. 보아스가 룻에게 하는 행동이 하나님이 우리에게 하신 행동을 생각나게 합니다. 보아스가 마치 하나님이 하신 것처럼 하는 것입니다. 룻이 보아스에게 하는 말이 꼭 우리가 종종 하나님께 드렸던 말과 감정이랑 똑같다는 생각이 들게 합니다. 사실 룻기 2장의 의도가 바로 그것입니다. 그래서 우리가 지난주에 살핀대로 보아스는 단순히 자기 나름의 어떤 행동을 하는 게 아니라 마치 달이 햇빛을 반사하듯이 하나님의 성품을 반사하고 있습니다. 그 장면을 보고 그 현장을 들여다보고 있는 우리로 하여금 보아스가 아니라 하나님을 보게 합니다. 그렇게 우리는 보아스를 통하여 하나님을 확인하게 됩니다. 동시에, 우리도 그렇게 살아야 할 책임을 확인하게 됩니다. 오늘은 도대체 보아스의 어떤 점이 하나님을 생각나게 해서 마음을 훈훈하게 하는지, 그 구체적인 내용을 잠시 살펴보려고 합니다.

보아스의 특별한 배려, 헤세드

밭에 들어온 보아스가 룻을 보며 저 아이가 누구냐고 책임 사환에게 묻습니다. 사환이 모압에서 나오미와 함께 온 여자라고 대답합니다. 모압에서 나오미와 함께 온 여자라는 보고를 듣자마자 보아스는 틀림없이 아하, 저 여자가 그 여자나 하고 알아보았을 것입니다. 왜냐하면, 룻기 2장 1절은 보아스는 나오미의 남편 엘리멜렉의 친족이라고 밝힘으로써 나오미의 집안사람이라는 것을 우리에게 먼저 알려주고 시작했거든요. 그러니까 룻은 보아스가 누군지 모르지만 보아스는 나오미가 돌아왔다는 집안 소문을 들은 순간부터 룻이 누구인지 이미 알고 있습니다. 실제로 이후에 보아스가 룻에게 하는 말들을 보면 그는 이미 룻의 소문을 듣고 많은 내용을 파악하고 있습니다. 룻이 누구의 며느리인지, 그간 어떤 삶을 살아왔고, 지금 어떤 상황에 처해 있는지 보아스는 다 알고 있습니다. 그런데 아는 체 않고 하는 말이 룻기 2장 8절부터 우리가 읽은 말씀입니다. 보아스가 말을 합니다. "내 딸아 들어라." 그래 놓고 몇 가지를 이야기합니다. 그냥 두서없이 쭉 생각나는 대로 하는 말 같지만, 그 말들이 매우 조직적입니다. 보아스는 첫 마디에 이렇게 말합니다.

> 보아스가 룻에게 이르되 내 딸아 들으라 이삭을 주우러 다른 밭으로 가지 말며 여기서 떠나지 말고 나의 소녀들과 함께 있으라(룻 2:8, 개정).

여기서 떠나지 말라는 말은 다른 밭으로 옮겨가지 말고 자기의 밭에 집착하라는 특별한 의미를 담고 있습니다. 1장에서 나오미가 베들레헴으로 돌아오면서 룻에게 자기를 따라오지 말고 고향으로 돌아가라고 했을 때 룻은 그것을 거절하고 나오미를 붙좇았다고 했었지요. 룻은 나오미에게 바싹 달라붙어서 붙잡고 갔다는 것을 강조하는 말이었습니다. 여기서 보아스가 룻에게 (다른 밭으로 가지 말고) 여기서 떠나지 말라고 한 이 말이 바로 그 단어입니다. 그러니까 다른 데로 가거나 경계를 넘어가지 말고 여기 내 땅에만 딱 붙어 있으라는 말입니다. 이삭을 주우려고 나온 룻에게 보아스가 한 첫 말이 이것입니다. 그러면서 보아스는 한편으로는 일하는 사환들에게 넌지시 지시를 합니다.

> 룻이 이삭을 주우러 일어날 때에 보아스가 자기 소년들에게 명령하여 이르되 그에게 곡식 단 사이에서 줍게 하고 책망하지 말며 또 그를 위하여 곡식 다발에서 조금씩 뽑아 버려서 그에게 줍게 하고 꾸짖지 말라 하니라(룻 2:15, 16).

룻이 이삭 줍는 일에 사환들이 시비를 걸지 못하도록 신변을 보장합니다. 그리고 일꾼들에게 곡식 다발에서 뽑아서 자꾸 버리라고 말합니다. 자꾸 뽑아 한 주먹씩 버려서 주울 것이 많게 하고 면박하지 말라고 종들에게 당부합니다. 그날 이삭줍기를 허탕 치지 않도록 자상하게 배려합니다. 그날의 수확을 보장하는 것입니다. 그뿐만이 아닙니다. 그날 룻이 집에 돌아가서 시어머니 나오미에게 그 남자가 이런 말을 하더이다 하고 전한 말을 보면 보아스는 이렇게만 말한 것이 아닙니다. 룻기 2장 21절에 기록되어 있습니다.

> 내 추수를 다 마치기까지 너는 내 소년들에게 가까이 있으라 하더이다(룻 2:21).

추수가 다 끝날 때까지 자기 밭에서 이삭을 주우라는 말입니다. 그러니까 보아스는 그날의 수확을 보장할 뿐만 아니라, 추수기 내내 매일매일의 수확을 보장하는 조치를 취한 것입니다. 23절을 보면, 실제로 룻이 보리 추수와 밀 추수 마치기까지 이삭을 주웠다고 합니다. 그날만이 아니고 밀, 보리 추수 마칠 때까지 그렇게 했고, 추수기 내내 매일 그런 경험을 하며 이것을 누렸다고 말합니다. 그리고 그의 소년들과 함께 있으라고 하는데, 이 말은 그들을 따르라는 말입니다. 추수의 풍경은 이렇습니다. 맨 앞에 이삭을 베는 자들이 있고, 그 뒤에 베어 놓은 걸 묶는 여종들이 있고, 맨 뒤 멀찌감치 떨어져서 뒤따르면서 떨어진 곡식을 줍는 이삭 줍는 사람들이 있습니다. 이것이 추수 때에 흔히 보는 풍경입니다. 그런데 보아스는 룻에게 자기의 소년들을 따르면서 주우라고 말합니다. 지금 보아스는 룻을 멀리 떨어져서 그냥 밭에 떨어진 이삭이나 줍는 외인으로 보지 않고, 추수에 직접 참여하는 자기 권속으로 인정하고 있습니다. 룻의 신분을 인정하고 특별한 권리를 부여해 주고 있습니다.

9절의 뒷부분에서는 이렇게 말합니다. "내가 소년들에게 명하여 너를 건드리지 말라 하였느니라." 보아스는 이방 여인인데다 과부라서 아무한테도 기댈 데가 없고 억울한 일을 당해도 하소연할 데가 없는 룻의 신변까지 보장합니다. 그리고 이어서 말합니다. "목이 마르거든 그릇에 가서 소년들이 길어온 것을 마시라." 본디 이삭 줍는 자였던 룻에게는 일꾼들이 힘들게 길어온 물을 마실 권리가 없습니다. 그런데 내 종들이 길어온 물을 내가 마시듯이 너도 마실 수 있다고 물 마실 권리도 보장합니다. 수확을 보장하고 안전을 보장할 뿐 아니라 특권까지 부여합니다. 매우 놀라운 일을 한 거죠. 이뿐만이 아닙니다.

14절에 가면, "보아스가 룻에게 이르되 식사할 때에 이리로 와서 떡을 먹으며 네 떡 조각을 초에 찍으라"고 말합니다. 일꾼들이 함께 둘러앉아 먹는 자리로 그녀를 초청합니다. 이삭 줍는 사람으로서는, 더구나 이방 여인으로서는 감히 넘볼 수 없는 자리로 그녀를 부르고 있습니다. 실제로 이들이 식사하는 현장의 모습은 매우 충격적입니다. 룻이 추수 담당자인 곡식 베는 자 옆에 나란히 앉아서 볶은 곡식 식사를 함께 하는데 배가 부를 때까지 실컷 먹고도 남았고, 남은 것은 포장하여 집에 갖고 가서 시어머니 나오미에게도 주었다고 본문이 현장 보고를 하고 있기 때문입니다(룻 2:14, 18). 보아스는 철저하게 룻의 입장에 서서 룻의 상황을 자기 상황처럼 여기고 필요한 모든 것을 배려하여 주선하고 있습니다. 그뿐만 아니라, 룻에 대하여 매우 특이한 말을 합니다. 정말 따뜻한 말입니다. 12절입니다.

> 여호와께서 네가 행한 일에 보답하시기를 원하며 이스라엘의 하나님 여호와께서 그의 날개 아래에 보호를 받으러 온 네게 온전한 상 주시기를 원하노라(룻 2:12).

이 얼마나 따뜻한 말이에요? 하나님이 너를 알아주실 거야. 하나님이 너에게 보답을 해주시기를 원한다. 하나님이 너의 처지를 아시고 거기에 맞는 보상을 주시기를 내가 축복한다. 여호와의 날개 아래에 보호하심이 필요한 너에게 하나님이 그의 날개로 너를 보호하시고 또 너에게 상을 주시기를 원한다. 아쉬운 게 없는 지주인 보아스가 생전 처음 만난 이방 여인, 이삭이라도 안 주우면 하루의 생존을 유지할 수 없는 천한 신분의 과부에게 이런 대접을 하고 있다고 본문은 지금 우리에게 그것을 매우 강하게 부각시키고 있습니다. 그리고 17절은, 룻이 집에 돌아가는데 그날 주운 보리가 한 에바였다고 말합니다.

> 룻이 밭에서 저녁까지 줍고 그 주운 것을 떠니 보리가 한 에바쯤 되는지라(룻 2:17).

한 에바는 나귀 한 마리가 실어 나를 수 있는 양의 10분의 2에 해당합니다. 학자마다 계량에 관한 추측이 다른데 아마 23리터쯤 되었을 것으로 봅니다. 본문이 여기서 이것을 굳이 밝히는 것은 룻이 주은 이삭의 정확한 양을 말해주려는 것이 아니지요. 성인 여자 혼자서 하루 동안 주었다고 하기에는 일반인들의 예상을 뛰어넘는 무척 많은 양이었다는 것을 강조하려는 것이지요. 배불리 먹고 남았고, 또 주운 것이 매우 많았습니다. 마치 오병이어의 기적이 일어나고 있는 신약의 어떤 들판을 연상시키는 어법이기도 합니다. 18절에 보면, 룻은 먹고 남은 것을 집으로 가지고 가서 시어머니 나오미에게도 주었다고 합니다. 여기까지 오면 이건 틀림없이 오병이어의 현장을 생각하라고 하는 말이라는 생각이 들지요. 지금까지 보아스가 룻에게 하는 행동들을 보면 굉장하지요. 마음이 저절로 따뜻해지고 감동이 됩니다. 어쩌면 사람이 이렇게 따뜻할 수 있을까? 어쩌면 처음 보는 사람에게 이렇게까지 배려할 수 있을까? 사람이 어쩌면 이렇게 할 수 있을까? 그런 생각 들지 않으세요? 이런 생각을 계속하다보면 이 모습이 여기서 처음으로 보는 모습이 아니고, 우리가 하나님께 받았던 그 사랑, 그 인자함, 그 헤세드라는 데에 생각이 미치게 됩니다.

믿을 수 없는 은혜에 대한 룻의 반응

룻은 보아스에게 이런 대우를 받고 도무지 믿을 수 없다는 듯이 놀랍니다. 그리고 두 번에 걸쳐서 반응을 나타냅니다. 10

절입니다.

> 룻이 엎드려 얼굴을 땅에 대고 절하며 그에게 이르되 나는 이방
> 여인이거늘 당신이 어찌하여 내게 은혜를 베푸시며 나를 돌보시
> 나이까(룻기 2:10).

먼저 얼굴을 땅에 대고 절을 합니다. 얼굴을 땅에 대고 엎드리는 성경의 모든 경우가 그런 건 아니지만, 많은 경우 이것은 주로 왕이나 신에게 인간이 취하는 태도입니다. 보아스가 자기에게 베푸는 친절과 호의를 보고 룻이 어떻게 느끼고 있는지를 짐작하게 합니다. 먼저 그 자리에서 엎드려서 얼굴을 땅에 댔습니다. 그리고 놀라고 감격한 마음을 이렇게 드러냅니다. 나는 이방 여자인데 당신이 어찌하여 내게 은혜를 베푸시며 나를 돌보시나이까? 어떻게 나 같은 것에게 이런 은혜를 베푸시고 이렇게까지 나를 돌보실 수 있으시냐며 엎드리는 것입니다. 많이 들어보신 말 아닌가요? 우리가 자주 하나님 앞에 내놓았던 그 말 아닌가요? 하나님의 은혜를 확인하는 순간 우리는 자신도 모르게 하나님 앞에서 눈물을 쏟으며, 하나님 어찌하여 나 같은 것을 이렇게 대우하십니까, 어찌하여 나한테 이런 은혜를 베푸시고 어떻게 나를 이렇게까지 돌보십니까, 하고 하나님께 우리가 자주 쏟아내던 말 아닙니까?

또 룻이 반응을 보입니다. 13절입니다. 12절에서 보아스가 하

는 말을 듣고 하는 말입니다.

> 룻이 이르되 내 주여 내가 당신께 은혜 입기를 원하나이다. 나는
> 당신의 하녀 중에 하나와도 같지 못하오나 당신이 이 하녀를 위로
> 하시고 마음을 기쁘게 하는 말씀을 하셨나이다(룻기 2:13).

좀 더 풀어서 말하자면 이렇습니다. 내 주여 내가 당신께 은혜
입기를 원합니다. 나는 당신의 은혜를 입어야 살 수 있는 사람입
니다. 당신이 내게 은혜를 베풀어 주어야만 내가 살 수 있습니다.
당신은 어찌하여 나를 당신 가문의 일원처럼 대하십니까? 나는
당신의 가문의 일원이 될 자격도 없고, 거기에 속하겠다는 마음
을 품을 수도 없는 자입니다. 그런데 어떻게 당신이 이 하녀를 가
문의 사람처럼 인정하십니까? 어떻게 당신이 나를 이렇게 위로하
시고 기쁘게 하십니까? 당신의 큰 친절과 배려의 말들이 내게 큰
위로와 기쁨이 됩니다.

이 말도 우리가 매일은 아니지만, 예수 믿고 지내오면서 몇 번
쯤은 해봤던 말 아닙니까? 나는 하나님께 이런 은혜를 받을 사람
이 아닌데 어떻게 하나님의 백성으로 나를 인정해 주십니까? 하
나님의 종으로 나를 이렇게 세우십니까? 하나님 당신의 그 말씀
이 내게 큰 위로와 기쁨이 됩니다. 이런 절망과 좌절 속에서, 이런
처절한 삶의 현장 속에서 코만 빠뜨리고 있었더니 당신의 그 은
혜가 내게 이제 위로가 되고 힘이 됩니다. 하나님 당신의 은혜 입

기를 원합니다. 당신의 은혜를 입으면 내가 살 수 있습니다. 이런 고백, 우리도 숱하게 하면서 여기까지 오지 않았습니까? 룻의 반응과 말들은 보아스의 처사가 룻의 기대와 상상을 초월하는 매우 놀라운 것이요, 초월적인 은혜로 받아들일 만큼 감격스럽다는 사실을 생생하게 확인하라고 본문은 우리에게 요구하고 있습니다. 동시에, 보아스의 행동에 대하여 룻이 나타내는 반응이 마치 우리가 하나님의 은혜를 입고 하나님께 나타내는 반응과 똑같다는 사실을 확인하고, 지금 보아스는 하나님의 성품을 드러내고 있다는 것을 깨달으라는 암시이기도 합니다.

보아스가 룻에게 베푼 은혜들은 그렇게 하지 않으면 감옥에 가거나 과태료를 내거나 그 사회로부터 매장을 당하는 법적인 압박과 도덕적인 책임이 있어서 한 일이 아니었습니다. 그러니까 안 해도 상관없고 해야만 하는 이유가 있는 것도 아니었습니다.

보아스의 진심

당신이 어찌하여 내게 은혜를 베푸시며 나를 돌보시나이까라며 놀라는 룻에게 보아스가 하는 말의 내용은 두 가지입니다. 첫째는 지금까지 살아온 룻의 처신을 인정하고 치하하는 말입니다. 11절입니다. 둘째는 룻을 위하여 여호와 하나님의 이름으로 구하는 축복입니다. 12절입니다.

보아스가 그에게 대답하여 이르되 네 남편이 죽은 후로 네가 시어머니에게 행한 모든 것과 네 부모와 고국을 떠나 전에 알지 못하던 백성에게로 온 일이 내게 분명히 알려졌느니라(룻 2:11).

여호와께서 네가 행한 일에 보답하시기를 원하며 이스라엘의 하나님 여호와께서 그의 날개 아래에 보호를 받으러 온 네게 온전한 상 주시기를 원하노라 하는지라(룻 2:12).

풀어서 말하자면 보아스는 이렇게 말하고 있는 셈입니다. 네가 여기까지 오는 동안 네가 어떤 행동을 하였고, 어떤 삶을 살아왔는지 나도 분명히 들어서 잘 알고 있다. 네가 그동안 행한 일과 살아온 그 삶에 대하여 하나님이 너에게 보상을 해주시기 바란다. 그리고 여호와의 날개 아래 보호를 받자고 하나님을 찾아 이곳까지 왔고, 또 보호를 받아야만 하는 처지에 있는 너에게 하나님께서 보호하시고 온전한 상 주시기를 바란다. 이 말은 물론 보아스가 하나님과 룻 사이에서 룻을 위하여 하나님께 간구하고 축복하는 모습입니다. 그러나 또 한편으로는 보아스 자신이 왜 룻에게 그렇게 친절을 베풀고 있는지 보아스 자신의 의중을 드러낸 것이기도 합니다. 하나님께서 룻에게 갚아주시고, 상주시고, 보호해주셨으면 하고 바라는 것이어서 그것을 자신이 행하고 있다는 암시입니다. 보아스의 말은 단순히 룻을 위한 그의 기도 제목이요 축복의 내용일 뿐 아니라, 보아스 자신이 추수가 진행되는 보리밭 한복판에서 이미 그런 의미의 행동을 룻에게 행하고 있다는 것이 본문이 생생하게 보여주는 장면입니다.

다른 사람을 위한 기도와 응답이 되는 실천

보아스는 룻을 위하여 그냥 기도만 하는 사람이 아니었습니다. 우리는 다른 사람을 위하여 기도한다는 것을 그 사람에게 은혜를 주시라고 하나님께 드리는 간구까지가 우리의 책임이라고 생각하는 경향이 있습니다. 그러나 보아스는 거기에서 그치지 않습니다. 다른 사람을 위한 진정한 기도는 단순히 그 사람을 위해 하나님께 드리는 기도뿐만 아니라, 그렇게 드린 기도의 내용을 자기가 실행하는 데까지 나아가는 것입니다. 자신이 단순한 언어적 중개자가 아니라, 실천하는 응답이 되는 것입니다. 보아스는 그녀를 위해 하나님께 이렇게 해주십시오라고 기도한 후, 실제로 자기가 그것을 행하고 있습니다. 보아스는 기도할 뿐만 아니라 자신이 그 기도에 대한 응답이 되고 있다는 말이지요. 우리의 기도에 대해 보아스는 놀랍게 도전하고 있습니다. 우리는 단순히 다른 사람을 위해 말로 기도할 뿐만 아니라, 내가 말로 기도한 것을 그에게 행함으로써 응답이 되는 그런 삶을 살아야 할 것을 도전하고 있는 거지요. 응답은 하나님이 하는 것이고 우리는 하나님께 다른 사람을 위하여 기도만 하면 된다는 생각을 뛰어넘어야 합니다. 물론 하나님께서 응답하실 것입니다. 그러나 하나님이 그 사람에게 해주셨으면 좋겠는 그것을 나도 그에게 행할 길을 찾아야 됩니다. 사람이 응답입니다. 기도하는 내가 동시에 응답

되는 어떤 길을 찾아서 실천해야 합니다. 보아스는 그렇게 하고 있습니다. 룻도 보아스가 말을 마치자 이렇게 말합니다. "내주여 내가 당신께 은혜 입기를 원하나이다"(13절). 룻기 3장에 가면 룻이 보아스에게 말합니다. "당신의 옷자락을 펴 당신의 여종을 덮으소서"(룻 3:9). 보아스가 룻을 위하여 하나님께 간구하고 축복한 그것을 결국 보아스 자신이 하는 것입니다.

헤세드를 행하는 삶

보아스가 룻에게 행하는 다양한 행동과 처신들을 한마디로 요약하면 '헤세드'입니다. 이미 말씀드렸듯이 히브리 말 헤세드는 우리말로는 번역이 어렵습니다. 그래서 학자들도 여러 말로 헤세드를 설명합니다. 자비, 인애, 긍휼, 사랑... 오늘 본문은 지금 보아스가 행하는 이 헤세드를 은혜라는 말로 표현합니다. 어쨌든 이 헤세드는 내가 그 사람에게 해줄 책임도 없고 법적인 의무도 없고, 안 한다고 해서 책임 추궁을 당할 일도 없으며, 안 한다고 내 도덕 수준이 낮아지는 것도 아니지만, 그 사람을 위하여 내가 베풀고 행하는 것을 가리켜 헤세드라고 합니다. 우리가 처음부터 거듭 주목해 왔듯이, 보아스가 하는 이 모든 처신은 자꾸 하나님을 생각나게 합니다. 우리는 보아스의 모습을 통해서 하나님의 헤세드를 보게 됩니다. 그러나 하나님의 행위가 아니라 보아스의 행위를 통해 하나님의 헤세드를 확인합니다.

헤세드는 하나님께서 그 백성과 맺은 언약을 근거로 행하시는 것이므로 이 헤세드를 가리켜서 언약적 사랑이라 말하기도 합니다. 하나님의 이 사랑은 상대방의 상태나 반응에 따라 영향을 받지 않습니다. 네가 나한테 잘했으니까 이제 너에게 이삭을 줍게 해주고, 너는 나한테 못되게 했으니까 이제부터 이삭 줍게 못해! 이러지 않는다는 것입니다. 다만 그 사람에게 이것이 필요하기 때문에 주는 것입니다. 그 사람에게 나의 인내가 필요하다, 그래서 인내 대신 복수를 해도 누가 뭐라 할 사람 없지만, 그냥 인내하는 것입니다. 용서 대신 벌을 줘야 하지만 그 사람이 내 용서가 필요한 처지이므로 용서하는 것을 가리켜서 하나님의 언약적 사랑, 하나님의 헤세드라고 합니다. 우리 모두 이 헤세드를 받고 살고 있습니다. 그런데 왜 룻기는 헤세드를 하나님의 어떤 행위로써 제시하지 않고, 보아스의 룻에 대한 행위로 제시하는 것일까요? 여기에는 매우 중요한 의도가 있습니다. 하나님의 은혜를 입은 하나님의 백성들은 그 자신이 이제는 하나님의 헤세드를 서로에게 드러내야 한다는 것입니다. 헤세드를 행하고 나누어야 한다는 이 도전을 우리에게 주기 위하여 굳이 보아스의 행위를 통해하나님의 헤세드를 드러내 보여주고 있습니다.

보아스가 룻과의 관계에서 하나님의 헤세드를 그의 삶 속에서 드러내어 누가 보아도 하나님이 떠오르게 하듯이, 이제는 하나님의 언약 백성 된 우리가 서로에게 헤세드를 행하여 하나님이 떠오르게 하는 사람이 되라는 것입니다. 달이 햇빛을 받아서 반사하듯이 이제 하나님의 언약 백성은 하나님의 헤세드를 행하여 하나님을 반사하는 자들로 살라는 것입니다.

우리를 향하는 도전적 메시지

이것이 우리에게 주어진 책임입니다. 이제는 우리가 구체적인 삶으로 하나님의 헤세드를 행하라는 것입니다. 헤세드를 행하는 신자의 삶을 살기로 우리가 결심해야 할 대목이 바로 여기입니다. 야, 보아스는 정말 훌륭한 사람이네. 참 착한 사람이구먼. 룻은 정말 은혜를 입었네. 이렇게 말하고 지나가지 말아야 합니다. 내가 다른 사람에게 하는 말이나 행하는 것을 또 다른 사람들이 보면, 아 하나님처럼 하네 라는 말을 들을 수 있게 하라는 것이지요. 그리하여 하나님의 인자하심과 인애를 행하심과 은혜로우심과 위로하심과 돌보심과 배려하심과 베푸심과 날개를 펴심과 그 아래 보호하심과 어렵고 약한 사람을 초청하여 먹게 하심 같은 하나님의 인애가 생각나도록, 그런 삶을 살라는 도전을 우리에게 던지고 있습니다.

"그러므로 하늘에 계신 너희 아버지의 온전하심과 같이 너희도 온전하라"는 마태복음 5장 48절의 예수님의 말씀도 바로 이런 의미입니다. 예수님께서 그 말씀을 하시는 맥락은 이렇습니다. 하나님은 상대방이 나에게 어떻게 했는가에 대한 반응으로 행하지 않으신다. 햇빛을 악인과 선인 모두에게 비추시고, 비를 의로운 자와 불의한 자를 따지지 않고 내려주신다. 상대방이 나에게 어떻게 했는가에 대한 반응이 아니라, 그냥 하나님의 자비하심대로 행하신다. 너희가 너희를 사랑하는 자만 사랑하고, 너희 형제에게만 문안한다면 굳이 하나님의 아들일 필요가 없다. 이방인들이나 세리들도 그 정도는 한다는 것이 바로 직전의 말씀입니다. 그리고 하시는 마지막 결론이 그것입니다. "그러므로 하늘에 계신 너희 아버지의 온전하심과 같이 너희도 온전하라." 여기서 예수님이 말씀하시는 하나님의 온전하심이란 상대방이 나에게 어떻게 하는가에 얽매이지 않고 베푸는 자비를 말합니다. 우리가 그렇게 한다면 그 점에 있어서는 우리도 하나님처럼 온전하게 된다는 말씀입니다. 우리의 그런 모습을 사람들이 보면서 꼭 하나님하고 똑같이 하시네! 하고 말할 것입니다.

하나님의 헤세드, 하나님의 인애와 사랑을 반사하며 사는 것이 신자의 삶입니다. 지독하게 자기중심적이고, 무서울 정도로 빈부의 양극화가 극심한 한국 사회에서 우리 신자들이 그리고 교회들이 확연하게 보여주어야 할 모습이 바로 이것입니다. 헤세드! 신자가 그리고 교회가 다른 사람들에게 매정한 것은 죄입니다. 자기만 잘살고, 자기 편하면 됐고, 자기 교회만 부흥하면 됐다는 식으로 살아온 것은 우리가 범한 큰 죄악입니다. 한국교회는 신자와 불신자의 다른 점이 무엇인지를 볼 수 없다는 불평을 오랜 세월 들어왔습니다. 이제는 세상만도 못하다는 말을 공공연하게 듣고 있습니다. 그런데도 아니라고 반박할 말이 없는 처지가 되어버렸습니다. 신자를 통하여 그리고 교회들을 통하여 이 사회가 하나님의 성품을 볼 수 있어야 합니다. 그리하여 하나님을 볼 수 있어야 합니다.

하나님은 어떤 경우에도 헤세드를 포기하시지 않습니다. 하나님은 지금도 여전히 언약적 사랑으로 우리를 대하십니다. 그러나 하나님은 그것을 하나님이 직접 나타나셔서 행동하심으로 드러내시지 않습니다. 하나님의 언약 백성인 우리가 행하는 헤세드를 통해 나타내십니다. 우리가 하나님의 헤세드를 전하는 통로가 된다는 것은 우리 신자들의 책임이고 의무입니다. 그리고 동시에 우리 신자들에게 주어진 놀라운 특권이고 명예입니다. 그리고 영광입니다. 우리를 하나님 급의 사람으로 인정하시겠다는 하나님의 작정입니다. 그 자체가 하나님이 우리에게 베푸신 헤세드입니다. 우리가 그렇게 함으로 사실상, 우리는 하나님을 반사할 뿐 아니라, 하나님의 대행자가 되기 때문입니다. 숨어 계시는 것 같은 하나님을 현실에 구체적으로 나타내는 손길이 되고 통로가 되기 때문입니다.

서로에게 하나님의 헤세드를 행하고 하나님을 드러냄으로써 사람들에게 보이지 않는 하나님을 우리를 통해 볼 수 있게 하는 것은 얼마나 영광스러운 일입니까? 하나님의 인자하심과 오래 참으심과 돌보심과 위로하심과 기쁘게 하심과 인애하심과 보호하심과 배려하심과 보장하심 등과 같은 하나님의 모습을 우리의 언어, 행동, 그리고 처신으로 내보이는 이런 놀랍고 영광스런 특권을 누리시기를 바랍니다.

서로에게
하나님의 헤세드를 행하고
하나님을 드러냄으로써 사람들에게
보이지 않은 하나님을 우리를 통해
볼 수 있게 하는 것은 얼마나
영광스러운 일입니까?

룻 2:17-23

룻이 밭에서 저녁까지 줍고 그 주운 것을 떠니 보리가 한 에바쯤 되는지라 그것을
가지고 성읍에 들어가서 시어머니에게 그 주운 것을 보이고 그가 배불리 먹고 남긴
것을 내어 시어머니에게 드리매 시어머니가 그에게 이르되 오늘 어디서 주웠느냐 어
디서 일을 하였느냐 너를 돌본 자에게 복이 있기를 원하노라 하니 룻이 누구에게서
일했는지를 시어머니에게 알게 하여 이르되 오늘 일하게 한 사람의 이름은 보아스니
이다 하는지라 나오미가 자기 며느리에게 이르되 그가 여호와로부터 복 받기를 원
하노라 그가 살아 있는 자와 죽은 자에게 은혜 베풀기를 그치지 아니하도다 하고 나
오미가 또 그에게 이르되 그 사람은 우리와 가까우니 우리 기업을 무를 자 중의 하나
이니라 하니라 모압 여인 룻이 이르되 그가 내게 또 이르기를 내 추수를 다 마치기
까지 너는 내 소년들에게 가까이 있으라 하더이다 하니 나오미가 며느리 룻에게 이
르되 내 딸아 너는 그의 소녀들과 함께 나가고 다른 밭에서 사람을 만나지 아니하는
것이 좋으니라 하는지라 이에 룻이 보아스의 소녀들에게 가까이 있어서 보리 추수와
밀 추수를 마치기까지 이삭을 주우며 그의 시어머니와 함께 거주하니라

04

영적 민감성

롯기를 관통하면서 이곳저곳에서 반복적으로 드러나는 큰 주제 가운데 하나는 하나님의 섭리입니다. 이것은 우리의 역사적인 현실 가운데로 개입해 들어오시는 하나님의 손길입니다. 이런 방식으로 롯기는 하나님께서는 여전히 역사를 이끄시는 주권을 행사하신다는 것을 분명하게 드러내줍니다. 하나님은 멀고 높은 데 머무시면서 불호령을 내리는 분이 아닙니다. 멀리서 내려다보며 구경이나 하는 분도 아닙니다. 롯기는 하나님은 우리 현실과 삶 속에 구체적으로 개입하시고 작용하시고 우리의 현실을 주도적으로 이끄시는 분임을 드러내고자 합니다. 우리가 현실을 어떻게 이해하고 어떻게 살든지 하나님은 여전히 주권자로 이 역사를 이끌고 계십니다. 사사 시대의 풍조를 좇아 하나님을 떠나 멋대로 사는 사람들에게 롯기가 강하게 말하고자 하는 것이 바로 이것입니다. 이것은 사실 성경 전체가 시종일관 증거하는 것이기도 합니다.

그러나 룻기는 이 사실을 신약의 서신서처럼 직설법으로 대놓고 말하지 않습니다. 논쟁의 주제로 내세워 논증하지도 않습니다. 그냥 우리가 어디에서나 볼 수 있고 흔히 일어나는 일상적인 어떤 삶 가운데서 자연스럽게 보여줍니다. 룻기에 서술된 대로 표현하자면, 룻과 나오미, 보아스와 룻, 룻과 주변 사람들 사이에서 일어나는 일상적 삶의 어떤 장면, 사건, 현장 속에서 하나님의 손길이 움직이고 있음이 드러나는 방식을 취합니다. 그리고 이것을 감지하고 발견하는 기쁨, 감격, 통쾌함을 본문을 읽는 우리가 누리도록 하고 있지요. 그것이 이야기체로 된 성경을 읽을 때 우리가 누리는 큰 기쁨이자 은혜이기도 합니다.

이미 살펴본 것처럼 룻과 보아스가 우연처럼 보이는 사건으로 서로 마주칩니다. 보아스는 베들레헴의 유력자요 재력가입니다. 그는 신분이나 환경으로 볼 때 매우 뛰어난 사람입니다. 그에 비해 룻은 모압 태생의 이방인 여자일 뿐입니다. 그리고 자기 생존을 책임질 능력이 없어서 남의 추수 밭에 들어가 이삭을 주워 생계를 유지하는 과부입니다. 이런 현격한 차이는 이 두 사람이 어떤 식으로도 인연을 맺을 가능성이 전혀 없고, 이들의 관계에 대하여 어떤 긍정적 기대를 할 수도 없다고 암시하는 배경입니다.

그런데 이렇게 우연처럼 이루어진 만남으로 한 남자와 한 여자가 서로 관계를 맺게 됩니다. 기이한 것은 보아스의 룻을 향한 마음, 오가는 대화, 베푸는 호의들이 두 사람의 관계를 심상치 않게 깊은 관계로 이끌어줍니다. 그리고 그 관계는 점점 더 다른 차원으로 진행되어 마침내 전혀 기대할 수 없는 신분의 차이에도 두 남녀가 결혼하는 데까지 이르는 것이 룻기 3장과 4장 초반부까지의 이야기입니다. 그리고 이것은 단순히 두 사람 사이의 인연에 그치는 것이 아니라, 다윗 왕국이 서는 실마리가 되었다는 것이 룻기 4장의 마지막 진술입니다.

확인하는 놀라운 사실

밭에서 돌아온 룻은 하루 동안 있었던 일을 시어머니 나오미에게 소상하게 이야기합니다. 보아스에게 받은 호의를 털어놓습니다. 룻이 보아스로부터 어떤 호의와 대우를 받았는가를 우리는 앞에서 이미 보았습니다. 종들의 하나로, 그리고 같은 식솔로 대우를 받습니다. 곡식도 많이 얻고, 음식도 실컷 먹었을 뿐 아니라, 집에 가지고 갈 만큼 많이 남았을 정도였습니다. 이삭을 얼마나 많이 주웠는지 당시 보통의 성인 여성 한 명이 하루에 줍는 양보다 비교할 수 없을 만큼 많은 이삭을 주웠습니다. 그렇게 풍족히 얻어 집으로 돌아온 룻은 자기가 얻어 온 음식을 시어머니 나오미에게 드렸습니다. 시어머니도 가져온 음식을 맛있게 먹었겠지요. 룻은 주워온 이삭이 얼마나 되는지 시어머니께 보여줬습니다. 나오미가 보기에도 그 양이 이삭을 주워온 건지 추수를 해온 건지 모를 정도로 놀랄 만큼 많은 양이었습니다.

나오미가 보기에도 그 밭의 주인이 특별한 호의와 은혜를 베풀기 전에는 일어날 수 없는 일이었기에 그것을 보자마자 오늘 어디서 주웠느냐? 어디서 일을 하였느냐? 하고 묻습니다. 그러면서 즉각 그 주인을 크게 축복합니다. 누군가가 너를 돌보아서 생긴 일이 틀림없다. 너를 돌본 자에게 복이 있기를 원하노라! 그러자 룻이 대답합니다. 오늘 일하게 한 사람의 이름은 보아스입니다. 이 말을 듣자 나오미의 태도가 급변합니다. 누군지 모르지만 너를 돌본 사람에게 복이 있기를 원한다고 했던 나오미가 룻에게 호의를 베푼 그 밭의 주인이 보아스라는 것을 룻에게 듣고는 그가 보아스였다니? 그 사람, 보아스가 여호와로부터 복 받기를 원하노라며 다시 축복합니다(20절).

> 그가 여호와로부터 복 받기를 원하노라 그가 살아 있는 자와 죽은 자에게 은혜 베풀기를 그치지 아니하도다(룻 2:20상).

어떤 주석가들은 그가 죽은 자에게 은혜를 베풀었다는 말 때문에 그를 하나님이라고 합니다. 그러나 나오미는 지금 보아스를 가리켜서 그렇게 말했다고 보아야 합니다. 물론 나오미가 보아스를 가리켜, 그가 살아 있는 자와 죽은 자에게 은혜 베풀기를 그치지 아니하도다고 하는 말이 심상치 않습니다. 보아스가 살아있는 자에게 은혜를 베풀었다는 말은 충분히 이해가 갑니다. 지금 룻과 나오미에게 이렇게 많은 호의를 베풀었으니까요. 그러나 죽은 자에게 은혜를 베풀었다는 말은 선뜻 이해가 되지 않습니다. 아마 보아스가 죽은 자기 남편과 아들들에게 옛날에 베풀었던 은혜가 있어서 그것을 생각하며 한 말일 수도 있습니다. 그런가 하면, 나오미가 보아스를 기업 무를 자로 확신하고 있고, 그렇게 되면 죽은 남편과 아들의 가문을 회복함으로서 결국 죽은 자들에게도 은혜를 베풀게 될 것을 내다보고 있다는 암시로 받아들일 수도 있을 것입니다. 실제로 나오미는 룻에게도 보아스와의 관계가 진전될 것을 내다보고 있는 사람의 입장에서 이야기를 이어갑니다(22절, 3:1). 나오미는 보아스를 축복한 후 곧바로 그 사람이 누구인가를 룻에게 설명합니다. 그런데 그 설명의 내용이 매우 특이합니다. 나오미가 보아스의 어떤 점에 관심을 집중하고 있는가를 드러내 줍니다.

> 나오미가 또 그에게 이르되 그 사람은 우리와 가까우니 우리 기업
> 을 무를 자 중의 하나이니라(룻 2:20하).

보아스의 성품도, 그의 외모도, 그의 자비심도 아닙니다. 보아스는 우리의 친족이라는 사실, 그는 우리의 기업을 무를 자격을 가진 사람이라는 사실에 나오미의 모든 관심이 집중되어 있습니다. 이 전개는 참 재미있습니다. 룻은 어느 밭에서 일했는지는 분명히 알지만, 그 밭의 주인이 어떤 사람인가에 대하여는 알지 못합니다. 그런데 나오미는 어느 밭에서 일했는지는 모르는데 보아스가 어떤 사람인가에 대하여는 확실히 알고 있습니다. 룻은 밭과 관계를 맺고 있고, 나오미는 밭의 주인인 보아스와 관계를 맺고

있습니다. 그러니까 서로 반쪽만 알고 있는 거예요. 그런데 룻이 털어놓은 이야기로 이제 이 두 여인이 각각 알던 것이 합쳐져 드디어 통일된 하나의 그림을 보게 됩니다. 룻은 나는 오늘 누군가의 밭에서 일하고 많은 혜택을 받았습니다. 그가 누구인 줄은 잘 모르는 데 사람들이 보아스라더군요 라고 합니다. 나오미는 나는 네가 어느 밭에서 일했는가 했더니 그게 보아스의 밭이란 말이더냐? 나는 보아스가 누군지 잘 알지. 보아스는 우리 가문의 일원으로 우리 기업을 무를 자 중의 한 사람이란다 라고 합니다. 그래서 두 이야기가 합해집니다.

여기서 가까운 사람이라는 말은 막연히 친한 사이라는 말이 아닙니다. 혈족 가운데 한 사람이라는 말입니다. 나오미는 보아스가 혈족 가운데 한 사람이며, 그 사람은 우리 법대로 하면 우리 기업을 무를 사람 가운데 한 사람이라는 사실에 관심을 집중합니다. 여기서 말하는 기업 무를 자를 고엘이라고 합니다. 보아스가 2장 1절에서 처음 등장할 때는 유력한 자라고 불렸습니다. 그런데 여기서 보아스는 기업 무를 자로 불려지고 있습니다. 그 사회의 유력한 자가 알고 보니 다름 아닌 고엘이었다는 사실이 밝혀지고 있는 셈이지요. 고엘은 자기 가족 중 한 사람의 땅을 대신 구입해줄 책임이나 권리를 가진 남자 친척을 가리키는 말입니다. 어떤 사람이 경제적으로 어려워서 유산으로 물려받은 기업을 팔면 그 친척이 와서 기업을 대신 구입해야 하는데 그 위치에 있는 친족을 고엘이라고 합니다.

이 고엘 제도에는 이스라엘의 독특한 전통이 관련되어 있습니다. 원래 땅은 하나님이 주신 것이므로 다른 지파나 이민족에게 양도될 수 없습니다. 그러나 너무 가난하고 경제적으로 어려운 사정이 있어서 어쩔 수 없이 땅을 팔게 되어 땅을 되찾아 올 수도 없을 때, 가까운 근족의 순서로 그중 능력 있는 친족이 그 잃어버린 땅을 되찾아 원래 하나님이 주셨던 땅이 그 가족 외의 사람에게 팔리는 것을 막고 원래의 족속에게 되돌아가게 하려는 것입니다. 그런데 보아스가 나오미의 죽은 남편 엘리멜렉의 친족이고, 기업 무를 책임이 있는 고엘 가운데 한 사람인 것입니다.

하나님의 손길을 감지하는 나오미

나오미가 룻을 앉혀놓고 보아스에 대하여 하는 말에서 우리는 나오미가 무슨 생각을 하고 있는지, 마음속에 어떤 그림을 그리고 있는지, 어떤 계획을 떠올리고 있는지 감을 잡을 수 있습니다. 그리고 나오미가 갑자기 확신에 차서 이런 태도를 취하는 근거가 무엇인지를 알 수 있습니다. 나오미는 보아스와 룻 사이에 이루어진 뜻밖의 만남과 진행되는 일을 보면서 하나님의 섭리를 감지한 것입니다. 이 두 사람의 만남에는 우연이 아니라, 룻의 인생과 나오미 자신의 가문에 대한 보이지 않는 하나님의 손길이 작용하고 있다는 확신을 갖게 된 것이지요. 말하자면 삶의 현장에서 일어나고 있는 일들에 대한 영적인 감각이 살아난 것입니다. 사실 보아스와 룻이 우연히 만나는 장면을 그리는 룻기 2장의 첫 장면부터 이 두 사람이 마침내 결혼을 하고 아이를 갖게 되는 것으로 절정을 이루는 4장 마지막 부분에 이르기까지 룻기는 이 모든 과정에 하나님이 간여하고 계신다는 것을 은연중에 드러내고 있습니다. 우리에게 하나님의 손길, 곧 하나님의 섭리로 일이 진행되고 있다는 것을 알아차리라는 신호입니다. 이들이 엮어가는 현실에서 하나님은 언제나 보이지 않는 주인공으로 움직이고 있습니다. 실제로, 보아스와 룻이 마침내 결혼하고 아들을 갖게 되는 절정에 이르렀을 때 동네 여인들이 쏟아낸 말도 하나님이 기업 무를 자가 있게 하셨다는 한 마디였습니다.

> 찬송할지로다. 여호와께서 오늘 네게 기업 무를 자가 없게 하지
> 아니하셨도다. 이 아이의 이름이 이스라엘 중에 유명하게 되기를
> 원하노라(룻 4:14).

룻기 저자도 룻이 보아스와 결혼하여 아이를 갖게 되었다는 사실을 진술하면서, "여호와께서 그에게 임신하게 하시므로 그가 아들을 낳았다"(4:13)고 못을 박음으로써 이 사건이 처음부터 하나님의 섭리에 의하여 진행된 일이었음을 은연중에 강조합니다. 하나님의 섭리를 인정하는 믿음과 우리의 현실에서 그 손길을 알아보는 영적 민감성은 우리의 신앙생활에 말할 수 없이 중요합니다. 나오미는 룻의 말을 듣자마자 오늘 밭에서 그런 일이 있었다고? 그런데 네게 호의를 베푼 사람이 보아스라고? 그 사람은 우리 근족

이요, 고엘의 의무가 있는 사람이잖아? 이것은 예삿일이 아니다. 분명히 하나님의 손길이 지금 움직이고 있다고 생각을 한 것이 분명합니다. 그래서 22절에 보면, 즉각 자기 며느리를 단속합니다.

> 나오미가 며느리 룻에게 이르되 내 딸아 너는 그의 소녀들과 함께 나가고 다른 밭에서 사람을 만나지 아니하는 것이 좋으니라 하는 지라(룻 2:22).

내 추수를 다 마치기까지 너는 내 소년들에게 가까이 있으라 (21절)는 말은 보아스가 룻에게 한 말이었습니다. 룻은 집에 돌아와서 나오미에게 이 말을 전달합니다. 나오미는 보아스가 룻에게 했다는 그 말을 들으면서 보아스가 룻에 대하여 무슨 생각을 품고 있는지 민감하게 알아차립니다. 그래서 보아스의 말대로 하라고 룻에게 지시합니다. 나오미는 보아스가 실제로 한 말에서 더 나아가, 다른 밭으로 가서 다른 사람을 만나지 말라는 자기 자신의 말을 덧붙이면서까지 보아스에게만 붙어있도록 자기 며느리를 단속합니다. 그리고 룻은 그대로 하면서 생활을 이어가고 있습니다. 이미 본 것처럼, 나오미는 지금 며느리 룻과 친족 보아스를 중심으로 자기 주위에서 일어나고 있는 현상을 보면서 하나님의 섭리의 손길이 움직이고 있음을 감지한 것입니다. 여기서 보는 나오미는 베들레헴에 돌아오자마자 동네 여인들에게 하나님에 대한 원망처럼 여겨지는 절망과 신음에 찬 말들을 쏟아내던 그 나오미와는 완전히 다른 모습입니다. 나오미의 영적 감각과 현실을 보는 관점이 급격히 변하고 있습니다. 이전에는 베들레헴에 흉년이 들자 이곳은 사람 살 곳이 아니라며 모압으로 훌쩍 이민을 떠나버리는 사람이었습니다. 이민간 지 10여 년 후, 하나님이 다시 긍휼을 베푸신다는 소문을 듣고 돌아와서도 하나님은 자신을 괴롭게 하고 자신의 인생을 빈털터리로 만든 분이라고 투덜대었습니다. 그러나 지금은 자기 삶의 현장에서 일어나고 있는 현상을 보면서 그 속에서 하나님의 손길을 읽어냅니다. 룻과 보아스 사이에 하나님이 움직이고 계신다는 사실을 감지합니다. 그 하나님이 자기 자신과 가족에게 인애를 포기하지 않으신 분이며, 자기를 잊고 계신 것이 아니었다는 사실을 알아채고 있습니다. 룻이 보아스의 밭에 들어간 것도, 거기서 기업 무를 자인 보아스를 만난 것도, 차고 넘치는 이삭을 주은 것도, 보아스가 룻을 대하는 태도도, 그가 룻에게 품은 마음도, 어느 것 하나 우연히 된 일이 아니고, 하나님이 개입하고 계신다는 것을 민감하게 알아차리고 있습니다. 다음 장에 넘어가면 나오미는 이 사실을 근거로 전면에 나서서 일을 주도하기 시작합니다. 민첩하게 행동에 옮기는 것입니다. 나오미의 이러한 모습이 우리에게 주는 분명한 도전이 있습니다. 우리의 삶에 개입하여 일을 진행하시는 하나님의 손길에 대하여 민감하라는 것입니다.

하나님께 민감하라

지금도 하나님은 다양한 모습으로 우리를 찾아오십니다. 그리고 우리의 삶의 현장에 개입하셔서 이런저런 메시지들을 던지시고 또 이런저런 일들을 진행하십니다. 그러므로 우리는 하나님께 민감해야 합니다. 은행이자율의 변동에는 민감하고, 그날의 주가 변동에는 민감하고, 부동산 값의 변동에는 민감하고, 나의 잇속에는 민감하면서, 다른 사람이 나에게 짓는 표정에 대하여는 민감하면서, 영적인 일에 대하여, 하나님의 일에 대하여, 하나님이 오고 가심에 대하여, 하나님이 우리 주위 이곳저곳에 던져놓으시는 하나님의 흔적들에 대하여, 여기저기서 움직이시는 하나님의 손길에 대하여, 아니 하나님께 대하여는 감각 없이 사는 것은 큰 불행입니다. 신자는 하나님께 민감해야 합니다. 예수님은 공중에 날아가는 새 한 마리를 보면서도, 들판에 피어 있는 꽃 한 송이를 보면서도 아버지의 손길을 본다고 하셨습니다. 하나님 아버지께 대한 민감한 것이지요.

머지않아 우리가 얼굴과 얼굴로 주님을 뵙게 되면 그 순간부터는 하나님께 민감할 필요가 없습니다. 우리는 육안으로 하나님과 어린 양 예수를 알아볼 것입니다. 그러나 우리가 얼굴과 얼굴로 주님을 뵙기 전까지 이 땅에 잠깐 사는 동안은 하나님께 민감해야 합니다. 왜냐하면 이 기간 동안은 하나님께서 누구나 알 수 있는 초인적인 어떤 모습이나, 누가 들어도 알 수 있는 특수한 음성으로 우리에게 오시지 않기 때문입니다. 어디서나 보는 보통 사람들을 통하여 하나님이 찾아오시고, 보통의 사람들이 행하는 어떤 행동이나 사건들을 통하여 우리의 삶에 간여하시기 때문입니다. 정목사야! 나는 여호와인데 이제 내가 너의 아들을 통하여 말하노라! 이렇게 말씀하지 않으십니다. 때로는 지나가면서 툭 던지는 한 아이의 말로, 혹은 어디서나 만나는 어떤 사람의 모양으로 우리를 찾아오십니다. 때로는 삶의 현장에서 당하는 어떤 사건으로, 혹은 주일 강단에서 언뜻 스쳐가는 어떤 말씀 한마디로 우리를 찾아오시고 우리에게 말씀하십니다. 그러니까 민감하지 않으면 우리는 하나님을 놓치며 살게 됩니다. 하나님을 놓치면 결국 하나님 없이 살게 됩니다. 신자에게 하나님 없이 산다는 것은 가장 큰 불행이고 가장 무서운 재앙입니다. 그러니까 하나님에 대한 영적 촉각을 곤두세우고 하나님께 민감한 사람으로 살아야 합니다.

하나님께 민감해지는 길 – 하나님과 친하게 지내라

이런 영적 민감함은 어디에서 올까요? 눈치가 빠르면 될까요? 이것은 눈치의 문제가 아닙니다. 특별한 은사를 받아야 할까요? 투시의 은사 같은? 이것은 은사의 문제가 아닙니다. 하나님께서는 특별한 은사를 주신 몇몇 사람이 아니라, 예수 그리스도를 구주로 고백하고 구원을 받아 하나님의 자녀가 되어 하나님을 아버지라고 부르며 사는 이 땅의 모든 신자가 한 사람도 빠짐없이 모두 하나님께 민감한 사람으로 살기를 원하십니다. 그러니까 이것은 은사의 문제가 아닙니다. 그러면 무엇일까요? 간단합니다. 평소에 하나님과 친하게 지내는 것입니다. 하나님과 친하게 지내야 말 한마디만 들어도 금방 그게 하나님인 줄 알아볼 것 아닙니까? 하나님과 친해야 어떤 행동 하나만 보아도 금방 그것이 하나님의 행동이라는 것을 알아차리지 않겠습니까? 사람 사이에서도 정말 친한 사람은 그림자나 걸음걸이 하나만 보아도 금방 알아보지 않습니까? 하나님과 친하게 지내는 사람이 하나님을 잘 알아보게 된다는 것은 신학이 아닙니다. 이건 학문이 아닙니다. 교육학도 아니고 상담학도 아니고 조직신학도 아니고 이것은 우리가 살면서 늘 확인하는 우리의 경험이고 상식입니다. 하나님과 친하게 지내는 사람이 하나님을 바로바로 알아보게 되는 것입니다. 하나님과 친하게 지내는 구체적인 방법이 무엇일까요? 세 가지가 필수입니다. 첫째, 하나님을 뜨겁게 사랑하는 것입니다. 둘째, 하나님의 말씀을 깊이 사모하는 것입니다. 셋째, 하나님께 나의 마음과 사정을 털어놓고 내 이야기를 자꾸 들려드리는 것입니다. 그러나 이 셋은 사실은 하나입니다. 누군가를 뜨겁게 사랑하면 자꾸 그의 말이 듣고 싶어집니다. 열렬하게 연애를 할 때는 하루종일 통화를 해도 지루하지 않고, 전화 끊고 10분만 지나도 또 전화하고 싶어집니다. 누군가를 뜨겁게 사랑하면 그가 나의 우선순위가 됩니다. 무엇인가를 자꾸 주고 싶어집니다. 특히 나의 모든 이야기를 그에게 털어놓고 들려주고 싶어집니다. 그래서 점점 더 친해지게 되고, 결국에는 기침 소리만 들어도 그 사람을 알아보게 됩니다. 하나님과 친하게 지내지 않으면서 사소한 실마리만 보여도 하나님을 알아본다는 것은 불가능합니다.

저의 둘째 딸은 미국에 유학 가서 있을 때 가끔 전화를 했습니다. 제가 "여보세요" 하고 단 네 글자만 발음하여도 금방 저를 알아보고 아빠! 하고 소리를 지릅니다. 저도 그 아이가 전화를 걸어서 "헬로"하고 두 글자만 발음하여도 금방 둘째인 줄 알아보고 소리를 지릅니다. 저의 딸은 어떻게 내가 여보세요 네 글자 발음했는데 아빠 줄 알아보고 소리를 지를까요? 그 순간에 뉴욕의 그 아이에게 '이는 네 애비니라' 하고 계시가 임했을까요? 이 아이는 참 희한한 재주가 있습니다. 냄새를 잘 맡아요. 아빠 냄새가 있고 엄마 냄새가 있고 우리 집 냄새가 있대요. 날씨가 춥다고 자기가 한국에 있을 때 덮었던 이불과 베개를 엄마가 보내줬습니다. 그런데 집이 너무 그립고 엄마 아빠가 너무 보고 싶으면 캐비넷 속에 들어가서 이불과 베개에 고개를 쳐박고 한참을 엎어져 있는대요. 엄마 냄새 맡으려고요. 어떻게 이럴 수 있을까요? 나와 그 아이가 아버지와 딸이라고 호적에 올라있어서 법적으로 부녀지간이기 때문에 여보세요 네 글자 음성만 들어도 저절로 아버지인줄 알게 되는 걸까요? 한 번도 아빠와 같이 밥을 먹어본 적이 없고, 팔짱을 끼고 골목길을 거닐어 본 적도 없고, 이런저런 문제로 말다툼을 해본 적도 없고, 마주 앉아 고민과 아픔을 털어놓고 울어본 적도 없이 법적으로 부녀관계이기 때문에 저절로 알아보게 되는 걸까요? 한 번도 엄마와 이불을 뒤집어 쓰고 그 안에서 같이 자고, 끌어안고 울어본적이 없고, 한 번도 자기의 깊은 고민을 엄마한테 털어놓은 적이 없는 그 딸이 다만 호적상 법적으로 엄마와 딸이라는 사실 때문에 저절로 엄마 냄새를 구별하게 될까요?

예수를 구주로 믿어 구원받아서 하늘의 생명책에 그 이름이 기록되어 있다는 사실 때문에 어디에서나 저절로 하나님을 감지하고 알아볼 수 있게 될까요? 하나님과 친하게 지내야 하나님을 알아볼 수 있게 됩니다. 하나님을 뜨겁게 사랑하여 언제나 하나님이 나의 우선순위가 되고, 하나님의 말씀을 깊이 사모하여 듣고 또 듣고, 하나님께 내 모든 것을 알려드리고 싶어서 그 앞에서 몸부림치며 쏟아내고 같이 울며 함께 보내는 세월을 통하여 우리는 하나님과 친하게 됩니다. 하나님과 친해야 그분이 어떤 모습으로 우리에게 다가오셔도 민감하게 알아볼 수 있습니다. 하나님과 친하게 지내시기 바랍니다. 그래서 하나님이 우리의 삶의 현장에 어떤 방식으로 찾아오시고, 말씀하시고, 개입해 들어오시든지 즉각즉각 하나님을 알아보는 영적 감각으로 신자의 복된 삶을 사시기 바랍니다.

순종

룻기 3장

01 영적 민첩성
02 배려
03 순종

룻 3:1-5

롯의 시어머니 나오미가 그에게 이르되 내 딸아 내가 너를 위하여 안식할 곳을 구하여 너를 복되게 하여야 하지 않겠느냐 네가 함께 하던 하녀들을 둔 보아스는 우리의 친족이 아니냐 보라 그가 오늘 밤에 타작 마당에서 보리를 까불리라 그런즉 너는 목욕하고 기름을 바르고 의복을 입고 타작 마당에 내려가서 그 사람이 먹고 마시기를 다 하기까지는 그에게 보이지 말고 그가 누울 때에 너는 그가 눕는 곳을 알았다가 들어가서 그의 발치 이불을 들고 거기 누우라 그가 네 할 일을 네게 알게 하리라 하니 룻이 시어머니에게 이르되 어머니의 말씀대로 내가 다 행하리이다 하니라

영적 민첩성

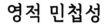

룻기 3장은 나오미와 룻 그리고 보아스가 펼치는 무대입니다. 이 세 사람이 펼쳐내는 3장의 내용은 세 단어로 요약됩니다. 영적 민첩성, 배려 그리고 순종입니다. 이들의 행동은 하나님의 손길이 움직이고 있다는 사실을 알아차리자 취한 즉각적인 반응입니다. 하나님의 손길을 알아본 것이 이들의 영적 민감성이라면 그에 대한 즉각적인 반응으로 취한 이들의 행동은 영적 민첩성입니다. 그런데 등장하는 세 사람의 행동은 자기 자신의 이익이 아니라 상대방을 행복하게 하려는 배려에서 행해지고 있습니다. 그런데 이 모든 행동의 중심과 근원에 하나님의 뜻에 대한 순종이 자리잡고 있습니다. 이들의 모든 행동은 본질적으로 하나님께서 진행하시는 일에 대한 순종이라는 큰 그림 안에서 진행되고 마침내 이들의 순종을 통하여 하나님이 의도하신 역사가 이루어집니다. 이들은 하나님께 순종하는 구체적인 방편으로 서로 서로에게도 순종하니다. 이 세 가지 관점에서 룻기 3장의 내용을 차례대로 살펴보려고 합니다.

룻기 3장에 넘어오면, 나오미가 드디어 매우 중요한 결단을 하고 그것을 며느리 룻에게도 선언합니다. 그것이 룻기 3장 1절입니다. 나오미의 강한 결단의 선언입니다.

> 룻의 시어머니 나오미가 그에게 이르되 내 딸아 내가 너를 위하여 안식할 곳을 구하여 너를 복되게 하여야 하지 않겠느냐(룻 3:1).

룻의 시어머니 나오미

3장은 룻이 남편을 만나 결혼하고 가정을 꾸리는 일을 성사시키기 위하여 자신이 나서겠다는 나오미의 결단으로 시작하는 셈입니다. 그렇게 해서 룻을 복되게 하겠다는 것입니다. 보아스와 가정을 이룸으로써 누리는 복을 말하는 것이지요. 참 재미있는 것은 나오미의 칭호입니다. 나오미는 룻기 1장 2절에 처음 등장하면서 엘리멜렉의 아내 나오미로 소개되었습니다. 그렇게 한 번 소개된 이후에는 줄곧 그냥 나오미라는 이름으로만 등장하였습니다. 룻은 간간이 자부 룻이라고 불리기도 했지만, 나오미는 자기 이름으로만 소개되거나 아니면 그냥 시어머니라는 단어로 불리며 등장하였지요. 그런데 여기 룻기 3장 1절에서 처음이자 마지막으로 룻의 시어머니 나오미라는 칭호로 등장합니다. 갑자기 공식적인 직함으로 사람을 소개하는 분위기를 만들고 있습니다. 이것은 다분히 의도적입니다. 이제부터 나오미를 주목하라는 암시이기도 합니다. 동시에 이제부터 나오미는 개인 나오미가 아니라 룻의 시어머니, 곧 룻과의 관계를 근거로 행동한다는 선언이기도 합니다. 나오미가 이렇게 적극적으로 나서기로 결단한 근거는 분명합니다. 룻과 보아스 사이에서 두 사람을 맺게 하기 위한 하나님의 손길이 움직이고 있다는 확신입니다. 그러자 즉각적으로 자신이 이 일에 나서야 된다는 결단을 한 것입니다(1절). 이렇게 보면 나오미는 근본적으로는 룻과 보아스 두 사람의 일에 나선 것이라기보다, 하나님이 진행하시는 일에 나선 것이라고 할 수 있습니다. 그리고 다음에 보듯이 그 결단을 실행하기 위한 구체적인 행동을 취합니다.(2-4절). 하나님의 손길을 감지한 사람의 즉각적이고 결의에 찬 행동 개시인 것이지요. 나오미는 비장한 결단과 구호를 앞세우고 손발은 움직이지 않는 구호신앙으로 사는 사람이 아닙니다.

너의 결혼을 성사시키고야 말겠다!

나오미가 "내가 너를 위하여 안식할 곳을 구하여 너를 복되게 하여야 하지 않겠느냐"라고 한 이 말들은 하나같이 룻의 결혼을 염두에 둔 말들입니다. 안식할 곳은 그냥 어디 쉴만한 장소라는 말이 아닙니다. 특별한 의미를 함축한 독특한 말입니다. 일종의 전문용어라고 할 수 있습니다. 남편을 만나 가정을 이루어 평안함을 누리며 사는 곳을 가리켜서 한 말입니다. 보금자리라는 말로 바꿀 수 있을 것입니다. 나오미는 처음 모압을 떠나 베들레헴으로 돌아오기로 작정했을 때, 자기를 따라나서는 두 며느리에게 이렇게 말했습니다. "너희 어머니의 집으로 돌아가라"(1:8). 여기서 어머니의 집이라는 말은 가옥을 말하는 것이 아닙니다. 결혼으로 다시 남편을 만나 가정을 이룰 가능성이 있는 곳을 의미한다는 것을 우리는 이미 살펴보았습니다. 그리고 바로 이어서 룻기 1장 9절에는, "각기 남편의 집에서 위로를 받게 하시기를 원하노라" 라고 말합니다. 남편의 집을 위로를 받는 곳으로 말한 것입니다. 1장 8절에서 어머니의 집이라고 한 것을, 1장 9절에서는 남편의 집이라고 하고, 그것을 룻기 3장 1절에 와서는 안식할 곳이라고 바꿔서 말하고 있습니다. 그러니까 어머니 집이나, 남편 집이나, 룻기 3장 1절의 안식할 곳은 모두 같은 뜻을 담는 말입니다. 구체적으로는 남편을 만나 결혼하고 가정을 꾸리는 것을 말합니다.

나오미가 이렇게 룻의 결혼을 성사시키기 위하여 나서는 것은 어찌보면 충격적인 사건이기도 합니다. 나오미는 모압을 출발할 때 룻이 자기를 따라서 베들레헴으로 오면 그에게는 남편을 만나 가정을 이룰 가능성은 결코 없다는 확신에 차 있었습니다. 그러므로 남편을 만나서 가정을 이루기 위하여 네 어머니의 집으로 돌아가라고 룻을 설득했었습니다. 그러면서 자기를 따라오면 결코 남편을 만나 가정을 이룰 가능성이 없다고 반복적으로 확언했었습니다. 그래서 오르바는 돌아갔던 것이지요. 그런데 그 길을 와서 보니 전혀 다른 상황이 전개되고 있습니다. 자기 판단으로는 남자를 만나 결혼하여 가정을 이룰 가능성이 절대로 없다는 것이 그렇게 확고부동한 사실이었는데, 지금 그 길이 열리고 있습니다. 인물도 체격도 재력도 인품도 신분도 모두 뛰어난 이렇게 좋은 남정네가 룻에게 큰 호감을 갖고 이렇게 눈앞에 나타난 것입니다. 이런 사람을 밭에서 만난 것도, 이런 사람이 과부 룻에게 지극한 호의를 갖고 접근해오는 것도 예삿일이 아닙니다. 하나님이 개입하시지 않고는 일어날 수 없는 일이 벌어지고 있는 것입니다. 나오미는 아마 가슴이 울렁거렸을 것입니다. 그리고 이런저런 많은 생각을 하였을 것입니다. 사실 나오미는 모압에 있을 때부터 며느리에게 결혼할 기회를 만들어 주고 싶은 소원이 있었습니다. 그러나 그때는 자기가 가능하다고 생각하는 결혼을 자기의 방법으로 이루려고 하였습니다. 그래서 며느리들에게 모압의 어머니에게로 돌아가라고 강권하였습니다. 그러나 지금은 달라졌습니다. 여기 베들레헴에서 하나님의 손길이 며느리의 결혼의 길을 열고 있음을 확인하고 있습니다. 그렇게 자신만만했던 자신의 판단들이 사실 얼마나 쉽게 깨어질 수 있는가를 나오미는 확인하고 있습니다. 하나님은 우리의 판단과 확신을 얼마든지 뛰어넘어서 우리 현실에 개입해 들어오시는 분입니다. 우리가 절대 불가능이라고 큰 소리쳤던 일들을 거뜬히 반전시킬 수 있는 분입니다. 나오미는 이 사실을 지금 베들레헴 외곽 보아스의 추수밭에서 진행되는 일을 보며 현장에서 경험하고 있습니다. 그래서 그는 이제 하나님의 섭리에 순종하고 나섭니다. 보아스와 룻을 부부로 결합시키려는 구체적인 작업을 시작합니다. 곧바로 룻에게 행동 지침을 내려줍니다. 그것이 룻기 3장 2-4절입니다.

> 네가 함께 하던 하녀들을 둔 보아스는 우리의 친족이 아니냐 보라 그가 오늘 밤에 타작 마당에서 보리를 까불리라 그런즉 너는 목욕하고 기름을 바르고 의복을 입고 타작 마당에 내려가서 그 사람이 먹고 마시기를 다 하기까지는 그에게 보이지 말고 그가 누울 때에 너는 그가 눕는 곳을 알았다가 들어가서 그의 발치 이불을 들고 거기 누우라 그가 네 할 일을 네게 알게 하리라(룻 3:2-4).

나오미가 룻에게 주는 지침을 보면 룻을 보아스에게 접근시키기 위하여 필요한 정보와 상황들을 이미 소상하고 치밀하게 다 파악하고 있다는 사실에 놀라게 됩니다. 그는 결심과 약속만 있고 대책은 없는 그런 사람이 아닙니다. 하나님의 손길을 수행하겠다는 마음 하나로 대책 없이 무작정 나선 것이 아닙니다. 나오미의 말은 세 가지 내용을 담고 있습니다. 첫째, 보아스가 누구인지를 다시 설명해줍니다. "보아스는 우리의 친족이라." 룻에게 보아스가 친족이라는 사실을 강조하는 것은 룻과 보아스의 결혼 가능성을 염두에 둔 나오미의 어법입니다. 둘째, 오늘 저녁에 타작마당에서 일어날 일들을 소상하게 설명해줍니다. 오늘 밤, 틀림없이 타작마당에서 보리를 까부를 것이다. 보아스가 타작이 다 끝나면 밤늦게 그 타작마당에 마련한 처소에서 잠을 청할 것이다. 모든 상황을 완벽하게 파악하고 있습니다. 셋째, 룻에게 구체적인 행동 지침을 주고 있습니다. "그런즉 너는 목욕하고 기름을 바르라." 요즘 말로 하면 스킨도 바르고 로션도 바르고 에센스도 바르고 눈 화장도 하고 얼굴 화장도 하고 마스카라도 하고 귀걸이도 차고 예쁘게 하라, 그 말입니다. "의복을 입고 타작마당으로 내려가라." 지금까지는 발가벗고 다녔는가? 그 말이 아닙니다. 지금까지 과부 티 나게 입고 다녔던 옷을 더는 입지 말고, 이제 여성스럽게 옷을 입고 보아스가 있는 곳으로 가라, 그 말입니다. 한창 타작할 때는 거기 네 얼굴을 보이지 말고 거기 나서지 말라. 그냥 한 쪽에서 가만히 시간 가기를 기다리고 있어라. 그러면 그들이 타작을 다 하고 끝난 다음에 떡도 먹고 술도 마시고 재밌게 잔치를 할 것이다. 그때까지 기다리라. 그게 다 끝나면 보아스가 자러 올 것이다. 그러면 보아스가 어디서 자는지 완전히 자리 잡고 누울 때까지 가만히 보고 있다가 보아스가 자리에 들면 그때, 보아스 발 밑에 가서 쓱 그의 이불 속에 발을 넣고 거기에 누워라. 그렇게 당부합니다. 그러면서 확신에 차서 자신 있게 말합니다. 그러면 네가 할 일을 그가 말할 것이니까 넌 그대로 하면 된다. 이렇게 해서 룻을 보냅니다. 룻에게 보아스에 대한 정보를 제공하고, 전개될 상황을 설명하고, 취할 전략적 행동지침을 주고 있습니다.

일을 성취하기 위한 열정과 치밀한 준비

이것은 나오미가 얼마나 술수에 능하고 인간적인 방법을 동원하는 믿음 없는 사람인가를 증명하는 것이 아닙니다. 오히려 그 반대입니다. 하나님이 간여하시는 일이라는 것을 깨달은 이상 어떻게든 그 일이 이루어지게 하려는 열정과 치밀한 준비를 보여주는 것이지요. 하나님의 일을 할 때는 모든 것을 전적으로 하나님께 맡겨야 한다는 고급스런 신학을 내세워서 자신의 게으름이나 무책임을 정당화하는 경우를 흔히 봅니다. 심지어 인간적인 노력과 치밀한 계획 등을 믿음이 없는 인본주의라고 비난하기도 합니다. 이것은 매우 잘못된 처사입니다. 우리가 예수를 영접하고 구원을 받는 구원 사역은 성령님의 전적인 단독사역입니다. 그러나 우리가 신자로서 살아가는 것, 사역을 수행하는 것은 신인 협력 사역입니다. 성령님과 우리가 협력한다는 것은 우리가 50%를 하고, 나머지는 성령님이 하시도록 남겨두어서 성령님이 나머지 50%를 채우셔서 합하여 100%가 된다는 말이 아닙니다. 우리는 우리의 100%를 하고 성령님은 성령님의 100%를 하셔서 합하여 100%가 되는 것입니다.

영적 민첩성

나오미의 이러한 행동은 영적 민감성에서 오는 깨달음을 미적거림이 없이 즉각 실천에 옮기는 영적 민첩성입니다. 나오미는 이전에 모압 지방에 살고 있을 때에도 여호와께서 자기 백성을 돌보셔서 그들에게 양식을 주셨다는 소문이 들리자 곧바로 모압을 떠나기로 결단하고 일어나 하나님이 긍휼을 베푸시는 베들레헴으로 돌아왔습니다. 그는 비장한 결심만 반복하는 결심신앙이나, 요란한 구호만 외쳐대면서 손발은 움직이지 않는 구호신앙으로 사는 사람이 아닙니다. 그는 하나님께 민감할 뿐 아니라, 민첩하게 실천하는 행동 신앙으로 사는 사람입니다. 많은 신자들이 자기 자신이나 혹은 주변에서 일어나는 일들을 보면서 하나님이 하시는 일이 분명하다고 말합니다. 어느 때는 하나님이 하시는 말씀인 것을 확실히 알겠다고도 말합니다. 하나님께서 움직이고 계시는 것이 분명하다고도 말합니다. 그러나 계속하여 미적거리고 핑계를 대면서 끝까지 행동으로 반응하지 않습니다. 그래서 결과적으로는 영적 민감성을 갖고 하나님을 알아본 것이 아무런 효력도 열매도 없이 그냥 지나가버리는 경우가 많이 있습니다. 아무것도 알아보지 못하고 깨닫지 못한 것과 똑같은 결과가 되어버리는 것입니다.

하나님 절대 신뢰

이러한 영적인 민첩함은 어디로부터 오는 걸까요? 우리는 앞장에서 영적인 민감성은 영적인 분별력으로부터 오며 그것은 하나님과 친하게 지내는 사람에게 주시는 하나님의 은혜라고 했습니다. 그리고 하나님과 친하게 지내는 구체적인 방법은 하나님을 뜨겁게 사랑하고, 그의 말씀을 깊이 사모함으로써 이루어진다고 하였습니다. 영적인 민첩성은 어디로부터 오는 것일까요? 베짱에서 올까요? 세상 물정 모르고 덤비는 무모함에서 올까요? 앞뒤 가리지 못하는 비논리나 비이성 혹은 광신적 미신 신앙에서 오늘 부작용일까요? 그렇지 않습니다. 영적 민첩성은 영적인 결단력으로부터 옵니다. 그리고 영적인 결단력은 하나님을 절대적으로 신뢰하며 사는 데로부터 옵니다. 하나님을 절대적으로 신뢰하며 사는 사람에게 하나님은 용기를 은혜로 주십니다. 그 용기가 영적인 결단력을 만들어냅니다. 영적인 결단력은 하나님이 간여하시는 현장을 접하면 이렇게 태도를 취합니다. "아, 하나님이 하시는 일이라고? 그러면 해야지. 하나님이 하시는 말씀이라고? 그러면 들어야지. 그것이 하나님의 뜻이라고? 그러면 순종해야지." 이것을 하면 내가 손해야, 이익이야? 사람들의 욕 먹어, 안 먹어? 친구가 떨어져, 붙어? 이런 것들을 따지고 계산할 겨를이 없이 즉각 행동으로 움직이게 만드는 것입니다. 하나님을 절대적으로 신뢰하기 때문에 하나님이라면 바로 반응을 하는 것입니다. 이것이 하나님께 대한 영적인 민첩함입니다.

하나님을 절대 신뢰한다는 말은 그 단어와 말을 설명하는 것은 전혀 어려운 일이 아니지만 그러나 실제로 그렇게 살려고 하면 만만치 않은 일입니다. 성경은 여러 곳에서 하나님을 절대적으로 신뢰한다는 것이 무엇인가를 여러 사람과 사건을 통해서 줄기차게 우리에게 말하고 있습니다. 욥은 하나님을 만날 수도 없는 혹독한 절망과 좌절의 상황에서 이렇게 선언하였습니다.

내가 앞으로 가도 그가 아니 계시고 뒤로 가도 그를 뵈올 수 없구나. 그가 내 우편에서 일하시나 만날 수가 없고 오른편으로 돌이키시나 뵈올 수가 없구나. 그러나 나의 가는 길을 오직 그가 아시나니 그가 나를 단련하신 후에는 내가 정금같이 나오리라(욥 23:8-10).

욥의 단호한 고백을 풀어쓰면 이런 말입니다. "나는 내가 어디로 걸음을 옮겨야 될런지 전혀 알 수 없는 암담한 상황이다. 그러나 확실히 아는 것이 있다. 하나님은 내가 갈 길을 아신다는 사실이다. 나는 내 인생의 장래에 대하여 어떤 가능성이나 기대도 가질 수 없는 절망적인 상황이다. 그러나 그 결과가 어떻게 될 것인지는 확실히 안다. 결국 잘된다는 것이다." 하나님에 대한 절대적인 신뢰에서 나오는 확신에 찬 고백입니다. 하나님은 때때로 우리가 하나님을 어느 정도나 신뢰하는지 확인하고 싶어하십니다. 그리고 그 증거를 행동으로 내놓으라고 요구하실 때가 있습니다.

출애굽한 이스라엘 백성은 하나님의 약속을 붙잡고 애굽을 떠나 40년 광야 길을 지난 다음에 드디어 약속의 그 땅, 크고 광대한 땅 아름다운 땅 약속의 땅 앞에 도착하였습니다. 이제 그 땅에 들어가면 됩니다. 그러나 들어갈 수가 없습니다. 언덕까지 물이 넘실거리는 요단강이 가로막고 있습니다. 그 때 여호수아를 통하여 하나님의 말씀이 백성에게 임합니다. "너희가 요단에 이르거든 요단에 들어서라"(수 3:8). 지팡이를 손에 잡고 그 지팡이를 바다를 향하여 내밀라고 하셨던 40년 전과는 완전히 다른 말씀입니다. 무엇을 요구하는 것일까요? 가나안 땅에 들여놓겠다고 하신 하나님의 약속, 아니 그 약속을 하신 하나님을 어느 정도나 신뢰하고 있는지 그 증거를 내놓으라는 요구입니다. 물이 언덕까지 넘실거리는 강에 들어가면 죽는다는 것, 죽으면 저 땅에 들어간다는 40년 비전은 한 순간에 수포로 돌아간다는 것은 누가 보아도 100% 확실한 현실입니다. 들어가면 죽는다는 현실과 저 땅에 하나님이 들여놓겠다고 하셨다는 약속은 동시 성립이 불가능합니다. 둘 중에 하나만 가능하고, 누가 보아도 전자가 현실이고 후자는 그때 가보아야 하는 불확실일 때 어느 것을 택할 것인가를 결정하라는 하나님의 요구가 주어지고 있는 것입니다.

여기 들어가면 죽는다는 것은 100% 확실한 현실입니다. 들여놓겠다는 하나님의 약속은 40년 묵은 약속이고 그것은 가봐야 아는 불확실한 일입니다. 저 땅에 들여놓겠다는 하나님의 약속은 저만큼 강 건너에 있고 강에 걸어 들어가면 반드시 죽는다는 현실은 눈 앞에 있습니다. 이 둘을 다 가질 수 없는 상황에서 가능성일 뿐이고 불확실한 것이고 눈 앞에 닥친 현실과는 동떨어진 것인데도 그 이유 때문에, 이 확실하고 자신만만한 사실을 불확실한 가능성일 뿐인 하나님의 약속과 처사에 복종시키는 것을 가리켜 하나님에 대한 절대적인 신뢰라고 하는 것입니다. 요단에 들어서라는 하나님의 명령을 받아들고 넘실거리는 강가에서 약속의 땅을 바라보고 있는 이스라엘 백성의 심사가 얼마나 복잡했을까요? 번민이 얼마나 심각했을까요? 마침내 그들은 언약궤를 멘 제사장들을 앞세워 요단에 들어서서 행군을 합니다. 홍해는 미리 갈라 놓고 모두가 육안으로 안전을 확인하고 건넜습니다. 요단은 목숨을 건 신앙의 결단으로 들어가서 강을 가르며 건넜습니다. 이들이 신뢰한 대로 현장에서 역사하시는 하나님을 체험하며 강을 건너 약속의 성취를 받아 가나안 땅에 들어간 것입니다. 이 시대 신자들이 성도나 목회자 할 것없이, 심지어 교회까지도 자주 듣는 말이 있습니다. 무슨 일을 하나 하려면 너무 앞뒤 계산이 많다는 말입니다. 합리적이고 논리적이고 효율적이어서 하나님을 신뢰하기 때문에 발동하는 모험신앙은 찾아볼 수 없다는 말입니다. 그것은 자랑이 아니고 수치입니다. 합리적이고 이성적이라는 칭찬이 아니라, 하나님을 절대적으로 신뢰하고 사는 신앙인이 아니라는 비난일 수도 있습니다.

지난 시간에 살펴본 영적인 민감성과 오늘 살펴본 영적인 민첩성이 신자를 신자답게 합니다. 그리고 교회를 교회답게 합니다. 다시 복습해보겠습니다. 하나님과 하나님을 뜨겁게 사랑하고, 하나님의 말씀을 깊이 사모하면서 하나님과 친하게 지내는 사람에게 하나님은 지혜를 은혜로 주십니다. 그 지혜가 영적인 분별력을 갖게 합니다. 영적인 분별력이 우리로 하여금 하나님을 알아보는 영적인 민감성을 갖게 합니다. 하나님을 절대적으로 신뢰하며 사는 사람에게 하나님은 용기를 은혜로 주십니다. 그 용기가 영적인 결단력을 만들어냅니다. 이 영적인 결단력이 하나님이라고 하면

물불을 가리지 않고 움직이는 영적 민첩성을 만들어냅니다.

지난 20여 년 전부터 제가 수시로 해오고 있는 저의 기도 제목이 있습니다. 이 기도를 시작한 처음 2년 동안은 거의 하루도 **빼놓지 않고 새벽마다 기도하였습니다. 우리 주님을 뵙게 되는 그 순간까지 남은 평생 동안 저의 가장 간절하고 시급한 기도 제목입니다. "하나님, 하나님의 말씀에 대하여, 하나님의 뜻에 대하여, 하나님의 일에 대하여, 하나님이 오고 가시는 것에 대하여, 하나님이 제 주위 이곳저곳에 던져놓으시는 하나님의 흔적들에 대하여, 하나님이 움직이시는 손길에 대하여, 아니 하나님 자신에 대하여 민감하고 민첩하게 살다가 얼굴과 얼굴로 주님을 뵙게 하여 주시옵소서."

영적 민첩성은
영적인 결단력으로부터 옵니다.
영적인 결단력은 하나님을 절대적
으로 신뢰하며 사는 데로부터 옵니
다. 하나님을 절대적으로 신뢰하며
사는 사람에게 하나님은 용기를
은혜로 주십니다.

룻 3:1, 11

룻의 시어머니 나오미가 그에게 이르되 내 딸아 내가 너를 위하여 안식할 곳을 구하
여 너를 복되게 하여야 하지 않겠느냐

그리고 이제 내 딸아 두려워하지 말라 내가 네 말대로 네게 다 행하리라 네가 현숙
한 여자인 줄을 나의 성읍 백성이 다 아느니라

02

배려

룻은 추수철 내내 밭에 나가서 이삭을 주워 생계를 유지하며 시어머니와 함께 살아가고 있다는 것이 2장의 마지막 장면이었습니다. 3장에 등장하는 나오미와 룻 그리고 보아스가 취하는 행동을 자세히 살펴보면 우리는 놀라운 사실을 발견하게 됩니다. 이 세 사람의 행동에는 공통점이 있습니다. 이들의 행동이 하나같이 상대방에 대한 배려에서 나오고 있다는 점입니다. 세 사람이 한결같이 자기 자신이 아니라, 상대방의 행복을 배려하여 자기의 행동을 취하고 있습니다. 룻기에 등장하는 인물 가운데 두 사람만 자기 자신의 이익을 좇아 행동합니다. 1장에 등장하는 나오미의 다른 며느리 오르바와 4장에서 보아스와 기업무를 경쟁자로 등장하는 아무개라는 사람입니다. 오르바는 남편감을 만나 재혼하여 다시 가정을 이룰 가능성을 바라보고 고향 집 어머니에게로 돌아갔습니다. 아무개는 룻이 포함된 기업 무르기를 했다가 자신의 사업에 손해가 날 것을 염려하여 기업무를 자의 우선권을 보아스에게 넘겨버립니다. 두 사람은 상황은 다르지만 자신의 최종 행동을 결정하는 원리와 기준은 동일합니다. 자기 자신의 이익 우선입니다. 다른 사람에 대한 배려가 아닙니다. 이 두 사람은 그 장면 이후로는 다시는 등장하지 않습니다. 이들은 룻기가 보여주는 사사 시대의 하나님의 역사 진행에 참여하는 대열에서는 배제된 것입니다.

너의 행복을 위하여(나오미)

3장 첫 장면은 시어머니 나오미의 결의에 찬 모습으로 시작합니다. 룻과 보아스의 결혼을 성사시키기 위한 일에 자신이 전적으로 나서는 모습입니다. 나오미 자신이 밝히는 그가 나서는 결정적인 이유는 하나입니다. 며느리가 안식할 곳을 구하여 복되게 하려는 것입니다. 나오미가 자기의 행동 개시를 선언하고 나서는 첫마디는 이것입니다. "내 딸아 내가 너를 위하여 안식할 곳을 구하여 내가 너를 복되게 하여야 하지 않겠느냐?" 네가 행복하게 살 만한 안락한 가정을, 내가 찾아보아야 하겠다(새번역). 이젠 너도 행복을 누리며 살 보금자리가 있어야겠구나. 내가 그것을 마련해 주마. 그렇지 않느냐?(공동번역). 나오미는 룻이 행복하게 살 터전을 마련하기 위하여 행동 개시에 나선다는 선언입니다. 그리고 이어지는 나오미의 모든 관심과 행동은 오직 룻을 행복하게 해주기 위한 터전을 마련하려는 데에 집중되어 있습니다. 3장에서 "룻의 시어머니 나오미"라고 나오미를 소개했던 그대로 그야말로 나오미로서가 아니라, 룻의 시어미로서 이제 모든 처신을 하기 시작하는 것입니다. 그리고 나오미가 취하는 모든 처신의 원리는 한 가지입니다. "너의 행복을 위하여!"

룻

  나오미만 그러는 것이 아닙니다. 룻도 마찬가지입니다. 베들레헴에 도착한 이후 룻의 행동은 시어머니 나오미에 대한 배려로부터 시작합니다. 베들레헴에 도착한 이후 룻이 나오미에게 건넨 첫마디 말은 이것입니다.

> 모압 여인 룻이 나오미에게 이르되 원하건대 내가 밭으로 가서 내가 누구에게 은혜를 입으면 그를 따라서 이삭을 줍겠나이다 하니 나오미가 그에게 이르되 내 딸아 갈지어다 하매(룻 2:2).

  물론 그동안 두 사람 사이에 말이 없다가 룻이 처음으로 입을 열어서 이 말을 했다는 것은 아니지요. 그러나 룻기가 기록하는 베들레헴에서 룻이 나오미에게 건넨 첫 말은 이것입니다. 룻은 어머니가 허락하면 다른 사람의 밭에 들어가서 이삭을 주워오겠다고 합니다. 그렇게 하여 어머니의 끼니 문제를 해결해보겠다는 의도인 것이 분명합니다. 본문은 이 말을 하는 룻을 굳이 "모압 여자 룻이" 나오미에게 이렇게 말했다고 밝힘으로써 이것이 주목할 만한 특별한 상황이라는 것을 암시합니다. 이방인 여자인데도 그렇게 하는 것은 나오미를 봉양하려는 특별한 배려가 서려 있다는 암시일 것입니다. 물론 1장에서 보았듯이 룻이 나오미의 만류를 거역하며 베들레헴으로 따라나선 것은 홀로 된 시어머니를 돌보기 위한 도덕적 의무감이나 감성적 동정심에 끌려 온 것이 아니었습니다. 그것은 하나님께로 달라붙어 하나님을 향하려는 신앙 행위였습니다. 그러나 그것이 시어머니에 대한 관심이나 배려나 애정이 전혀 없었다는 것을 의미하는 것은 아니지요. 하나님을 사랑하는 사람은 다른 사람을 사랑할 수 밖에 없습니다. 룻은 이삭을 줍던 추수 밭에서 음식을 싸가지고 와서 나오미도 먹게 합니다. 타작 마당에서 보아스가 담아준 곡식을 자기의 옷을 벗어 받아서 나오미에게로 가지고 옵니다. 룻의 모든 행동에는 나오미에 대한 배려가 스며있습니다. 아래에서 보는 바와 같이, 나오미가 룻에게 타작마당으로 보아스를 찾아가 어떤 행동을 취할 것인가를 지시하는 행동 지침은 언뜻 보아 그대로 따르기가 난감한 내용인데도 룻이 즉각적으로 그대로 순종하는 내면에는 나오미에 대한 배려도 담겨있다고 해야 할 것입니다.

보아스

보아스는 룻기에 등장하는 첫 순간부터(2장) 결혼이 성사되기까지(4장) 내내 오로지 룻을 배려한 행동으로 일관합니다. 추수 밭에서 처음 만나 그 여자가 룻이라는 사실을 알고부터 보아스가 즉각적으로 어떻게 룻을 배려하고 있는가는 룻기 2장에서 상세하게 살펴본 것과 같습니다. 단순히 룻만이 아니라, 룻이 모시고 사는 시어머니에 대한 배려도 빼놓지 않습니다. 음식을 충분히 주어 남은 것을 나오미가 있는 집으로 가지고 갈 수 있도록 배려합니다.

그리고 3장에 오면 보아스의 룻에 대한 배려는 절정에 이릅니다. 룻의 평생을 책임지고 그의 가문까지도 책임지기 위한 본격적인 작업에 신속하고 확고하게 뛰어드는 것입니다. 보아스는 룻이 여호와의 날개 아래 보호를 받으려고 베들레헴으로 온 사람이라고 확신하고 있습니다. 그리고 룻의 그간의 착한 행실에 대하여 하나님이 보답하시고 상주실 것이라고 확신하고 있습니다. 그래서 추수 밭에서 그렇게 말했던 것입니다. "여호와께서 네가 행한 일에 보답하시기를 원하며 이스라엘의 하나님 여호와께서 그의 날개 아래에 보호를 받으러 온 네게 온전한 상 주시기를 원하노라"(룻 2:12). 그리고 다시 만난 타작 마당에서도 다시 말합니다. "내 딸아 여호와께서 네게 복 주시기를 원하노라"(룻 3:10). 그리고는 자신이 그 보상을 하고 그 날개가 되며 그 복이 되려고 나선 것입니다. 사실 타작마당에서 룻이 보아스에게 내놓은 "당신의 옷자락을 펴 당신의 여종을 덮으소서"(룻 3:9)라는 요청은 추수 밭에서 보아스가 했던 그 말에 대한 응대라고 할 수 있습니다. 타작마당에서 헤어질 때에도 보아스는 역시 나오미에 대한 배려를 잊지 않습니다. "빈 손으로 네 시어머니에게 가지 말라"고 하면서 추수한 보리를 여섯 번을 되어 룻에게 지워줍니다(룻 3:17). 상식을 뛰어넘는 분량의 곡식을 담아주어 한 끼 해결이 아니라 여러 날의 양식 걱정을 배려합니다.

　세 사람이 한결같이 자기 자신이 아니라, 상대방의 행복을 배려하여 자기의 행동을 취하고 있습니다. 이들이 살아가고 있는 시대가 사사 시대라는 사실을 의식한다면 세 사람이 보여주는 이런 모습은 매우 충격적입니다. 모두가 제 소견에 옳은 대로 사는 세상, 철저하게 자기중심적인 원리로 사는 것이 그 시대의 정신인 현실에서 그 세태를 거스르며 서로를 배려하고 자기희생적으로 사는 사람들이 이렇게 있다는 사실을 과시하고 있기 때문입니다. 그리고 이어지는 룻기의 나머지 내용은 이렇게 다른 사람의 행복을 위하여 산 것이 결국은 자기 자신에게도 큰 복이 되어 돌아왔다는 것을 보여줍니다. 시대가 그렇고 문화가 그렇기 때문에 도리가 없다며 신앙인의 원리를 접고 세태를 따라 사는 것은 정당화될 수 없습니다. 여전히 세태를 거스르며 신자답게 사는 사람들이 얼마든지 있습니다.

철저한 자기 중심 시대의 고통과 대안

　오늘날은 모든 사람이 사사 시대와는 비교할 수 없이 더 철저하게 자기 소견에 옳은 대로 살아가는 시대입니다. 철저한 개인주의와 절제되지도 않고 통제되지도 않는 자기중심주의가 삶의 철학이 되고 시대의 풍조가 되어버리고 말았습니다. 사람들은 자기 자신의 문제에만 관심을 갖고 살아갑니다. 자기가 원하는 것을 추구하고 누리는 것에만 집중하고 자기 이외의 다른 사람에 대하여는 의식적으로 철저하게 무관심으로 일관합니다. 이것이 자기 자신의 안전을 보장하는 길이요, 상대방에 대한 예의라고 여기게 되었습니다. 언뜻 보면 다른 사람에게 관심 가질 필요도 없고, 관심 받을 필요도 없어서 모두가 편하고 자유롭고 행복한 것처럼 보입니다.

그러나 사람은 혼자 살도록 창조되지 않았습니다. 혼자 사니까 신경 쓸 일도 없고 얽매일 일도 없어서 사는 것이 편하다고 말은 하지만, 각 사람의 본능 깊은 곳에서는 혼자여서 외롭고, 불안하고 때로는 무섭다고 하소연 합니다. 인생이 너무 허전하고 허무하고 외롭다는 본능적 호소에 무엇인가 돌파구를 찾고, 혹은 어디론가 도피처를 찾으려고 때로는 발버둥을 치기도 합니다. 외로움이 괴로움이 되고 그것은 원인 모를 상처와 고통이 되기도 합니다. 자살율이 나날이 급증하고 항정신성 의약품의 사용량이 급증하고 있다는 보고는 이러한 사회 현상과 무관하지 않을 것입니다.

사도 바울은 디모데후서 3장1절에서 말세를 "고통의 때"라는 한 마디로 규정합니다. 그리고 고통의 원인이 되는 원인들을 20가지 가까이 나열합니다(딤후 3:1-5). 그런데 그 항목들을 가만히 살펴보면 결국 공통적인 본질은 하나입니다. 철저한 자기 사랑입니다. 긍정적인 의미에서 자기애가 아니라, 자기의 욕망 충족을 위한 탐욕적 집착을 말하는 것입니다. 자기 자신의 욕망 충족에만 집중하는 철저한 자기 중심적 삶의 태도가 말세의 고통을 만들어내는 것입니다. 모두가 자기 자신의 만족과 행복을 추구한다는 명분으로 절제되지도 않고 통제되지도 않는 철저한 "자기 소견에 옳은대로" 살다보니 모두가 모두를 고통스럽게 합니다. 나는 나 자신을 위하여 그 사람을 고통스럽게 하고, 그 사람은 그 사람의 행복추구권을 최우선으로 사느라 나를 고통스럽게 합니다. 그러다 보니 우리 모두는 우리 모두를 고통스럽게 합니다. 결국 우리는 모두 고통하며 사는 이 시대의 사람이 되고 마는 것입니다.

사람은 다른 사람과 거리를 두고 혼자 격리 상태로 살아갈 때가 아니라, 누군가 함께 있고 누군가와 동류의식을 공유하며, 누군가 나를 이해해주는 사람이 있다는 사실을 확인하고, 내가 누군가의 관심을 받고 있음을 의식할 때 사람은 마음도 안정되고 평안하고 사는 보람과 즐거움을 느끼게 됩니다. 이것을 만들어내는 것은 서로의 서로에 대한 배려입니다. 이런 의미에서 지독한 자기 이기주의가 판을 휩쓸고 있는 이 시대에 모두가 함께 살기위하여 필요한 것은 배려입니다. 모두가 자기 혼자이고 그래서 외롭고 고통스러운 이 시대에 참으로 필요한 것은 배려입니다.

공감과 긍휼

배려의 구체적인 내용은 공감과 긍휼입니다. 공감은 상대방과 같은 입장이 되는 것입니다. 그것은 단순한 동정심이 아닙니다. 상대방과의 동일화라고 할 수 있습니다. 긍휼은 나를 희생하여 상대방을 일으켜 세우는 것입니다. 그것은 단순한 선심 쓰기가 아닙니다. 나를 나눔입니다. 우리가 룻기의 나오미와 룻과 보아스에게서 보는 배려가 이것입니다. 그리고 공감과 긍휼로 이루어지는 이러한 배려의 절정을 우리는 예수님에게서 확인합니다. 예수님은 죄로 말미암아 멸망할 우리를 하늘에서 내려다보며 혀를 차며 안됐다고 동정하시고 끝나지 않았습니다. 사람이 되어 우리에게로 오셨습니다. 오셔서 한번 둘러보고 어떻게든 살 길을 찾아보고 멸망에서 벗어날 길을 찾을 수 있으면 좋겠다고 격려하고 가버리지 않았습니다. 자기 자신이 목숨을 내어놓아 그 목숨 값으로 우리를 살려내셨습니다. 우리에게로 오셔서 우리의 입장이 되셨고, 자기를 희생하여 우리를 일으켜 세우신 것입니다. 사도 바울은 빌립보서 2:6-8에서 이 사실을 이렇게 진술합니다.

> 그는 근본 하나님의 본체시나 하나님과 동등됨을 취할 것으로 여기지 아니하시고 오히려 자기를 비워 종의 형체를 가지사 사람들과 같이 되셨고 사람의 모양으로 나타나사 자기를 낮추시고 죽기까지 복종하셨으니 곧 십자가에 죽으심이라(빌 2:6-8).

지독한 자기중심적 삶의 태도로 모두가 각각 제 소견에 따라 사는 것이 시대의 풍조가 되어버린 이 시대에 신자로서 우리는 시대의 풍조를 거스려 사는 용기를 실천해야 합니다. 그것은 예수 그리스도를 통하여 우리가 받은 대로, 그리고 그에게서 확인하고 배운대로 서로에 대한 공감과 긍휼로 실천되는 배려로 살아가는 것입니다. 그래서 사도 바울도 위의 말씀을 하기 전에 서두로 "너

희 안에 이 마음을 품으라 곧 그리스도 예수의 마음"이라고 선언
하였습니다. 화초에 대한 관심과 배려 못지 않게, 애완 동물에 대
한 애정과 배려보다도 훨씬 더 이제는 사람에 대한 배려로 다른
사람과 함께 사는 삶을 살아야 합니다. 사람은 혼자 살도록 창조
되지 않았다는 것은 성경도 말하고, 우리의 본능도 계속 말하고
있는 사실입니다.

지독한 이기주의가
판을 휩쓸고 있는 이 시대에,
모두가 자기 혼자이고
그래서 외롭고 고통스러운 시대에
모두가 함께 살기위하여
참으로 필요한 것은
배려입니다.

룻 3:1-6

룻의 시어머니 나오미가 그에게 이르되 내 딸아 내가 너를 위하여 안식할 곳을 구하
여 너를 복되게 하여야 하지 않겠느냐 네가 함께 하던 하녀들을 둔 보아스는 우리의
친족이 아니냐 보라 그가 오늘 밤에 타작 마당에서 보리를 까불리라 그런즉 너는 목
욕하고 기름을 바르고 의복을 입고 타작 마당에 내려가서 그 사람이 먹고 마시기를
다 하기까지는 그에게 보이지 말고 그가 누울 때에 너는 그가 눕는 곳을 알았다가
들어가서 그의 발치 이불을 들고 거기 누우라 그가 네 할 일을 네게 알게 하리라 하
니 룻이 시어머니에게 이르되 어머니의 말씀대로 내가 다 행하리이다 하니라 그가
타작 마당으로 내려가서 시어머니의 명령대로 다 하니라

03

순종

하나님의 섭리에 순종하는 사람들

나오미

나오미는 자신의 현실에서 일어나고 있는 일들을 보며 하나님의 손길을 예민하게 알아볼 뿐 아니라, 영적 민첩성을 발동하여 즉각적인 행동으로 반응합니다. 이것은 하나님의 뜻과 하나님이 역사를 진행하시는 섭리에 대한 순종입니다. 나오미가 룻과 보아스의 결혼을 성사시켜 룻을 복되게 하리라고 결단하고 나선 것은 단순히 혼자 남은 며느리에 대한 안쓰러움이나 애정에서 나오는 며느리 사랑의 도덕적 선심에서 나온 것이 아니었습니다. 하나님께서 그 일을 원하시고 하나님께서 그 일을 진행하고 계시며, 그 일에 자신이 나서도록 하나님이 원하신다는 확신에서 온 행동이었습니다. 외형적으로는 어디에서나 볼 수 있는 며느리 사랑의 행동일

수 있지만, 그 행동을 유발해낸 원인은 하나님에 대한 순종이었던 것입니다. 그러므로 나오미의 행동은 도덕적 행위가 아니라, 신앙 행위인 것입니다. 외형이 같다고 본질도 언제나 같은 것은 아닙니다. 룻에게 시어머니 나오미가 느닷없이 행동 지침을 내려줍니다. 그것이 룻기 3장 2-4절입니다.

> 네가 함께 하던 하녀들을 둔 보아스는 우리의 친족이 아니냐 보라 그가 오늘 밤에 타작 마당에서 보리를 까불리라 그런즉 너는 목욕 하고 기름을 바르고 의복을 입고 타작 마당에 내려가서 그 사람이 먹고 마시기를 다 하기까지는 그에게 보이지 말고 그가 누울 때에 너는 그가 눕는 곳을 알았다가 들어가서 그의 발치 이불을 들고 거기 누우라 그가 네 할 일을 네게 알게 하리라(룻 3:2-4).

룻

참 희한한 것은 나오미가 그렇게 다 말하자, 룻이 그대로 순종 한다는 사실입니다. 우리가 이미 룻기 처음 대목에서 보았다시피 룻이 얼마나 자기 주관이 분명한 사람입니까? 시어머니가 돌아가 라 할 때도 그걸 거역하고 따라온 여자 아닙니까? 룻은 분별력이 있고 자기 주관이 분명한 사람입니다. 룻은 시어머니가 하는 말씀 이기 때문에 무슨 말이든지 그대로 순종하는 그런 사람은 아닙니 다. 그런데 이렇게 똑똑하고 자기 주관이 분명한 룻이 언뜻 들으 면 밤에 가서 남자를 홀려서 불륜의 애정행각을 벌이고 오라는 말처럼 들리는 시어머니의 이 말을 다 듣고 즉석에서 하는 대답과 행동이 룻기 3장 5절입니다.

> 룻이 시어머니에게 이르되 어머니의 말씀대로 내가 다 행하리이
> 다 하니라(룻 3:5).

룻은 즉각적으로 어머니의 말씀대로 다 행하겠다고 반응합니다. 그리고는 두말없이 순종합니다. 룻기의 저자는 6절에 이 사실을 마치 인증샷을 찍듯이 확실하게 확인을 해줍니다. 룻이 왜 시어머니의 그 위험천만한 지시를 조금도 망설이거나 이견을 제시하지 않고 그대로 따르는 것일까요? 본문은 명백히 말하고 있지 않지만 룻은 그것이 하나님의 섭리를 순종하는 구체적인 방편이라는 판단을 한 것이 분명합니다. 룻이 1장에서 본래 고향으로 돌아가라는 시어머니 나오미의 말을 끝까지 거부하고 베들레헴으로 따라가겠다고 나설 때의 이유는 하나님이 거기 계시기 때문에 하나님이 있는 곳으로 가겠다는 것이었습니다. 아마 이번에도 같은 이유였을 것이라고 추론하는 것은 무리가 아닙니다. 하나님 때문입니다. 그것이 하나님의 길이라는 확신이었을 것입니다.

> 그가 타작마당으로 내려가서 시어머니의 명령대로 다 하니라
> (룻 3:6).

룻이 시어머니가 말한대로 타작마당으로 내려갔고, 시어머니가 준 행동지침대로 모든 일을 수행했다고 미리 결론을 내려놓고 이야기를 진행합니다. 룻의 순종을 강조하려는 어법입니다. 나오미의 상황 파악은 매우 정확하였습니다. 그가 예측한 대로 모든 일이 착착 진행됩니다(룻 3:7-13).

> 보아스가 먹고 마시고 마음이 즐거워 가서 곡식 단 더미의 끝에 눕는지라 룻이 가만히 가서 그의 발치 이불을 들고 거기 누웠더라 밤중에 그가 놀라 몸을 돌이켜 본즉 한 여인이 자기 발치에 누워 있는지라(룻 3:7-8).

시어머니의 행동 지침을 따라 룻이 누워있습니다. 보아스가 한참을 자다가 느낌이 이상해서 벌떡 일어나서 몸을 돌이켜서 보니 웬 여자가 자기 발끝에 누워있는 거예요. 깜짝 놀라서 묻습니다. 너는 누구냐? 룻이 대답합니다. 당신의 여종 룻입니다. 그리고 사건이 진행되는데 이 대목을 놓고 그동안 구설수가 많았습니다. 지금도 많습니다. 어떤 사람들은 이 대목을 놓고 시어머니가 자기 젊은 며느리를 보내서 다른 남자와 불륜의 애정행각을 벌이도록 조종한 것처럼 말하기도 합니다. 겉모습만 보면 영락없이 그것입니다. 그래서 이 대목을 가지고 이런저런 추측을 해서 성행위를 위한 유혹을 내용으로 소설을 쓴 사람도 있고, 이런저런 다른 주장을 하는 사람도 있습니다. 주고받는 말이나 하는 행동거지는 영락없는 불륜의 애정행각처럼 보입니다. 보아스가 너는 누구냐? 라고 물으니 룻이 당신의 여종 룻이오니 당신의 옷자락을 펴 당신의 여종을 덮으소서 라고 대답합니다. 여러분이 보기에 어떻습니까? 당신 이불 속에서 같이 잡시다 라는 의미 말고 다른 얘기로 읽을 수 있을까요? 영락없이 동침을 요구하는 것처럼 보인단 말이지요. 그러니 여러 사람이 이 본문을 유혹과 관련된 것으로 해석하는 거예요. 그러나 사실은 그렇지 않습니다. 주의를 기울여 찬찬히 본문을 잘 살피면 본문 자체가 그렇게 보는 것을 강하게 배격하고 그것을 금하는 장치를 하고 있습니다. 그래서 불륜의 애정행각으로 볼 수 없습니다.

오늘 본문이 참으로 재미있습니다. 저자는 고도의 문학적 기교를 발휘하고 있습니다. 룻이 보아스에게 나는 당신의 여종 룻이오니 당신의 옷자락을 펴 당신의 여종을 덮으소서(3:9)라고 말합니다. 그러면서 왜 당신은 그렇게 해야 하는지 이유와 근거를 보아스에게 말합니다. 왜냐하면 당신이 기업을 무를 자이기 때문입니다(3:9)라는 말입니다. 이 말은 나하고 당신이 이불 속에서 같이 잡시다라는 말이 아닙니다. 당신이 우리 집안의 기업 무를 자 아닙니까? 그러니 기업 무를 자의 일을 하십시오 라는 말입니다. 그러니 동침을 하자는 요구가 아닌 것이 분명하지요. 룻의 그런 요구에 대한 보아스의 반응을 보면 더 분명해집니다. 보아스가 그 말을 듣고 바로 반응을 합니다. 그가 이르되 내 딸아 여호와께서 네게 복 주시기를 원하노라(3:10). 여러분, 밤중에 뒷골목에서 어떤 여자가 남자를 딱 붙잡고 나하고 같이 잡시다 그러는데 그 여자보고, 여호와께서 너에게 복 주기를 원하노라 하고 말하는 사람이 세상에 어디 있어요? 그렇잖아요? 그러니까 보아스도 룻의 말을 지금 불륜 관계를 맺고 이 밤을 같이 즐깁시다 라는 말로 알아듣지 않고 있다는 것이 분명합니다. 보아스는 또 룻에게, 네가 현숙한 여자라는 것은 성읍 백성 모두가 아는 사실이라고 까지 말합니다(11절). 동침하자고 유혹하는 여자에게 당신은 정말 현숙한 여자예요 라고 말하는 사람이 있습니까? 두 사람 모두 육체관계에 관심이 있어서 벌이는 불륜 행각이 아니라고 본문은 자꾸 강조해서 말하고 있습니다. 결국, 나오미가 룻에게 당부하고 룻이 보아스를 찾아와 행한 것은 보아스와 결혼하자는 요청이었습니다. 룻이 취한 복장도 과부의 상복이 아니라, 결혼 할 수 있는 준비가 되었음을 표현하는 여자의 복장이었습니다. 결국 나오미의 지시와 그에 따라 룻이 취한 이 모든 행위는 한마디로 요약하면 결혼 준비 혹은 결혼을 요청하는 모습인 것입니다. 그 요청을 듣고 보아스가 실제로 취한 행동을 보아도 분명합니다. 보아스는 계속해서 룻에게 답을 합니다.

> 네가 가난하건 부하건 젊은 자를 따르지 아니하였으니 네가 베푼 인애가 처음보다 나중이 더하도다(룻 3:10).

보아스는 룻의 행동을 엘리멜렉 가문의 대를 잇게 하려고 기업 무를 자에게 결혼을 요청한 것으로 이해하고 있습니다. 그리고 젊은 여자인데도 자기의 욕심이나 잇속이 아니라, 기업 무를 자라는 것을 내세워 아버지뻘 되는 늙은 보아스에게 결혼을 요청하는 것을 칭찬합니다. 그리고 룻의 행위를 인애의 활동, 곧 헤세드의 행위로 해석합니다. 룻은 인애 곧 헤세드를 베푸는 사람일 뿐 아니라, 처음의 인애보다 나중의 인애가 더 큰 사람이라고 칭찬합니다. 보아스는 룻이 고향을 떠나 나오미를 따라서 베들레헴까지 온 것을 처음 인애로, 베들레헴에서도 젊은 여자로서 다른 길로 가지 않고 여전히 시어머니를 모시고 사는 것을 룻이 베푼 나중 인애로 말했을 수 있습니다. 그런가 하면 모압에서 남편이 죽을 때까지 그를 사랑하면서 살았던 것을 처음 인애로, 그리고 지금 다시 결혼하여 죽은 남편의 가문을 이어주려고 하는 것을 나중 인애로 말했을 수도 있습니다. 아무튼 보아스는 룻의 처신을 기업 무를 자인 자기에게 결혼을 요청한 것이고, 그것은 하나님께 복 받을 만한 일로 받아들이고 있습니다. 그래서 그 자리에서 결론을 내려 룻에게 답을 합니다.

이제 내 딸아 두려워하지 말라 내가 네 말대로 네게 다 행하리라 네가 현숙한 여자인 줄을 나의 성읍 백성이 다 아느니라(룻 3:11).

보아스

내가 네 말대로 네게 다 행하리라는 말은 기업 무를 자로서 책임을 룻에게 다하겠다는 것입니다. 룻의 요청대로 룻과 결혼을 하겠다는 것이지요. 사실 보아스는 룻의 요구를 받아들이지 않아도 괜찮습니다. 기업 무를 자에게 결혼의 의무가 지워져있지는 않기 때문입니다. 이스라엘에는 레비리트 결혼법 혹은 수혼법이라는 규례가 있었습니다. 죽은 형제의 아내와 결혼하여 죽은 자의 후사를 이어줌으로써 죽은 형제의 이름이 끊어지지 않고 이어지게 하는 법입니다. 그러나 기업을 무르는 고엘 규정과 죽은 형제의 대를 이어주는 이 결혼법은 별개의 것입니다. 그러니까 보아스가 기업 무를 자라고 하여도 결혼을 할 책임까지 있는 것은 아닙니다. 그리고 참으로 나는 기업 무를 자이나 나보다 더 가까운 사람이 있다(3:12)고 룻에게 말하는 것을 보면 보아스는 기업무를 자의 순서에서도 자기 앞에 다른 사람이 있다는 것을 이미 알고 있습니다. 그러니까 보아스는 룻의 요청을 얼마든지 정당하게 거부할 수 있는 법적 근거도 있고 당당한 명분도 있습니다.

그런데 룻의 프로포즈를 그 자리에서 받아들입니다. 이것은 법에 대한 그들의 무식을 드러내는 것이 아닙니다. 이 모습을 통하여 본문이 우리에게 분명하게 하고 싶은 말이 있습니다. 이들의 진정한 관심이 어디에 있는가를 강조하려는 것이지요. 나오미도 룻도 그리고 보아스도 기업 무를 자라는 것 가지고 결혼까지 요구할 수 없다는 것을 다 알고 있습니다. 그런데 결혼을 요구하고 있고, 또 보아스도 당연히 결혼을 포함하는 것으로 받아들이고 있습니다. 이들이 이렇게 하는 근거는 하나입니다. 언약적 사랑이라고 일컫는 헤세드입니다. 이들은 어떤 사람이 너무 가난하여 유산으로 물려받은 기업을 팔면 그의 근족이 토지를 다시 사서 갚아야 한다는 고엘 제도의 근본정신이 경제적 원리가 아니라 언약적 사랑의 원리에 있다는 것을 간파하고 있습니다. 사실 고엘이라는 말은 구원자라는 뜻입니다. 이 말은 진정한 구원자이신 하나님을 떠올리게 합니다. 지금 나오미와 룻은 보아스에게 고엘의 의무이행이 아니라, 구원자의 헤세드를 호소하고 있습니다. 룻의 결혼은 고엘 법이 아니라 보아스가 헤세드를 베풀어야만 해결될 수 있는 문제인 것입니다. 그러므로 이 문제는 법적 의무 이행이 아니라, 보아스의 마음에 달려있는 것이지요. 보아스도 이것을 알고 있습니다. 그래서 그는 룻에게 헤세드를 베풀기로 결단을 하는 것입니다. 본문은 지금 보아스는 법규정이나 명분을 지키는 정도를 뛰어넘어 룻에게 구원자의 헤세드를 베풀고 있다는 사실을 강조하고 있습니다. 실제로 타작마당에서 이루어진 두 사람의 대화의 중요한 주제도 사실은 인애 곧 헤세드입니다. 보아스가 결혼을 요청하는 룻에게 한 첫마디 말은 여호와께서 룻에게 복주시기를 원한다는 것이었습니다. 하나님의 헤세드를 구하는 말입니다. 그리고 이어서 룻의 그간의 행위를 인애라는 말로 요약합니다. 보아스는 지금 그 하나님의 헤세드를 대행하고 있고, 룻이 그간 행한 헤세드에 헤세드로 답을 하고 있는 것입니다. 결국 요청하는 룻이나 응답하는 보아스나 구원자이신 하나님의 구원 행위를 근거로 삼고 있습니다. 이런 점에서 보아스는 단순히 기업을 무르는 고엘의 범위를 뛰어넘어 구속의 은혜를 베푸시는 구원자 하나님을 떠올리게 합니다. 보아스는 하나님께서 구속의 은혜로 우리를 대하시는 것처럼 룻을 하나님의 인애로 대할 것이며 그 구체적인 증거로 룻과 결혼하겠다고 말하는 셈입니다. 이것이야 말로 하나님을 순종하며 사는 모습이기도 합니다. 진정한 순종은 하나님의 중심을 실행하며 사는 것입니다. 하나님의 중심은 우리가 서로 사랑하는 것이며, 그것이 가장 큰 최우선의 계명이라고 예수님은 누누이 강조하셨습니다.

완벽한 조화

보아스는 룻에 대하여 아주 중요한 말을 합니다. 룻이 현숙한 여자라는 것입니다. 이것은 보아스의 주관적인 판단이 아니라, 성읍의 모든 사람들이 인정하는 사실이라고 말합니다. "네가 현숙한 여자인 줄을 나의 성읍 백성이 다 아느니라." 여기 현숙한 자라는 말은 보아스가 처음 등장할 때 유력한 자라고 그를 소개했던 바로 그 말입니다. 룻기 2장은 유력한 자 보아스와, 그에 비하면 도저히 어울리지 않는 천한 룻의 대조로 시작하였습니다. 그런데 시간이 흐르면서 어느덧 그 도시의 모든 사람들이 보아스에게 붙여준 그 별명을 룻에게 붙여주고 있습니다. 이 두 사람은 다른 사람들이 볼 때도 이미 잘 어울리는 한 쌍이 되어 있다고 본문은 넌지시 말하고 있는 것입니다. 이야기의 이러한 흐름은 우리로 하여금 지금 보이지 않는 하나님의 손길이 이들 사이에 강하게 움직이고 있다는 것을 감지하게 합니다. 어느 모로 보나 어울리지 않는 두 사람을 누가 보아도 잘 어울리는 자리까지 이들을 이끌어 오신 하나님의 손길입니다. 동시에 본문은 나오미, 룻, 보아스 이 세 사람이 모두 하나님의 섭리의 손길에 하나같이 순종하고 있다는 확신을 갖게 합니다. 모두가 하나님 없이 제 소견에 좋은 대로 사는 세상에서 이들은 지금 하나님의 손길을 감지하고 그에 순종하고 있는 것이지요. 그 순종의 내용이 자기 자신의 이익이나 행복이 아니라, 상대방의 이익과 행복을 위한 것임에도 이들은 그렇게 순종의 반응을 하는 것입니다. 보아스는 룻에게 약속한대로 두 사람의 결혼을 성사시키기 위한 매우 치밀한 계획과 전략을 세우고 그것을 룻에게 말해줍니다. 그리고 룻이 어떻게 처신할 것인지 자세하게 지시합니다. 날이 새자 후한 대접과 함께 룻을 집으로 돌려보냅니다.

모든 일이 나오미의 말대로 진행되고 있습니다. 돌아온 룻에게 간밤에 있었던 일을 소상하게 들은 다음 나오미가 내리는 확신에 찬 결론은 그것입니다. 보아스 그 사람은 반드시 이 일을 이루고야 말 사람이다! 그리고 룻에게 다음 행동 지침을 줍니다. 결과가 나올 때까지 앉아서 기다리라! 모든 것이 나오미가 계획하고 의도한 대로 진행되고 있고, 룻과 보아스도 그 일을 이루는 일에 전념하고 있습니다. 두 사람의 결혼을 성사시키기 위한 일에 전념하는 이 세 사람의 관심은 하나같이 상대방을 복되게 하려는 데에 초점이 맞추어져 있습니다.

하나님은 하나님의 손길에 민감할 뿐 아니라, 민첩하게 순종하는 사람들을 통하여 하나님의 역사를 이루십니다. 그러므로 우리가 하나님의 손길을 감지하고 순종하는 것은 그것이 아무리 힘들고 부담스러운 일이라 하여도 우리에게 영광이요 특권입니다. 나 같은 것을 통해서 하나님의 역사가 진행되는 것은 놀라운 은혜입니다. 더욱이 그 순종이 다른 사람을 복되게 하는 일이라면 그것은 우리 자신에게도 더 없는 복입니다. 이렇게 순종하는 이 사람들로 말미암아 결국 이루어진 개인적, 구속 역사적 결과가 무엇이었는가를 우리는 이 이야기의 마지막에서 확인하게 됩니다. 인생의 대반전, 그리고 역사의 대반전입니다. 한 사람의 하나님 순종이 얼마나 위대한 인생과 역사를 만들어내는가를 우리는 끝없는 감탄으로 확인하게 됩니다. 우리를 향한 하나님의 섭리의 손길을 민감하게 감지하고 그것에 즉각 즉각 순종하는 복된 삶을 살아가시기를 바랍니다.

진정한 순종은
하나님의 중심을 실행하며 사는 것
입니다. 하나님의 중심은 우리가
서로 사랑하는 것이며, 그것이 가장
큰 최우선의 계명이라고 예수님은
누누이 강조하셨습니다.

반전

룻기 4장

01 아무개
02 인생의 반전
03 역사의 반전

룻 4:1-10

보아스가 성문으로 올라가서 거기 앉아 있더니 마침 보아스가 말하던 기업 무를 자가
지나가는지라 보아스가 그에게 이르되 아무개여 이리로 와서 앉으라 하니 그가 와서
앉으매 보아스가 그 성읍 장로 열 명을 청하여 이르되 당신들은 여기 앉으라 하니
그들이 앉으매 보아스가 그 기업 무를 자에게 이르되 모압 지방에서 돌아온 나오미
가 우리 형제 엘리멜렉의 소유지를 팔려 하므로 내가 여기 앉은 이들과 내 백성의
장로들 앞에서 그것을 사라고 네게 말하여 알게 하려 하였노라 만일 네가 무르려면
무르려니와 만일 네가 무르지 아니하려거든 내게 고하여 알게 하라 네 다음은 나요
그 외에는 무를 자가 없느니라 하니 그가 이르되 내가 무르리라 하는지라 보아스가
이르되 네가 나오미의 손에서 그 밭을 사는 날에 곧 죽은 자의 아내 모압 여인 룻에
게서 사서 그 죽은 자의 기업을 그의 이름으로 세워야 할지니라 하니 그 기업 무를
자가 이르되 나는 내 기업에 손해가 있을까 하여 나를 위하여 무르지 못하노니 내가
무를 것을 네가 무르라 나는 무르지 못하겠노라 하는지라 옛적 이스라엘 중에는 모
든 것을 무르거나 교환하는 일을 확정하기 위하여 사람이 그의 신을 벗어 그의 이웃
에게 주더니 이것이 이스라엘 중에 증명하는 전례가 된지라 이에 그 기업 무를 자가
보아스에게 이르되 네가 너를 위하여 사라 하고 그의 신을 벗는지라 보아스가 장로
들과 모든 백성에게 이르되 내가 엘리멜렉과 기룐과 말론에게 있던 모든 것을 나오
미의 손에서 산 일에 너희가 오늘 증인이 되었고 또 말론의 아내 모압 여인 룻을 사
서 나의 아내로 맞이하고 그 죽은 자의 기업을 그의 이름으로 세워 그의 이름이 그의
형제 중과 그 곳 성문에서 끊어지지 아니하게 함에 너희가 오늘 증인이 되었느니라
하니

아무개

3장에서 우리가 본 것은 룻과 보아스의 결혼을 위해서 세 사람이 한마음이 되어 각각 역할을 감당하며 신속하게 일을 진행하는 모습이었습니다. 저녁 타작마당에서 시어머니 나오미의 지침을 따라 룻이 보아스에게 청혼을 하였습니다. 당신은 기업 무를 자이니 이제 기업 무를 자의 일을 행하시고 여호와의 날개로 나를 덮듯이 당신의 옷자락으로 나를 덮으십시오. 고엘이라고 불리는 구원자의 일을 하십시오. 보아스는 룻의 요청을 듣자마자 그 자리에서 룻을 축복하고 룻의 청혼을 받아들입니다. 두려워 하지 말라. 내가 네 말대로 너에게 모두 행하겠다. 그리고 이어지는 룻기 4장의 첫 장면은 성문 앞입니다.

　룻에게 약속한 것을 실행하기 위하여 보아스는 성문 앞으로 나아가서 앉아 있습니다. 보아스가 기업을 무르고 룻과 결혼하기 위해서는 먼저 해결해야 할 일이 있기 때문입니다. 기업 무를 자의 순위에서 보아스보다 우선권이 있는 다른 사람이 있어서 그 문제를 해결해야만 합니다. 보아스는 성문에 나와서 자기보다 순위가 앞서 있는 그 사람이 이곳을 지나가기를 기다리고 있습니다. 성문은 사람들의 왕래가 가장 많은 곳입니다. 그래서 물건을 사고 파는 일이나 공중 집회가 이곳에서 이루어지곤 합니다. 그뿐만 아니라, 성문은 재판과 같은 공적이고 법적인 결정이 이루어지는 장소이기도 합니다. 보아스는 나오미의 기업을 무르고, 룻과 결혼하는 일을 공적이고 합법적인 절차를 통하여 성취하기 위하여 구체적인 작업을 시작한 것입니다. 이렇게 시작하는 4장의 첫 장면은 두 가지 사실을 분명하게 보여줍니다. 첫째는 보아스가 이 일을 관철하기 위하여 얼마나 치밀하게 전략을 세우고 있으며, 얼마나 적극적이고 헌신적으로 이 일에 집착하고 있는가입니다. 보아스의 이런 모습을 가리켜 우리는 열정이라고 할 수 있을 것입니다. 둘째는 이 일을 진행하는 과정에서 생생하게 드러나는 보아스와 아무개라는 사람의 대조입니다. 이 두 사람은 어떤 점에서 서로 대조가 되며, 그렇게 서로 다른 모습으로 사는 이유가 무엇인가를 드러내줍니다.

얼마 동안인지는 모르지만 보아스가 성문 앞에서 기다리고 있습니다. 그때 마침 바로 그 사람이 이곳에 나타났습니다. 본문은 그것이 우연히 그렇게 된 것처럼 마침 이라고 합니다. 우연히 일어난 일이 아니라, 하나님의 손이 지금 움직이고 있다는 것을 은근히 강조하는 수사학적 어법입니다. 우리는 본문의 이러한 수사

법을 2장에서 보았습니다. 룻이 밭에 들어가 이삭을 줍는데 우연히 보아스의 밭이었고, 그때 마침 보아스가 밭에 왔다는 대목이었습니다. 그러나 이것은 우연히 그렇게 되었다는 말이 아니라 하나님이 룻을 그 밭에 들어가게 하셨고, 하나님이 그 시간에 보아스를 그 밭으로 오게 하신 것임을 강조함으로써, 하나님의 섭리로 일이 진행되고 있다는 것을 은근히 강조하는 것이었지요. 여기 성문에서도 하나님이 그 사람을 보아스가 있는 이곳으로 데려오신 것이라고 말하고 있는 셈이지요. 보아스는 그를 불러서 자기와 함께 앉게 합니다. 그리고 그 성읍의 장로 열 명을 불러서 증인으로 앉게 합니다. 이제 보아스는 이 사람과 담판을 지어서 그가 기업 무를 권리를 포기하도록 해야만 합니다. 그렇지 않고 우선순위에서 밀리면 룻과의 결혼은 물 건너가고 맙니다.

담판

보아스는 10명의 장로와 백성을 증인으로 세우고 함께 앉은 그 사람에게 묻습니다. 보아스가 그에게 묻는 내용은 간단히 말하면 이렇습니다. 엘리멜렉 가문의 기업 무를 자로서 나오미의 소유를 되사오는 일에 네가 나보다 우선권이 있는데 어떻게 하겠느냐? 그 기업을 네가 무르겠느냐? 네가 무르지 않으면 내가 하겠다. 그랬더니, 그 사람이 머릿속으로 계산기를 두드려 봅니다. 이게 괜찮은 사업이라는 계산이 나옵니다. 나오미에게 아들이 있는 것도 아니고, 그 후에 이어받을 손자가 있는 것도 아니니 자기가 나오미의 소유를 되사면 영원히 자기 것으로 할 수 있을 거 같고, 그렇다면 사업적으로 투자할 가치가 있단 말이지요. 그래서 즉각 내가 무르리라! 며 덥석 그것을 물었습니다. 아마 보아스는 가슴이 철렁했겠죠.

보아스는 그렇게 나올 줄 알았다는 듯 곧이어 다음 단계로 이 사람을 몰아갑니다. 보아스는 이미 이 사람은 어떤 성품을 가졌으며, 행동을 결정할 때 무엇을 가장 중요한 조건으로 여기는가 등을 치밀히 파악하고 대비한 듯합니다. 그래서 그 사람에게 다시 질문을 던집니다. 좋다. 그런데 알아야 할 사실이 더 있다. 네가 그 사람의 토지를 무르면 그 집에 아들이 끊어져 없기에 나오미의 며느리 룻까지 사서 대를 잇게 해야 한다. 그러자 그 사람이 다시 계산기를 두드려봅니다. 그랬더니 이건 대단한 부담입니다. 룻과 결혼했다가 만약 룻이 아들을 하나만 낳게 되면 그 아들이 엘리멜렉의 아들 말론의 이름으로 기업을 잇게 될 것이고, 그렇게 되면 이 사람은 지금 무른 기업을 영영 잃게 될 것입니다. 그것은 경제적으로 큰 손해지요. 계산이 이에 미치자 이 사람은 그 자리에서 마음을 바꿨습니다. 그래서 기업 무를 권한을 포기하겠다고 선언합니다. 그의 일관된 관심은 자신의 경제적 이익입니다. 자신의 처신과 행동을 결정하는 최우선의 기준은 언제나 철저한 자기중심과 자기 잇속입니다. 이것이 그가 일상을 살아가는 삶의 방식입니다. 그가 최종적으로 결론을 내리며 한 말은 이것입니다.

나는 내 기업에 손해가 있을까 하여 나를 위하여 무르지 못하노니
내가 무를 것을 네가 무르라 나는 무르지 못하겠노라(룻 4:6).

나는 무르지 않겠다는 말을 두 번씩 반복합니다. 무르지 않는
이유도 두 번씩 밝힙니다. 내 기업에 손해가 있을까 하여, 나를 위
하여. 그리고 보아스에게 말합니다. 내가 무를 것을 네가 무르라.
네가 너를 위하여 사라. 자기에게는 손해가 되는 것이, 어떻게 보
아스에게는 이익이 되는 것인지 알 수 없지만, 아무튼 그는 보아
스에게 너를 위하여 네가 사라며 신발을 벗어서 증거로 삼고 자기
의 우선권을 포기해버립니다.

사실 고엘 곧 기업 무름의 규정은 보아스가 이 사람에게 요구
한 것과는 전혀 다른 내용입니다. 나오미의 소유를 되사오는 것과
룻을 책임지는 것은 별개의 문제인 것입니다. 이미 앞에서 본 바
와 같이 고엘 제도는 재산 문제와 관련이 있습니다. 거기에 결혼
은 포함되지 않습니다. 말하자면 이 사람이 룻과 결혼해야만 된다
는 것은 포함되지 않습니다. 그건 형사취수 결혼법이라고 해서 대
가 끊어진 형제가 생겼을 때 다른 형제가 죽은 형제의 부인과 결
혼하여 대를 이어주는 다른 법입니다. 이 사람이 그 사실을 몰랐
을 리가 없습니다. 보아스도 이것을 알고 있습니다. 그러므로 보
아스가 나오미의 소유를 무르면 그의 며느리인 룻과 결혼도 해야
한다는 요구를 내놓았을 때, 그것은 기업 무르는 의무에 속하지
않으므로 그 조건은 받아들이지 않겠노라고 거절할 수 있다는 것

도 알았을 것입니다. 그러나 그는 그렇게 하지 않고 상당한 이익이 예상되는 기업 무르는 사업 자체를 포기해버렸습니다. 왜 그랬는지 알 수는 없지만 능히 짐작은 할 수 있습니다. 그는 많은 사람이 모인 자리에서 공개적으로 제시된 보아스의 요구를 공개적으로 거부하기에는 큰 부담을 느꼈을 것입니다. 기업 무름과 함께 며느리 룻도 책임져야 한다는 보아스의 요구에 담긴 핵심 포인트 때문입니다. 그것은 나오미의 가문과 룻의 처지를 딱하게 여겨서 구원자의 입장에서 인애를 베풀어 불쌍한 그들을 책임져주어야 한다는 것이지요. 보아스는 이제 기업 무름이라는 법적 책임 차원을 뛰어넘어 구원자가 베풀 헤세드의 차원으로 사안을 몰아가고 있는 것입니다. 장로들과 많은 군중이 모여서 주목하고 있는 그 자리에서 경제적 잇속만 챙기고 도덕적인 배려는 거부하는 사람으로 낙인이 찍힐 수 있다는 현장의 압력을 무시하기가 쉽지 않았을 것입니다. 자기 이익만 챙기는 매정하고 뻔뻔한 사람이라는 여론의 질타가 부담이 되는데, 그렇다고 경제적인 손해를 감수하는 일을 걸머지기는 싫어서 차라리 기업 무르는 일 자체를 포기해버리는 쪽을 택한 것입니다. 본문은 그가 보아스의 요구를 들은 다음 룻을 책임짐으로써 경제적인 손해를 보게 될 것이 싫어서 마음을 바꾸어 기업 무름을 포기했다고 밝힘으로써 그 사람은 이런 종류의 사람이라고 우리에게 고발하고 있습니다. 그리고 보아스와 그를 이 점에서 대조시키고 있습니다. 그 사람이 포기를 선언하자 보아스는 기다렸다는 듯이 장로들과 그곳의 모든 백성을 증인으로 삼아 선언을 합니다.

> 내가 엘리멜렉과 기룐과 말론에게 있던 모든 것을 나오미의 손에
> 서 산 일에 너희가 오늘 증인이 되었고 또 말론의 아내 모압 여인
> 룻을 사서 나의 아내로 맞이하고 그 죽은 자의 기업을 그의 이름
> 으로 세워 그의 이름이 그의 형제 중과 그곳 성문에서 끊어지지
> 아니하게 함에 너희가 오늘 증인이 되었느니라(룻 4:9-10).

이렇게 하여 드디어 나오미의 밭을 무르는 일과 룻과의 결혼
이 성사되었습니다. 그 자리에서 장로들과 백성들이 증인으로서
이 사실을 확증하고 아내가 된 룻과 남편이 된 보아스, 그리고 이
들 사이에서 태어날 자녀를 축복합니다. 나오미로부터 시작되어
룻과 보아스 세 사람이 한 마음으로 추진한 두 사람의 결혼은 이
렇게 해피 앤딩을 맞게 되었습니다. 그러나 본문이 드디어 이 두
사람의 결혼이 성사되었다는 해피 앤딩 못지않게 중요하게 우리
에게 제시하는 것이 있습니다. 보아스와 그 다른 사람의 대조입니
다. 이 대조를 위하여 본문은 룻기 4장의 거의 절반을 할애하여
사건을 상세히 기록합니다.

아무개

우리가 이 본문에서 주목해야 할 것이 있습니다. 여기 등장하
는 기업 무를 자의 칭호입니다. 본문은 이 사람을 아주 특이한 칭

호로 부르고 있습니다. 아무개입니다. 본문은 그 사람이 지나가니까 보아스가 그에게 "아무개여 이리로 와서 앉으라"고 했다고 기록합니다. 그러나 보아스가 그에게 아무개여! 라고 부를 리가 없다는 것은 분명합니다. 보아스는 이미 그가 누구인지 알고 있습니다. 그래서 그 얼굴이 나타나기를 성문에서 기다리고 있습니다. 심지어 그가 어떤 성격의 사람인지, 무엇을 기준으로 자기의 행동을 결정하는 사람인지까지 정확하게 파악하고 있습니다. 룻기의 저자가 보아스가 그 사람을 부른 이름을 기록하지 않고, 임의로 그냥 아무개라고 칭호를 바꾸어버린 것입니다. 그 이후에도 한 번도 이름을 밝히지 않고 그 기업 무를 자라는 말로 그 사람을 지칭합니다. 사실 이 사람은 룻기 전체에서 개인적인 역할이 있으면서 이름이 없이 등장하는 유일한 사람입니다. 룻과 달리 자기 고향 집으로 돌아가버린 오르바도 그 이름으로 기록한 것을 생각하면 룻기의 저자는 이 사람을 오르바 보다도 더 형편없는 사람으로 판단하고 있는 것인지도 모릅니다. 아무튼 본문은 매우 의도적으로 이 사람을 이렇게 아무개라고 호칭합니다. 저자가 의도적으로 그를 이러한 칭호로 부르고 있으므로 그 의도가 무엇인지를 파악하는 것이 중요합니다.

저자는 이 사람을 아무개라고 호칭함으로써 의도적으로 이 사람을 별것 아닌 존재로 무시하고 있습니다. 그는 그냥 그렇고 그런 사람일 뿐, 아무것도 아니라고 강조하는 것이지요. 그러나 실제로 그 사회에서 그는 아무것도 아닌 사람이 아닙니다. 그는 기업을 무를 만큼 재력가요, 그 사회가 다 알아보는 유명인사입니다. 본문 안에서도 그는 보아스와 대조를 이루며 등장하는 중요한 사람입니다. 그의 결정에 따라 룻기의 판도가 뒤바뀔만한 인물입니다. 보아스는 물론 독자들도 이 사람이 어떤 결정을 할 것인가에 촉각을 곤두세울 만한 영향력을 가지고 등장합니다. 그는 사실 룻기 4장 1-10절 단락에서 중요한 역할을 맡은 주인공입니다.

그 사회에서는 재력도 명망도 위치도 있는 이 사람을 본문은 어떤 점에서 별것 아닌 아무개라고 말하는 것일까요? 기업 무르는 일을 통하여 적나라하게 드러난 그의 사고방식과 삶의 태도 때문입니다. 그의 사람됨 때문인 것입니다. 보아스와의 대화를 통하여 본문은 그는 철저하게 자기중심과 자기 잇속을 중심으로 살아가는 사람이라는 것을 부각시키고 있습니다. 이것은 사사 시대의 모든 사람들이 그 시대를 사는 전형적인 삶의 방식이었습니다. 이런 점에서 여기 아무개는 사사 시대를 사는 사람들을 대표하는 상징적인 인물로 등장하고 있습니다. 하나님의 손길을 생각하지 않습니다. 사사기를 통해 우리가 이미 본 대로 철저하게 자기 소견에 좋은 대로 행동할 뿐입니다. 저 사람에게 무엇이 필요한가를 묻지 않습니다. 다른 사람에게 긍휼을 베풀고 헤세드를 베푸는 삶이 아니라, 철저하게 자기 자신의 잇속을 챙기는 것이 자기의 행동을 결정하는 최우선의 기준입니다. 그것은 그 시대의 모든 사람이 그렇게 살아가는 시대의 풍조였고, 그런 의미에서 그는 그 시대를 살아가는 모든 사람의 대표로 지금 등장하고 있습니다. 그가 얼마나 큰 재력가이든지, 그가 얼마나 높은 권세자이든지, 그의 명성이 어느 정도이든지 간에 그는 세상의 풍조를 따라 그냥 그렇게 살아가는 그 시대 어디에서나 볼 수 있는 아무개일 뿐입니다. 그 시대의 여론으로 보나 시대의 흐름으로 볼 때는 주류에 속하는 사람이지만, 그러나 하나님이 진행하시는 역사의 관점에서 볼 때, 아무것도 아닌 사람이라는 것을 본문은 이렇게 고발하고 있습니다. 이 사건 이후 그는 현장에서 모습을 감추고 사라집니다. 마치 오르바가 어미의 집으로 돌아가고 그것으로 그 여자의 모습은 끝이듯이, 마치 욥의 아내가 실컷 하고 싶은 불만 털어놓고 가출한 뒤 영영 그것으로 끝이듯이, 그것으로 아무개는 무대에서 사라집니다. 물론 그가 그렇게 사는 것을 죄라거나 악이라거나 혹은 비도덕적이거나 비윤리적이라고 정죄할 수 없습니다. 그의 행동과 처신은 법을 어긴 것도 아니고, 윤리적으로 몹쓸 짓을 한 것도 아닙니다. 자기의 권한을 행사했을 뿐입니다. 그러므로 그를 비난할 수는 없습니다. 그러나 하나님의 백성은 단지 법을 어기지 않고, 윤리적으로 흠잡히지 않는 대의명분을 유지하는 것보다는 훨씬 높고 고상한 차원의 삶을 살도록 부르심을 받고 있다는 것을 잊지 않아야 합니다. 그런 점에서 그는 보아스와는 완전히 다른 차원에서 살아가는 사람입니다.

신자의 삶, 교회의 처신

아무개가 제 잇속을 우선으로 자기 소견에 옳은 대로 사는 사사 시대의 대표적인 인물로 등장하고 있다면, 보아스는 그러한 풍조를 거스르며 사는 대표적인 사람으로 등장하고 있습니다. 보아스가 나오미의 기업을 무르고 룻과 결혼하여 그 가문을 책임지는 일을 기꺼이 행하기로 한 것은 아무개와는 다른 사업 전략이 있고 그래서 경제적으로 손해 보지 않을 자신이 있어서가 아니었습니다. 그는 아무개와는 다른 차원에서 사는 사람이기 때문이었습니다. 자기 소견과 자기중심 그리고 자기 잇속이 삶의 최고의 원리가 되는 세상 속에서, 그는 하나님의 섭리와 하나님의 인애를 행하는 것을 삶의 최고의 원리로 삼고 살아가는 사람입니다. 그는 사사 시대의 사람으로 남을 것인가, 하나님의 사람으로 살 것인가의 갈림길에서 하나님의 사람으로 살기를 작정한 사람이라고 할 수 있습니다. 이것이 바로 하나님의 백성, 곧 우리 신자들의 삶입니다. 신자는 다만 법을 위반하지 않고, 윤리적으로 비난받을 일이 아닌 정도로만 살아서는 안되는 존재들입니다. 우리는 그보다 훨씬 더 높고 고상하고 명예롭고 멋있는 삶으로 부르심을 받고 있다는 사실을 잊지 않아야 합니다. 그러므로 예수님은 아래와 같이 우리가 세상 사람들과는 근본적으로 다른 차원의 삶을 살아야 된다고 말씀하셨습니다.

또 네 이웃을 사랑하고 네 원수를 미워하라 하였다는 것을 너희가 들었으나 나는 너희에게 이르노니 너희 원수를 사랑하며 너희를 박해하는 자를 위하여 기도하라 이같이 한즉 하늘에 계신 너희 아

버지의 아들이 되리니..... 너희가 너희를 사랑하는 자를 사랑하면
무슨 상이 있으리요 세리도 이와 같이 아니하느냐 또 너희가 너희
형제에게만 문안하면 남보다 더하는 것이 무엇이냐 이방인들도
이같이 아니하느냐(마 5:43-47).

예수님은 우리가 법조문을 위반하지 않는 삶, 세리나 이방인
같은 세상 사람들이 사는 정도의 삶을 살기 위해서라면 굳이 하나
님의 아들이 될 필요가 없다고 말씀하시는 셈입니다. 신자는 모든
사람이 하나님을 거부하고 자기의 잇속을 따라 사는 세상에서도
여전히 하나님을 앞세우며 하나님을 삶의 최고 원리로 삼고 사는
사람입니다. 모두가 자기 정당성을 기준으로 살아가는 세상 속에
서도 헤세드를 베푸는 사랑과 희생의 원리로 다른 사람을 책임지
며 사는 사람들입니다. 세상 사람들보다 거짓말을 조금 덜 하면
되는 정도로는 안됩니다. 그들보다 법을 덜 어기는 정도로는 안됩
니다. 세상 사람들과 비교해서 그들보다 조금 더 착하게 사는 정
도로는 안됩니다. 다른 차원에서 사는 삶이어야 합니다. 그것이
많은 손해와 부담과 때로는 박해를 자초할지라도 그것을 걸머지
고 신자의 길을 가는 것입니다. 그렇지 않으면 우리는 그냥 하나
님 없이 사는 이 시대의 아무개로 남게 될 것입니다. 사실 오늘날
한국교회가 교회 안팎으로부터 능욕을 당하는 이유가 바로 이것
입니다. 세상은 신자들에게 그들과는 다른 삶을 보여주기를 기대
해왔습니다. 그들이 겁이 많아서, 욕심이 많아서, 죄가 많아서 살

수 없는 수준 높고 깨끗하고 자기희생적인 멋진 삶을 우리 신자들에게서 보기를 기대해 왔습니다. 교회의 처신에서 확인하고 싶었습니다. 예수를 믿고 하나님의 사람으로 산다는 것은 바로 그런 것이라고 그들은 알아왔으니까요. 그러나 우리는 그동안 세상으로부터 신자와 불신자, 교회와 세상 단체의 차이를 볼 수 없다는 불만에 찬 한탄을 오랜 세월 들어왔습니다. 근래에는 차이 정도가 아니라, 신자가 불신자보다 훨씬 못하다는 비난을 이곳저곳에서 듣고 있습니다. 교회와 신자들을 향한 막말 욕설이 난무하고 있습니다. 이 시대의 풍조를 거스를 수 없어서 하나님도 없고 그의 사랑도 없고, 예수님도 그의 말씀도 모른 체하면서 이 시대의 아무개로 살고 말 것인지, 아니면 시대의 흐름을 거스르는 위험을 감수하면서라도 이 시대의 나오미와 룻과 보아스로 살 것인지 이제 우리는 중대한 결단을 해야 합니다. 그렇지 않으면 예수님도 우리를 우리 교회들을 자기 잇속을 최고 우선순위로 살아가는 세상 어디에나 있는 아무개로 판정하실 것입니다. 그리고 예수를 드러내지 않고 그렇게 비겁하게 살아버린 우리를 예수님도 부끄러워하시면서 부인하실 것입니다.

> 누구든지 이 음란하고 죄 많은 세상에서 나와 내 말을 부끄러워하면 인자도 아버지의 영광으로 거룩한 천사들과 함께 올 때에 그 사람을 부끄러워하리라(막 8:38).

롯 4:11-17

성문에 있는 모든 백성과 장로들이 이르되 우리가 증인이 되나니 여호와께서 네 집에 들어가는 여인으로 이스라엘의 집을 세운 라헬과 레아 두 사람과 같게 하시고 네가 에브랏에서 유력하고 베들레헴에서 유명하게 하시기를 원하며 여호와께서 이 젊은 여자로 말미암아 네게 상속자를 주사 네 집이 다말이 유다에게 낳아준 베레스의 집 과 같게 하시기를 원하노라 하니라 이에 보아스가 룻을 맞이하여 아내로 삼고 그에 게 들어갔더니 여호와께서 그에게 임신하게 하시므로 그가 아들을 낳은지라 여인들 이 나오미에게 이르되 찬송할지로다 여호와께서 오늘 네게 기업 무를 자가 없게 하 지 아니하셨도다 이 아이의 이름이 이스라엘 중에 유명하게 되기를 원하노라 이는 네 생명의 회복자이며 네 노년의 봉양자라 곧 너를 사랑하며 일곱 아들보다 귀한 네 며느리가 낳은 자로다 하니라 나오미가 아기를 받아 품에 품고 그의 양육자가 되니 그의 이웃 여인들이 그에게 이름을 지어 주되 나오미에게 아들이 태어났다 하여 그의 이름을 오벳이라 하였는데 그는 다윗의 아버지인 이새의 아버지였더라

02

인생의 반전

마지막 장면 – 인생의 반전

보아스와 룻의 결혼이 확정된 이후 이어지는 룻기의 마지막 장면은 크게 세 가지 모습을 보여줍니다. 장로들과 백성들이 보아스를 축복하고, 이 두 사람 사이에 아들이 태어나고, 아들이 태어나자 여인들이 나오미를 축복하는 모습입니다. 이 모습들은 그 안에 매우 중요한 메시지를 담고 있습니다.

보아스가 성문 앞 모든 증인에게 자기가 나오미에게서 소유를 사고, 그의 과부 며느리 룻을 아내로 맞아 엘리멜렉 가문의 기업과 혈통의 대잇기를 책임지겠다고 선포합니다. 그러자 그 자리에 증인으로 앉아있던 장로들과 모든 백성이 환호하듯 일제히 그 사실을 확증하고 축복의 말을 쏟아냅니다. 조금 전까지도 긴장으로 가득 차 있던 성문 앞 광장은 갑자기 환호와 축제의 장소로 변하고 있습니다. 거기 있는 모든 사람이 이 사람 보아스의 처신을 보며 행복하고 즐거워합니다. 마음껏 보아스를 축복합니다. 오늘날 우리 신자들이 하는 처신을 보고 우리 주위에 있는 사람들과 사회가 이럴 수만 있다면 얼마나 좋을까요?

반전의 인생 – 보아스

룻기 4장 11-12절은 현장에 있던 장로들과 모든 백성이 기쁨에 차서 보아스에게 쏟아내는 축복입니다.

> 성문에 있는 모든 백성과 장로들이 이르되 우리가 증인이 되나니 여호와께서 네 집에 들어가는 여인으로 이스라엘의 집을 세운 라헬과 레아 두 사람과 같게 하시고 네가 에브랏에서 유력하고 베들레헴에서 유명하게 하시기를 원하며 여호와께서 이 젊은 여자로 말미암아 네게 상속자를 주사 네 집이 다말이 유다에게 낳아준 베레스의 집과 같게 하시기를 원하노라 하니라(룻 4:11-12).

이들은 아내가 될 룻, 보아스 자신, 태어날 아들과 그래서 이루어질 가문을 축복합니다. 그 내용이 매우 짜임새가 있고 질서 정연합니다. 먼저 보아스의 아내가 될 룻을 축복합니다. 여호와께서 네 아내로 하여금 라헬과 레아 두 사람과 같게 하시기를! 라헬과 레아가 야곱과 결혼하여 12지파의 족장을 낳고 그것이 이스라엘 역사의 기초가 되었던 사실과 이 두 사람의 결혼을 연결합니다. 야곱과 결혼한 라헬과 레아가 이스라엘 민족의 역사 형성에 중대한 역할을 했듯이, 이제 보아스와 결혼하는 룻이 이스라엘 역사에 그렇게 중요한 역할을 하게 되기를 축복합니다. 실제로 룻은 다윗의 할아버지가 될 아들을 낳아 메시야의 가계를 이어가는 중요한 역할을 하게 되지요. 이들은 이어서 보아스를 축복합니다. 여호와께서 네가 에브랏에서 유력하고 베들레헴에서 유명하게 하시기를! 에브랏과 베들레헴은 두 장소가 아닙니다. 베들레헴의 옛 이름이 에브랏입니다. 그러니까 이 말은 보아스가 베들레헴에서 재력이 있고 뛰어나게 되기를 기원하는 축복입니다. 그런 다음 이 두 사람 사이에 태어날 자녀와 그로 말미암아 이루어질 그의 가문을 두고 축복합니다. 여호와께서 네게 상속자를 주시고 그래서 이루어지는 너의 집이 다말이 유다에게 나아준 베레스의 집과 같게 하시기를! 다말과 유다 사이에 베레스가 태어난 사건은 창세기 38장에 자세히 기록되어 있습니다. 그다지 덕스럽지 않은 사건이지요. 유다에게는 세 아들이 있는데 다말은 유다의 큰 며느리였습니다. 그런데 다말의 남편인 큰아들이 죽었습니다. 그러니까 당연히 큰아들의 대를 이으려면 둘째가 다말을 책임져야 하지만, 둘째는 형님의 대가 이어지는 게 싫었습니다. 그래서 자기 나름대로 꼼수를 써서 아이가 생기지 못하게 했습니다. 그러자 하나님이 노하셔서 둘째를 죽이셨습니다. 유다는 다말때문에 첫째와 둘째 아들이 죽었다고 생각합니다. 둘째가 죽었기 때문에 이제는 셋째 아들이 다말에게로 들어가서 다시 대가 이어지도록 해야 합니다. 그런데 유다는 다말이 아들을 둘씩이나 잡아먹었다고 생각하고 막

내 아들까지도 다말과 동침했다가 죽으면 어떻게 하나 겁이 나서 그녀를 쫓아내버립니다. 다말은 남편의 대를 잇기 위하여 고민합니다. 그런데 유다가 양털 깎으러 간다는 말을 듣습니다. 다말은 남편의 대를 잇게 하는 일을 스스로 해결하려고 작정하고 유다가 양털을 깎기 위하여 가는 곳에 미리 가서 창녀로 변장하고 시아버지 유다를 유혹해 동침합니다. 당장에 화대가 없었던 유다는 값을 치르겠다는 담보로 자신의 도장과 끈을 다말의 요구대로 줍니다. 다말이 유다와 동침해서 임신을 했습니다. 유다는 다말이 행음을 해서 임신했다는 소문을 듣습니다. 유다는 수절해야 할 며느리가 나쁜 짓을 했다는 이유로 다말을 사형시키려 합니다. 그러자 다말이 이거 당신 것 맞지요? 하면서 유다에게 화대 대신 받았던 그 증표를 내놓습니다. 그것을 보고 유다는 자기가 경솔했음을 인정하고 자기 잘못을 다 고백합니다. 결국 다말은 유다로 말미암아 쌍둥이를 낳았습니다. 그중 둘째가 본문에서 네 집이 다말이 유다에게 낳아준 베레스의 집과 같게 하시기를 원하노라고 한 바로 그 베레스입니다. 그렇게 베레스가 태어난 것입니다. 유다 가문의 대를 잇는 것이 불가능하게 된 상황에서 그렇게 베레스가 태어남으로써 가문의 계보가 이어지게 된 것입니다. 그런데 이 사람 베레스는 다윗의 조상이 되고 그 가계는 결국 메시아의 가계가 되지요. 결국 베레스는 단순히 아버지의 가계를 잇는 정도가 아니라, 메시아의 족보를 이어가는 놀라운 역할을 하게 된 것이지요. 그 아래의 족보에서 보듯이 이 사람은 보아스의 조상입니다. 장로와 백성들은 보아스에게 대를 잇는 아들이 생길 뿐 아니라, 그 아들로 이어지는 가문이 베레스가 했던 것 같이 구속사를 잇는 역할을 하게 되기를 축복하는 것입니다. 이렇게 보면 장로들의 축복의 핵심은 사실 보아스와 룻으로 말미암아 태어날 상속자에 초점이 맞추어져 있습니다. 그리고 이어지는 것은 보아스와 룻에게 아들이 태어났다는 보고입니다. 13절을 보십시오.

> 이에 보아스가 룻을 맞이하여 아내로 삼고 그에게 들어갔더니 여호와께서 그에게 임신하게 하시므로 그가 아들을 낳은지라(룻 4:13).

아들을 낳은 것입니다. 알다시피 룻은 이전에 10년 동안 전남편과 살았지만, 아이를 낳은 적이 없었습니다. 그런데 보아스와는 부부 관계를 맺자 곧바로 아이가 생기고 그 아이가 태어납니다. 바로 상속자가 생긴 것입니다. 장로들이 네게 상속자가 있기를 원한다고 축복하였는데 그 상속자가 바로 생긴 것입니다. 그런데 그것이 여호와께서 그렇게 하셔서 되었습니다. 룻기의 저자는 보아스와 룻의 결혼, 부부 생활, 임신, 그리고 아들의 탄생에 이르는 이 긴 이야기를 짧은 한 문장에 담아서 밝히고 있습니다. 그것이 13절입니다. 보아스가 룻을 맞이하여 아내로 삼고 그에게 들어갔더니 여호와께서 그에게 임신하게 하시므로 그가 아들을 낳았다! 이렇게 함으로써 두 가지 사실을 강조하려는 것입니다. 드디어 상

속자가 생겼다는 것이고, 그것이 여호와 하나님이 그렇게 하셔서
된 일이라는 사실입니다.

아들이 태어나자 이 아들을 놓고 이번에는 베들레헴의 여인들
이 나오미를 향하여 축하와 축복을 쏟아냅니다. 그것이 14-15절
입니다.

> 찬송할지로다 여호와께서 오늘 네게 기업 무를 자가 없게 아니 아
> 니하셨도다 이 아이의 이름이 이스라엘 중에 유명하게 되기를 원
> 하노라 이는 네 생명의 회복자이며 네 노년의 봉양자라 곧 너를
> 사랑하며 일곱 아들보다 귀한 네 며느리가 낳은 자로다(룻 4:14-15).

모든 백성과 장로들이 보아스를 축복했듯이, 이제는 여인들이
나오미를 축하하고 축복합니다. 모압에서 돌아왔을 때만 해도 이
사람이 나오미란 말이냐고 조롱 섞인 어조로 그들의 충격을 토로
했던 여인들이 이제는 극적인 반전이 일어난 나오미의 현실을 확
인하면서 마음껏 나오미에게 찬사를 보냅니다. 여인들이 나오미
에게 찬사를 보내는 내용은 세 가지입니다. 나오미에게 기업 무를
자가 있고, 생명의 회복자가 있고, 노년의 봉양자가 있다는 것입
니다. 네 기업 무를 자요, 네 생명의 회복자요, 네 노년의 봉양자
라! 이 여인들은 모압에서 베들레헴으로 돌아온 나오미의 처음과
끝을 다 목격한 사람들입니다. 모든 것을 잃고 빈손으로 돌아온

나오미의 텅 빈 인생을 그들은 보았습니다. 그런데 지금은 모든 것이 회복되고 넘치게 채워진 나오미의 현실을 확인하고 있습니다. 그리고 그것을 이렇게 감격에 찬 찬사로 쏟아내고 있는 것입니다. 이 여인들의 말은 두 가지로 요약이 됩니다. 나오미의 인생이 회복되었다는 것과 여호와께서 그렇게 하셨다는 것입니다. "여호와께서 오늘 네게 기업 무를 자가 없게 아니 하셨도다!"

그리고 이어지는 16절은 나오미가 그 아들을 품에 안고 양육자가 되었다는 매우 상징적인 진술입니다. 그리고 17절은 그 아들의 이름이 오벳이었다고 하면서 다윗은 바로 그의 손자라는 사실을 밝힘으로써 이것이 단순히 보아스와 룻 그리고 나오미의 가정사에 국한하는 일이 아님을 선언합니다. 룻기의 길고 곡절 많은 이야기의 마지막을 이렇게 펼쳐보임으로써 룻기가 우리에게 말하고자 하는 것은 분명합니다. 모든 것을 잃었던 자의 인생 대반전과 이것을 이루어낸 주체가 바로 여호와 하나님이라는 사실입니다.

반전의 인생 – 나오미

어떻게 극적인 반전이 이루어지고 있는가는 무엇보다도 나오미의 모습을 통하여 생생하게 드러납니다. 나오미는 우리가 잘 아는 대로 계속해서 모든 것을 잃어가는 인생을 살아온 사람입니다. 양식이 없고, 고향이 없고, 남편이 없고, 큰아들도 없고, 작은아들도 없습니다. 그동안 그의 인생은 없고, 없고, 없는 자리까지 가는 잃어가고 비어가는 인생의 연속이었습니다. 그리고 죽고, 죽고, 죽고의 인생, 결국 혼자 남겨지는 인생살이였습니다. 마지막에는 이름마저도 없는 여인의 자리에 이릅니다. 모압에서 빈손으로 베들레헴에 다시 돌아왔을 때는 나를 나오미라 부르지말라는 말로 자기의 이름을 부인하고 싶은 현실을 토로하였습니다. 자기 자신을 가리켜서 여호와께서 나를 치셨다. 전능자가 나를 심히 괴롭게 하셨다. 여호와께서 나를 텅 빈 인생이 되게 하셨다. 여호와께서 나를 징벌하셨다. 전능자가 나를 괴롭게 하셨다고 하며 매 순간 탄식하였습니다. 그렇게 말해오던 나오미에게 이제 양식이 있습니다. 이름이 있습니다. 사람들이 나와서 다 나오미라 부릅니다. 대를 이어줄 상속자가 있습니다. 재산도 얻었고 가문도 보존되게 됐고 모든 것을 다시 회복했을 뿐 아니라, 더 크게 이루게 되었습니다. 이제는 풍족합니다. 이것도 있고 저것도 있고, 모든 것이 있는 회복된 사람, 다시 번창한 현장에 있는 사람이 됐습니다. 남편도, 아들들도, 양식도 아무것도 없어서 나는 마라, 곧 인생이 쓴 사람이라고 말했던 나오미가 룻이 낳아준 아기를 받아 품에 안고 그의 양육자의 신분을 확보합니다. 그의 품에 다음 세대로 대를 이을 상속자가 회복된 것입니다. 나오미는 인생 대반전의 순간을 맞은 것입니다.

반전의 인생 – 룻

그러면 룻은 어떻게 되었을까요? 사실 이 마지막 장면에 룻은 등장하지 않습니다. 그러나 온통 룻에 대한 언급으로 가득합니다. 실제로도 룻이 현장에 함께 있었을 것은 의심의 여지가 없습니다. 룻이야말로 정말 놀랍고 복된 결과를 얻었습니다. 11절에서 모든 백성과 장로들이 보아스를 축복하는 첫 마디로 "네 집에 들어가는 여인"이라고 말하는데 그 여인이 바로 룻입니다. 신명기의 결정에 의하면 모압인은 이스라엘의 총회에 들어올 수 없습니다. 이스라엘이 행군할 때 그걸 방해하고 대적하였기 때문입니다. 그들은 이스라엘의 총회에 들어올 수 없게 율법에 명시되었고, 이스라엘은 항시 모압인에게 적대감이 있었습니다. 그런데 바로 그 모압 여인 룻을 가리켜서는 베들레헴 모든 백성과 장로들이 보아스의 집으로 들어가는 것이 당연한 사람으로 인정하며 이 여인을 축복하고 있습니다. 룻은 결국 메시야의 족보에 그 이름이 오르는 단 네 명의 여자 가운데 한 사람이 됩니다. 룻이 얼마나 바뀐 대우를 받는지 금방 알 수 있지요.

그리고 감히 모압 여인 룻을 놓고 라헬과 레아에 비견할 만한 사람으로 인정하고 있습니다. 그뿐만 아니라, 유다에게 아이를 낳아줘서 메시아의 족보가 계속 이어지게 했던 다말의 역할을 할 사람으로 룻을 인정하고 있습니다. 룻은 더이상 보아스의 밭에서 떨어진 이삭을 줍는 나그네가 아닙니다. 이제 그 밭의 주인입니다. 15절에서 베들레헴의 여인들이 룻이 낳은 아들을 안고 있는 나오미에게 일곱 아들보다 귀한 네 며느리가 낳은 자로다라고 말합니다. 베들레헴의 여자들이 룻은 일곱 아들보다도 더 귀한 사람이라고 인정하는 것입니다. 룻이야 말로 보아스에게도 나오미에게도 복의 통로가 되고 있습니다. 본토 친척 아비 집을 버리고 하나님이 지시하시는 곳으로 떠난 아브라함처럼, 룻은 하나님의 긍휼이 임하고 있는 곳을 향하여 고향도, 결혼의 가능성도, 안전한 어미의 집도 버리고 떠나왔습니다. 그런데 이 사람 룻은 지금 주위의 모든 사람에게 복의 통로가 되고 있습니다. 룻이야말로 여자 아브라함 같다는 생각이 다시 듭니다. 룻은 그야말로 신분, 처지, 상황이 완전히 뒤바뀌는 인생 대반전의 삶을 이제 살게 되었습니다.

여호와께서

망가진 인생의 현장에서 다시 하나님의 긍휼이 있는 곳으로 돌아가기로 작정하고 하나님을 찾아 베들레헴으로 돌아왔던 사람이 나오미입니다. 자신의 안전과 남은 인생의 모든 현실적 가능성을 포기하고 하나님이 있는 곳으로, 하나님의 날개로 보호하심을 받을 수 있는 곳으로 시어머니와 함께 가야 한다는 결단으로 베들레헴으로 온 젊은 여인이 룻입니다. 보아스는 자신의 위험과 손해를 감수하면서도 하나님의 헤세드를 행하며 하나님의 긍휼을 베푸는 자로 살아온 사람입니다. 기회 있을 때마다 하나님의 섭리를 순종하고 하나님의 헤세드를 행하며 살아가는 이 세 사람을 하나님은 어떻게 복되게 하시는지를 이 마지막 장면은 우리에게 생생하게 보여줍니다. 룻도 결국 잘됐고 나오미도 잘됐고 보아스도 다 잘됐다는 보고입니다. 이것이 룻기의 해피엔딩입니다.

이들은 모두가 제 소견에 좋은 대로 사는 하나님 없는 세상에서 지금 하나님을 확인하고 있습니다. 하나님을 만나고 있는 것입니다. 사실 마지막 장면이 보여주는 이 모든 것을 여호와 하나님이 하셨음을 룻기의 마지막은 직설적으로 그리고 반복적으로 강조합니다. 백성과 장로들도, 여인들도, 그리고 룻기의 저자도 룻기의 절정에 이르러 집중적으로 그리고 반복적으로 강조하는 것은 여호와께서입니다. 11절에서도 여호와께서, 12절에서도 여호와께서, 13절에서도 여호와께서, 14절에서도 여호와께서입니다. 하나님이 없는 것처럼 사는 세상, 모두가 스스로 자기 인생의 하나님이 되어 사는 세상이었습니다. 그러나 알고 보니 하나님이 없는 것이 아니었습니다. 역사는 여전히 하나님께서 의도한 곳을 향하여 진행해 왔고, 하나님은 여전히 역사의 주인으로 역사를 이끌어 오셨다는 사실이 이렇게 천하에 드러나고 있습니다. 모두가 스스로 왕이 되고 하나님이 되어 제 입맛대로 인생을 살아가는 세상 속에서도 여전히 하나님을 인정하고 하나님을 드러내며 사는 보잘 것 없는 소수의 사람들을 통하여 하나님은 어떻게 위대한 역사를 이루어내시고야 마는가를 생생히 증언하는 것이 룻기의 마지막 장면입니다.

룻기는 동시에 여호와께서 어떻게 이런 일을 이루어 오셨는가를 묻도록 우리를 유도하고 있습니다. 나오미, 룻, 보아스의 인생이 어떻게 멋있게 반전을 이룰 수 있는가를 물어달라고 은근히 요구하는 것입니다. 이들의 인생 대반전은 어떻게 하다 보니 갑자기 요행수로 일이 잘 풀려서 된 일이 아니라는 것을 룻기는 처음부터 보여주고 있습니다. 하나님의 섭리로 말미암아 이런 일이 이루어졌다고 시종일관 강조합니다. 하나님은 이들이 삶의 현실에서 모든 것을 다 잃고 텅 빈 그때에도 인애와 긍휼이 넘치는 섭리를 행하고 계셨습니다. 그 모든 일이 진행되는 과정에서도 일하셨으며, 이런 놀라운 결과가 발생한 현장에도 하나님은 계셨습니다. 계속해서 헤세드를 핵심으로 한 섭리의 손길로 그 백성을 돌보고 계심을 믿고 붙잡고 확인하라고 본문은 우리에게 요구합니다.

어려움에 부닥칠 때도, 일이 잘 안 풀리고 있을 때도, 세상 사람처럼 제 소견에 좋은 대로 사는 길로 길을 잘못 들어 모압에 주저앉아 있을 때에도, 하나님은 우리에게 언약적 사랑에 근거한 하나님의 섭리로 여전히 역사하고 있음을 잊지 말라고 룻기는 우리를 도전합니다. 그리고 반드시 그 섭리의 결과는 우리를 복되게 하는 데 있다고 증언합니다. 우리가 처음부터 본 것은 하나님이 배후에서 역사하고 계시고 지금도 섭리하시는 중이라는 사실이었습니다. 아무리 우리가 못나 보일 때에도 여전히 우리를 향한 긍휼에 찬 하나님의 섭리의 손길이 우리 가운데서 움직인다는 사실을 알아야 합니다. 그러므로 나오미처럼, 하나님이 나를 버렸다. 하나님이 나를 징계했다. 하나님과 나와는 이제 끝난 것 같다. 하나님이 나를 끊어 버렸다라는 탄식이 터져 나오는 처절한 현실 가운데서도 우리가 잊지 않아야 할 것이 있습니다. 하나님은 이런 상황에서도 여전히 역사하며 움직이신다는 믿음을 갖는 것입니다. 그리하여 계속하여 묻는 것입니다. 나를 향한, 나를 위한, 나에 대한 하나님의 섭리는 무엇일까? 세상의 흐름이 아니라, 집값이나 증권의 추세변화가 아니라, 하나님 편에 서서 하나님을 붙잡고 하나님과 친하게 지내야 합니다. 그래서 하나님의 손길에 대하여 민감하고 민첩해야 하는 것입니다. 세상의 풍조가 아니라, 하나님의 그 섭리에 순종하는 것입니다. 그리고 기대를 갖고 하나님은 나의 이 현실에서 무엇을 이루어내시는지를 민감하게 살펴보는 것입니다. 그것이 우리의 신앙생활이고 또한 지혜입니다.

가장 귀하고 시급한 것 – 여호와 신앙의 전수

해피 앤딩으로 끝나는 룻기의 마지막 장면을 가만히 살펴보면 여기서 이루어지고 있는 모든 복된 현상들이 한 가지 핵심 고리에 연결되어 이루어지고 있다는 사실을 발견하게 됩니다. 대가 끊어질 위기에 처한 가문에 주어진 대를 이을 상속자입니다. 이 마지막 클라이맥스에서 드러나는 모든 기쁨과 명예와 영광과 미래에의 기대는 사실 상속자가 주어졌다는 이 사실에 기인하고 있습니다. 그런데 이것은 단순히 가문의 재산이나 가계의 혈통의 연속성에서 그치는 것이 아니라, 여호와 신앙의 대를 잇는 신앙의 연속성입니다.

오늘 본문을 유심히 살피면, 한 가지 사실을 중요하게 여기고 계속 반복해서 언급한다는 것을 알 수 있습니다. 11-17절의 룻기 마지막 장면에서 내내 그것을 우리에게 확인시키고 있습니다. 한 마디로 신앙의 계대, 곧 신앙이 후세대로 이어지는 것입니다.

이것이 왜 중요한 문제가 되는지는 룻기의 처음으로 돌아가 보면 금방 이해가 됩니다. 룻기가 펼쳐지는 무대가 사사 시대라고 언급한 것을 룻기 첫 마디에서 우리는 이미 살펴보았습니다. 사사 시대는 사사기 2장에서 그 후에 일어난 다른 세대라고 불리던 그 세대가 주류가 되어서 350여 년 동안 역사를 이끌었던 시대였습니다. 그 후에 일어난 다른 세대로 불리던 이 세대는 어떤 세대였습니까? 여호수아와 함께 역사를 이끌던 그 시대의 장로들이나 일반 백성들과는 달리 여호와를 알지 못하는 사람들이었습니다. 여호와가 어떻게 전쟁을 하셨는지, 어떻게 조상들을 이끄셨는지, 그 조상들과 무슨 일을 행하셨는지, 여호와는 누구이며 자기들과는 무슨 관계가 있는지를 알지 못하는 세대였습니다. 여호와 신앙이 단절된 세대였습니다. 그러므로 사사 시대를 이끌어온 그 후에 일어난 다른 세대는 한 마디로 여호와를 알지 못하는 세대였고, 따라서 사사 시대의 역사는 여호와 신앙이 단절된 세대의 역사입니다.

그러므로 그 역사가 만들어낸 시대의 풍조는 당연히 각각 제 소견에 옳은 대로 사는 것이었습니다. 룻기의 이야기가 전개되던 때가 바로 그때입니다. 이 시대를 보면 절대다수의 사람이 살아가는 삶의 방식은 각각 제 소견에 옳은 대로 사는 것이었습니다. 다른 말로 하면 보아스, 룻, 나오미처럼 여호와 신앙을 품고 하나님의 뜻이 무엇인지를 구하고 그에 따라서 사는 그런 사람들이 매우 희귀한 시대였다는 말입니다. 여호와 신앙을 가지고 여호와 보시기에 좋은 대로 사는 것은 오래전에 끝나버렸습니다. 그 세상에서 여호와 신앙을 내세우며 그렇게 산다는 것은 케케묵은 구닥다리이고, 세상의 흐름에 뒤처져서 사는 것처럼 여겨지는 그런 시대였다는 말이지요.

룻이 보아스로 말미암아 아들을 낳은 것은 단순히 결혼했더니 태의 열매로 복을 받았다는 말이 아닙니다. 여호와 신앙으로 사는 사람들에게 그 신앙을 다음 세대로 이을 신앙의 상속자가 주어졌다는 선언이기도 합니다. 그런데 그 상속자가 태어나게 된 결정적인 원인이 여호와 하나님의 섭리와 간섭으로 성취되었다고 룻기는 강조합니다. 하나님은 이렇게 여호와 신앙을 이어가고 계신다는 선언입니다. 하나님께서 룻기에서 이루시고 보이시려는 섭리의 마지막 종착점은 여기에 있었습니다.

그 시대의 인간들이 다 여호와 신앙을 버리면서 말하기를, 이제는 여호와 신앙 따위를 말했다가는 이 시대에 살아남을 수 없다고 했고, 여전히 여호와 신앙을 내세우면서 살겠다는 것은 시대정신에 뒤떨어진 것이고 이 세상 물정을 모르고 사는 것이라고 하며 그렇게 사사 시대의 풍조를 따라 살았을 것입니다. 그런데 수백 년에 걸쳐서 모두가 그렇게 믿고 주장하고 따르는 그런 와중에 하나님께서는 여호와 신앙으로 살며 그 신앙이 대를 이어 전수되고 있는 일은 지금도 여전히 일어나고 있다는 것을 한 가정사를 통해 보이신 것입니다. 그 말을 하기 위해서 17절에도 나오미에게 아들이 태어났다고 말합니다. 이웃 여인들이 룻이 낳은 아들을 가리켜 룻의 아들이 태어났다. 보아스의 아들이 태어났다고 말하지 않고, 나오미에게 아들이 태어났다고 말하고 있습니다. 나오미의 여호와 신앙이 그다음 세대로 이어지고 있음을 이렇게 표현한 것입니다.

그 위 16절에 보면 나오미가 아기를 받아 품에 품고 그의 양육자가 되었다고 말합니다. 룻이 돈 벌어오려고 나가야 하니까 할머니 나오미가 애를 맡아서 키우는 보모 역할을 했다는 말이 아닙니다. 나오미가 그 아이를 자기 품에 품고 아이를 돌보고 있다고 말함으로써 이스라엘 사람들에게 대대로 내려오는 신앙 전수의 상징적인 모습을 보여주는 것입니다. 나오미가 조상으로부터 대를 이어 전수 받았던 여호와 신앙이 이제 나오미의 품으로부터 다음 세대로 전수되고 있다는 말을 본문은 이런 방식으로 선언하고 있습니다.

충격

그런데 사실 사사 시대의 현장에서 이렇게 이스라엘의 여호와 신앙이 다음 세대로 전수되고 있는 이 장면을 곰곰이 들여다보고 있으면 몇 가지 점에서 적잖은 충격을 받게 됩니다. 사사 시대는 신앙의 전수가 단절된 시대인데 이 한 가정을 통하여 여전히 여호와 신앙이 대를 이어 전수되고 있다는 사실 자체가 충격입니다. 그리고 이스라엘에서 신앙의 전수는 이스라엘 사람들 안에서 이루어지는 일입니다. 그런데 여기서는 지금 이방인에 의한 여호와 신앙의 전수가 이루어지고 있다는 것이 충격적입니다. 뿐만 아닙니다. 이스라엘에서 자녀에게, 자녀의 자녀에게 이루어지는 신앙의 전수는 아버지에서 아들에게로, 즉 남자가 주체가 되는 방식을 전제로 합니다. 그러나 여기서는 시어머니에서 며느리로 이루어지고, 그 며느리를 통하여 태어난 아들로 이루어지고 있습니다. 즉 여자가 주체가 되어 이루어지고 있습니다. 그런데 이미 살펴본 것처럼 나오미가 품에 안고 있는 아들이 룻에게 태어난 내력을 놓고 룻기 4장 13절은 이렇게 분명하게 밝히고 있습니다. "보아스가 룻을 맞이하여 아내로 삼고 그에게 들어갔더니 여호와께서 그에게 임신하게 하시므로 그가 아들을 낳았다!" 룻이 아들을 임신한 것도, 출산한 것도 하나님이 간여하셔서 이루어진 일이라고 못을 박고 있는 것입니다. 결국 신앙의 계대가 이루어지고 있는 이 장면을 통하여 본문이 하고자 하는 말은 분명합니다. 이것은 하나님께서 하신 일임을 강조하는 것입니다. 이스라엘 족속이 일을 하지 않는다고 하나님의 역사 진행이 단절되지 않습니다. 하나님은 하나님의 역사를 진행하십니다. 하나님은 우리의 태도나 반응에 따라 속수무책인 분이 아닙니다. 우리가 하나님의 역사 진행을 거부하면 하나님의 역사 진행이 단절되는 것이 아니라, 거부한 우리가 그 역사 진행에서 배제될 뿐입니다.

하나님이 최우선이다. 하나님이 우리의 궁극적인 목적이시다. 하나님의 긍휼이 임하는 곳으로 찾아가서 살아야 한다. 여호와의 날개 아래 피하여 사는 것이 가장 안전하다. 하나님의 섭리에 순종하는 삶을 살아야 한다 등등. 어떤 말로 표현하든지 여호와를 최우선 순위에 놓고 그것을 기준으로 삶을 살아가는 것이 여호와 신앙입니다. 우리가 이 여호와 신앙을 지키는 것뿐 아니라 그 신앙을 대를 이어 전수하는 일이 가장 귀하고 가장 시급한 일입니다. 가정에서 우리 자식들에게, 교회에서 우리 자손과 후세대들에게 우리는 무엇을 물려줘야 하는가? 우리 자식들에게 대를 이어 물려줘야 하는 가장 귀한 것, 복된 것이 무엇인지를 우리로 하여금 질문하도록 합니다. 우리 자식들이 우리로부터 무엇을 물려받는 것을 가장 급하고 귀하게 여기십니까? 공부 잘하는 것입니까? 나는 일류 대학 나왔으니 너도 같은 대학을 가야한다는 것입니까? 재산을 이어받아서 부를 대물림하는 것입니까? 모두 다 중요하고 귀하지만 가장 귀하지는 않습니다. 만약 다른 어느 것과 양자택일해야 한다면 우리가 택해야 하는 것은 그런 것이 아닙니다.

결국, 가장 귀한 것, 우리 자녀들과 후세대를 가장 복되게 하는 것은 여호와 신앙을 물려받게 하는 것입니다. 하나님 잘 믿고 사는 자식들이 되게 해주십시오. 이것이 가장 시급하게 기도해야 할 기도 제목이어야 합니다. 하나님, 우리 자녀가 무엇보다도 하나님을 잘 믿는 배우자를 만나게 해주십시오. 이것이 우리 자식을 복되게 하는 가장 중요한 기도의 제목입니다. 여호와 신앙을 교회

안에서 우리 다음 세대에게, 가정에서 우리 자식들에게, 자식의 자식들에게 물려주는 일이 우리가 해야 할 가장 귀한 일이요 가장 값진 일입니다. 결국, 신앙의 전수가 자손과 후세대들을 가장 복 되게 하는 일이라는 것을 기억해야 합니다. 그렇지 않으면 우리는 아무리 성공적인 인생을 살아도 다만 아무개라고 불리고 끝나버리게 될 것입니다.

룻 4:18-22

베레스의 계보는 이러하니라 베레스는 헤스론을 낳고 헤스론은 람을 낳았고 람은

암미나답을 낳았고 암미나답은 나손을 낳았고 나손은 살몬을 낳았고 살몬은 보아

스를 낳았고 보아스는 오벳을 낳았고 오벳은 이새를 낳고 이새는 다윗을 낳았더라

역사의 반전

롯기는 우리가 본 것처럼 삶의 밑바닥까지 내려갔던 한 가정이 멋지게 회복을 이루어내는 가정사를 다루고 있습니다. 말하자면 인생 대반전의 이야기인 것이지요. 그러나 한 가정의 회복을 다루고 있는 이 이야기는 매우 심상치 않은 방식으로 끝을 맺습니다. 베레스라는 사람으로부터 시작하여 다윗으로 끝나는 족보를 제시하는 것으로 이야기의 대단원을 맺는 것입니다. 성경이 족보를 제시할 때는 이제 새 역사가 시작되는 중요한 전환점이 왔다는 것을 암시할 경우입니다. 그러므로 이렇게 족보가 나올 때는 매우 긴장해야 합니다.

메시아가 오실 왕국의 족보

롯기가 이야기를 마치면서 마지막에 뜬금없이 덧붙여 놓는 베레스의 족보는 그냥 족보가 아닙니다. 어마어마한 족보입니다. 이 족보의 정점은 다윗을 향하고 있습니다. 다윗 하면 누구나 떠올리는 것이 있습니다. 다윗으로 말미암아 하나님이 세우시는 다윗 왕국입니다. 그리고 다윗의 왕위가 이어져 그 계보를 따라서 임하는 메시야입니다. 마태복음 서두의 메시아 족보대로 하면 다윗의 계보는 위로는 아브라함, 아래로는 메시아 예수 그리스도로 이어지는 구속사건 전역사의 족보입니다. 단순히 혈통의 족보가 아닙니다. 룻기가 단순히 사사 시대에 유다에 살았던 한 가정의 몰락과 회복의 이야기에 그치는 것이 아니라는 사실을 룻기는 그 끝에 이렇게 다윗을 정점으로 하는 베레스의 족보를 붙여놓음으로써 분명히 합니다.

우리가 처음 시작하면서 보았듯이 룻기의 시작은 왕국이 세워진다는 사실과는 판이한 모습이었습니다. 룻기는 "사사들이 치리하던 때였다"는 말로 시작했습니다. 우리가 이미 확인한 대로 사사 시대는 이스라엘 사람들이 왕이신 하나님을 인정하지 않고 왕이 없는 것처럼 각각 자기가 왕이 되어 제 소견에 좋은 대로 사는 시대였습니다. 이스라엘에 왕이 없으므로 이스라엘 백성이 각각 제 소견에 옳은 대로 살았다는 고발은 350년에 걸친 사사 시대 내내 모든 사람들의 삶을 지배해온 시대의 흐름이 그러했다는 말입니다. 그런 세상을 그렇게 오랜 세월 살아가는 사람들이 언젠가 왕국이 세워지고 왕이 다스리는 날이 올 것이라는 기대를 갖고 살았을까요? 아닙니다. 이 사람들은 세상은 이렇게 흘러가는 것이고, 역사는 이렇게 계속 이어질 수밖에 없다고 생각하며 그 시대의 지배적인 흐름에 따라 그렇게 살았을 뿐입니다.

언젠가 어느 책을 잠깐 보니까 일본 식민지 시절 동안 친일로 돌아서서 반민족행위를 한 사람들이 급격히 늘어난 때가 한일합방 후 30년이 지나면서부터라 그러더라고요. 1939-1943년, 이 어간에 친일로 돌아서고 반민족행위로 돌아서는 사람들이 부쩍 늘었다고 합니다. 일본의 지배가 30년 세월이 지나도 변함은 없고 독립은 가망이 없어 보이자 많은 사람들이 이제 세상은 이렇게 갈 수밖에 없다고 생각한 것이지요. 나라를 되찾으리라는 기대가 허물어지기 시작하고, 독립에 미련을 두는 건 어리석다고 판단되면서 포기하기 시작한 것이지요. 그런데 30년이 아니라 300-350년 동안 같은 현실이 계속될 때 그 시대의 역사의 현장을 살아가는 백성은 무슨 생각으로 하루하루를 살았을까요? 인생이란 이런 것이다. 세상은 이렇게 가는 것이다. 역사는 이제 이렇게 계속 흘러가는 것이다고 생각하지 않겠습니까? 그래서 각각 제 소견에 옳은 대로 살기 시작하고, 점점 자기가 왕이 되어 그렇게 사는 것이 당연하다고 생각하며 사는 것이지요. 그 시대의 지배적인 풍조와 삶의 방식이 그러하니까 그렇게 살지 않으면 그 시대에 생존을 유지할 수 없다고 생각하며 그 시대의 흐름에 순응하며 살게 된 것입니다.

사람의 소견이 아니라, 하나님의 계획대로

그런데 사사 시대임을 밝히며 시작한 룻기가 마지막에 이르러 어떻게 끝나고 있습니까? 족보로 끝나고 있습니다. 그 족보의 마지막 인물이 누구입니까? 바로 다윗입니다. 다윗이라는 말로 본문은 무엇을 분명히 하고 싶은 걸까요? 왕국이 섰다는 것입니다. 그것도 보통 왕국이 아니고 메시아가 그의 뒤를 이어 나와서 하나님의 구속 역사를 완성하는 하나님의 왕국이 여기 이렇게 선다는 대선언을 하는 것입니다. 룻이 살았던 그 시대는 모든 사람이 만사를 자기 자신의 생각과 결정에 따라 사는 세상이었습니다. 역사는 이제 이렇게 가는 것이다. 나의 인생은 내가 알아서 결정하며 사는 세상이다. 왕국이 세워질 소망은 없다. 왕은 없다. 우리 각자가 자기의 왕일 뿐이다. 인생은 이런 것이고, 세상은 이렇게 사는 것이라고 믿으며, 그 외의 다른 길은 없는 것처럼 살아가는 세상이었습니다. 그런 판국을 놓고 사사기는 그 때에 이스라엘 사람들에게는 왕이 없었고, 그래서 사람들마다 자기가 하고 싶은 대로 했다고 한마디로 결론 지었던 것입니다(삿 21:25). 그런데 룻기 마지막은 그런 세상, 그런 시대 속에서도 하나님은 여전히 왕국을 세우시고 왕을 세우시는 역사를 이렇게 진행해 오셨다는 선언을 다윗 왕의 족보를 제시함으로써 밝히고 있는 것입니다. 이것이야말로 역사의 대반전입니다. 하나님께서 이렇게 세우신 다윗 왕의 족보를 따라 드디어 오신 메시야는 십자가에서 죽음으로써 죽음을 죽이는 죽음을 스스로 취하시고, 부활하심으로써 인류 역사의 대반전을 이루어내십니다. 모두가 현실에서 벌어지고 있는 시대의 풍조에 매몰되어 각자의 일은 각자 알아서 사는 것이 지혜라고 여기며 하나님 없이 사는 이 시대에도 그러므로 우리가 기억할 것은 이것입니다. 하나님은 지금도 역사를 주관하고 계시며 하나님이 의도하신 대로 하나님의 역사를 진행하시고 있다는 사실입니다. 내가 지금 경험하는 현실이 어떤 상태인가와 상관없이 역사는 지금도 하나님이 의도하신 곳과 정하신 완성을 향하여 진행되고 있으며 우리의 현실도 그 과정이라는 사실입니다. 이것이 룻기가 우리에게 결론적으로 제시하는 분명하고 강력한 선포입니다.

시대의 흐름을 거스르며 사는 사람

참 신기하고 놀랍지요. 망해버린 늙은 과부 한 사람 나오미, 젊어서 남편 잃고 가진 것 없이 과부 시어머니를 모시고 사는 이방인 여자 한 사람 룻, 룻과 나오미를 만나서 손해나 이익 따지지 않고 하나님의 인애를 실천하면서 조용히 지주로 살았던 한 남자 보아스였습니다. 당시 사람들이 가진 시대정신과 풍조와 생활 태도에 비교해보면 눈곱만큼도 영향을 미칠 수 없는 하찮은 존재들이었습니다. 그러나 그들이 살아가는 삶의 방식은 시대의 풍조를 거스르며 하나님의 편에 서는 것이요, 하나님의 인애를 베푸는 신앙인의 삶이었습니다. 모두가 자기 소견을 앞세우고, 모두가 자기 잇속을 우선하며 사는 그 시대에 나오미나 룻이나 보아스가 살아가는 삶의 방식은 바보스럽고, 세상 물정 모르고, 자기 것도 챙기지 못하면서 어리숙하게 사는 사람들로 비쳤을 것입니다. 그러나 하나님은 하나님께 민감하고 민첩하며 하나님의 헤세드를 행하며 사는 이 사람들을 통해서 여전히 하나님의 역사를 경영하셨습니다. 그리고 다윗으로 대표되는 놀라운 하나님의 왕국을 이렇게 만들어 내고야 마는 경륜을 보이신 것입니다.

이러한 모습을 보면서 우리는 매우 중요한 한 가지 사실을 확인하게 됩니다. 내가 보는 현실과 역사가 절망적이더라도, 내가 겪는 개인적인 삶이 아무리 버겁더라도, 내가 거스르기에는 시대풍조가 너무나 거대한 암벽 같더라도, 그래서 아무것도 달라질 수 없다는 무력감에 빠져드는 현실이더라도, 하나님은 여전히 그 가운데서 하나님의 역사를 진행하시는 분이라는 확신입니다. 역사는 여전히 하나님이 정하신 곳을 향하여 진행되고 있다는 확신입니다. 이렇게 역사를 진행하시는 하나님은 마침내 그의 왕국을 완성하신다는 믿음입니다. 이 사실이 우리에게 자연스럽게 내놓는 요구가 있습니다. 시대의 흐름에 함몰되지 말고 하나님을 붙좇아서 살라는 것이지요. 제 잘난 맛에 사는 것이 최대의 삶의 방식인 이 시대의 흐름을 거역하며 하나님의 사람답게 살라는 것이지요. 이러한 믿음은 우리로 하여금 시대의 흐름이 어떻게 요동친다 하여도 그것에 휘둘리지 않고 혼자서라도 그것을 거스르며 신자의 길을 가게 하는 용기와 담대함을 불러일으키기도 합니다. 제가 출간한 하박국서 강해의 책제목이 생각납니다. "신자는 그래도 제 길을 간다" 였습니다. 그것이 하박국서의 핵심 주제입니다. 그리고 룻기의 이야기가 우리에게 은연중에 제시하는 메시지도 바로 이것입니다. 물론 세태를 거슬러 연약한 소수자로 그렇게 하루하루를 사는 것은 쉽지 않습니다. 고난이 수반되는 삶이기도 합니다. 그렇다고 그렇게 살아가는 사람이 전혀 없는 것도 아닙니다. 실은 그렇게 자기의 현실을 거스르며 하나님의 사람으로 산 사람들이 성경에도 교회 역사에도 많이 있습니다. 자기 혼자뿐이라고 탄식하는 엘리야에게 하나님은 칠천 명이 더 있다고 하였습니다(왕상 19:18). 히브리서 기자는 환난 속에서도 그렇게 믿음으로 사는 구름처럼 많은 사람이 우리를 둘러싸고 있다고 말합니다(히 12:1).

소용돌이치는 역사의 현장에서

역사의 현장이 소용돌이치는 한가운데서도 하나님이 여전히 역사를 진행하시고 주관하신다는 사실을 믿기 때문에 여전히 노래를 부르며 산 사람이 있습니다. 하박국입니다. 하박국 3장에서 우리는 그 현장을 볼 수 있습니다.

나는 여호와로 말미암아 즐거워하며 나의 구원의 하나님으로 말미암아 기뻐하리로다(합 3:18).

너무나 잘 아는 본문입니다. 하박국이 나는 즐거워하며 나는 기뻐한다고 말하고 있습니다. 나는 여전히 부를 노래가 있고 기뻐할 이유가 있는 사람이라고 외치고 있습니다. 하박국은 어떤 상황

에 있기에 이렇게 담대하게 말하는 것일까요? 하박국 3장 17절에
보면, 무화과나무가 무성치 못하고 포도나무가 열매가 없고 감람
나무가 소출이 없고 밭에 먹을 것이 없고 우리에 양이 없고 외양
간에 소가 없을지라도…라고 말합니다. 지금 여기에서 말한 이것
들은 있으면 좋고 없어도 사는 데 지장이 없는 그런 것들이 아닙
니다. 사람이 생존을 유지하는 데 필수적인 것들입니다. 그런데
하박국은 그것들이 없을지라도 여전히 부를 노래가 있고 여전히
기뻐할 이유가 있다고 말합니다. 17절과 같이 아무것도 없어서
생존을 유지할 수 없는 현실이 왜 닥쳤을까요? 갑자기 극심한 기
근이 오고 구제역이 퍼져서 가축들이 다 죽어 버린 것이 아닙니
다. 역사가 뒤집어져서 난리가 나서 그렇습니다. 갈대아 사람들이
쳐들어와서 온통 쑥대밭을 만들어버린 것입니다. 이건 한 개인이
당한 일이나 어떤 한 지파가 당한 일이 아니라 온 민족이 당한 현
실입니다. 얼마나 무서운 역사가 닥쳤는지 바로 앞 절인 하박국 3
장 16절에는, 갈대아가 쳐들어온다는 그 소문을 들은 것만으로도
창자가 흔들리고 입술이 떨려서 말이 안 만들어진다고 합니다. 또
뼈가 썩어서 내려앉는 것 같아서 고통을 견딜 수가 없고, 얼마나
두렵고 불안하고 떨리는지 발바닥이 한 곳에 붙어있지 않고, 몸이
흔들려서 안정되게 서 있을 수가 없는 상황이라고 합니다. 역사의
현실이 이렇게 뒤집어져 버린 것입니다.

　　그런데 그렇게 두려워 떨고 죽음이 어른거리는 현실에서도 하
박국은 여전히 부를 노래가 있다고 선언하는 것입니다. 역사가 소

용돌이 치고 뒤집어지는 가운데서도 여전히 기뻐할 이유가 있다고 소리칩니다. 하박국은 어떻게 해서 이렇게 할 수 있었을까요? 하박국이 이렇게 할 수 있는 데에는 분명한 근거가 있었습니다. 사실 하박국 1장에 보면 하박국은 역사의 현실과 그런 현실에 대한 하나님의 대응 방식을 받아들일 수 없어서 하나님께 한참을 하소연하며 대들고 항변했던 사람입니다. 그러나 입을 다물고 하나님의 대답을 기다리다가 응답을 받았습니다. 그것이 하박국 2장입니다. 그 응답이란 의인은 믿음으로 말미암아 산다는 것이었습니다. 그리고 하박국은 시간이 지나면서 의인은 믿음으로 말미암아 산다는 이 말이 무슨 말인가, 의인은 믿음으로 말미암아 산다는 것이 결국 도달하는 결론은 무엇인가를 확인하게 됩니다. 첫 결론이 하박국 2장 14절입니다.

> 이는 물이 바다를 덮음 같이 여호와의 영광을 인정하는 것이 세상
> 에 가득함이니라(합 2:14).

물이 바다를 덮음같이 여호와의 영광을 인정하는 것이 세상에 가득하게 된다는 것은 역사가 어디로 진행하는지에 대한 깨달음입니다. 결국, 역사는 하나님을 인정하고 그 하나님의 영광이 드러나는 곳으로 향해 가고야 만다는 것입니다. 하박국이 두 번째 이른 결론이 또 있는데 그것이 20절입니다.

오직 여호와는 그 성전에 계시니 온 땅은 그 앞에서 잠잠할지니라 (합 2:20).

첫 확인이 역사는 어디를 향하여 진행하는가에 대한 것이었다면, 두 번째 확인은 역사는 누가 다스리는가에 대한 확인입니다. 역사는 하나님이 다스리신다는 것입니다. 지금은 갈대아가 역사를 다스리는 것 같고 갈대아가 모든 것을 손에 쥐고 있는 것 같지만 역사는 하나님이 다스리신다, 그러므로 온 천하는 그 앞에서 잠잠해야 할 뿐이라는 말입니다. 이것은 결국 하박국이 가진 역사관의 문제입니다. 역사는 어디를 향하여 가는가? 역사는 지금도 하나님의 영광을 향하여, 하나님이 정하신 완성을 향하여 진행하고 있다. 역사는 누가 다스리는가? 역사는 지금도 하나님이 다스리고 있다. 이 확신이 하박국으로 하여금 현실 역사가 어떻게 되고, 누가 현실의 주도권을 갖고 좌지우지 하여도, 그 현실에 휘둘리지 않고 오히려 시대의 흐름을 혼자서라도 거역하며 묵묵히 하나님의 길을 갈 담력을 주는 것입니다. 세상이 어떻게 뒤집어져도 여전히 믿음의 길을 한 걸음씩을 걸어가는 것입니다.

소용돌이치는 교회 현실에서

교회도 마찬가지입니다. 주님께서는 이것을 분명히 말씀하셨습니다. 요한계시록 1장에 가보시면 교회가 직면하는 현실의 거대한 소용돌이 가운데서도 우리는 왜 염려하지 않으며 안심할 수 있는가를 보여줍니다.

> 그의 오른손에 일곱 별이 있고 그의 입에서 좌우에 날선 검이 나
> 오고 그 얼굴은 해가 힘 있게 비치는 것 같더라 내가 볼 때에 그의
> 발 앞에 엎드러져 죽은 자 같이 되매 그가 오른손을 내게 얹고 이
> 르시되 두려워하지 말라 나는 처음이요 마지막이니 곧 살아 있는
> 자라 내가 전에 죽었었노라 볼지어다 이제 세세토록 살아 있어 사
> 망과 음부의 열쇠를 가졌노니 그러므로 네가 본 것과 지금 있는
> 일과 장차 될 일을 기록하라 네가 본 것은 내 오른손의 일곱 별의
> 비밀과 또 일곱 금 촛대라 일곱 별은 일곱 교회의 사자요 일곱 촛
> 대는 일곱 교회니라(계 1:16-20).

이 본문은 사도 요한이 밧모섬에 귀양 와 있다가 어느 주일날 자기 앞에 나타나신 예수님을 보고 그 모습을 기록한 것입니다. 교회에 하루에 3천 명도 들어오고 5천 명도 들어오며 대부흥을 이룬 때가 있었습니다. 교회가 이제 역사를 뒤집을 것처럼 복음이 왕성해지고 있었습니다. 그런데 갑자기 핍박이 몰아닥치면서 교회들이 문을 닫게 됐고, 사도들이 순교를 당하게 됐으며, 배교자가 수없이 나타났습니다. 사도 요한은 밧모섬에 혼자 귀양을 가서 거기에 갇혀 있습니다. 간간이 들려오는 소식들이 있습니다. 교회들이 계속 핍박을 받고 있고, 핍박을 못 견뎌서 교회들이 문을 닫고 있으며, 우리와 함께 신앙 운동을 했던 그 교회의 누구누구도 배도했습니다. 우리와 함께 힘이 되었던 그 사람도 핍박을 견디지 못하

여 배도했습니다. 이런 소식들이 간간이 들려오는 상황입니다.

이제 교회의 역사는 이것으로 끝인가? 우리가 잘못 생각한 것인가? 교회는 여기까지이고 이제 끝난 것이 아닌가? 이 현실을 거역하며 산다는 것은 이제 불가능한 것이 아닌가? 이런 생각이 편만해질 만한 때였습니다. 그때 예수님께서 사도 요한에게 나타나셨습니다. 예수님의 모습을 보고 사도 요한이 그 자리에 납작 엎드려져서 죽은 사람같이 됐습니다. 그랬더니 예수님께서 오른 손을 사도의 어깨에 얹고 말씀하셨습니다. 두려워 말라. 네가 본 것을 기록하라. 그리고 사도가 본 것이 무엇인지 예수님이 직접 말씀하십니다. 네가 본 것은 내 오른손의 일곱별과 일곱 금 촛대라. 그리고 예수님이 직접 이 모습의 뜻이 무엇인지 주석을 해주십니다. 내가 붙잡고 있는 일곱별은 무엇인가? 그것은 일곱 교회의 사자들이다. 내가 거닐고 있는 일곱 촛대는 무엇인가? 그것은 일곱 교회다. 네가 본 것이 바로 이것이다.

"오른손에 일곱별을 붙잡고 일곱 금 촛대 사이를 거니시는 이시다." 무슨 말인가요? 현실적으로 교회가 큰 핍박을 받아 무너져내리고 있고, 더는 교회의 역사에 진전이 없어서 교회는 더 이상 희망이 없어 보이고, 교회 역사는 여기까지로 끝인 것처럼 보이는 현실이라 할지라도 예수께서 여전히 교회의 주인이라는 선언을 이렇게 하시는 것입니다. 내가 일곱 교회 사자들을 붙잡고 있고 일곱 교회 사이를 내가 거닐고 있다. 상황이 어떠할지라도 주님이 교회를 책임지시고 교회를 이끄신다는 확실한 확인을 사도 요한에게 이렇게 해주시는 것입니다. 우리가 보고 느끼기에 우리의 교회가 처한 현실이 심히 어둡고 또 절망적이라 할지라도 주님이 여전히 교회의 주인이라고 선언하시는 것입니다. 이렇게 암울한 현실이어도 지금도 교회는 주님이 이끄는 곳으로 가고 있고, 아무리 핍박자가 교회를 좌지우지 하는 현실이어도 지금도 주님은 교회를 다스리고 계시는 주인이라고 선언하는 것입니다. 요한계시록 2장 1절에 가면, 에베소 교회에 첫 편지를 보내는데 예수님에 대한 소개로 시작합니다. 오른손에 일곱별을 붙잡고 일곱 금 촛대 사이를 거니시는 이시다.

그러므로 아무리 어렵고 어두운 상황이 이 시대를 지배하고 있다 하여도, 그 현실에 굴복하지 말고 그것을 거슬러 살아가라고 하는 것입니다. 이것이 우리의 능력입니다. 이것은 우리 신자들만 가진 비밀입니다. 그러므로 신앙인으로 살아가면서 우리가 경험하고 있는 현실 상황이 아무리 비관적이고, 그러한 현실을 거역하며 살기에는 우리가 아무리 미미해 보일지라도 겁먹지 말고 담대하게 여전히 하나님의 길을 따르며 그의 헤세드를 서로 행하며 살아합니다. 그것은 이를 악물고 원한을 품고 분노를 못 삭여 씩씩거리면서 견디는 게 아닙니다. 그래도 괜찮은 것처럼, 그래도 상관없는 것처럼 그 짐을 걸머지고 뚜벅뚜벅, 한 걸음 한 걸음 걸어나가는 것입니다. 이 역사는 지금도 하나님의 뜻을 성취하는 곳을 향하여 진행하고 있고, 하나님은 여전히 이 역사의 주인이시라는 확신 때문입니다. 그리고 이 역사의 결국에는 어떤 세력도 거역할 수 없는 하나님의 왕국이 선다는 확신 때문입니다.

소용돌이치는 개인의 현실에서

역사의 소용돌이나 교회의 소용돌이에서만이 아닙니다. 개인적으로도 그렇습니다. 우리가 너무나 잘 아는 욥이라는 사람이 있습니다. 욥기 23장에 가면 우리는 욥의 처절한 처지를 볼 수 있습니다. 욥이 어느 정도로 처절한 상황까지 내려갔는지 잘 아실 것입니다. 2절에 보면 "내가 받는 재앙이 탄식보다 무겁다고 합니다." 어떤 탄식으로도, 어떤 원망으로도, 어떤 신음으로도 자신이 받는 현실의 이 재앙과 현실적인 고통을 감소시킬 수 없는 상황에 있다고 말하는 것입니다. 그런 상황에서 욥이 정말 간절하게 찾고 있는 것이 있습니다. 그것이 3절에 있는 말씀입니다. 내가 어찌하면 하나님을 발견하고 그의 처소에 나갈 수 있을까? 4절에서는 어찌하면 하나님 앞에 나아가서 호소하며 변론을 할 수 있을까? 그래서 그는 하나님을 찾으려고 몸부림칩니다. 그렇게 몸부림친 욥이 결국 얻은 결과를 토로한 것이 욥기 23장 8-9절입니다.

> 그런데 내가 앞으로 가도 그가 아니 계시고 뒤로 가도 보이지 아니하며 그가 왼쪽에서 일하시나 내가 만날 수 없고 그가 오른쪽으로 돌이키시나 뵈올 수 없구나(욥 23:8-9).

하나님이 존재하시며, 그가 일하고 계신다는 것을 확인하거나 경험할 수 있는 어떤 징조나 실마리도 자신에게는 없다고 선언합니다. 하나님으로부터 아무것도 내게는 주어지지 않고 있다는 탄식입니다. 이런 상황에서 욥은 바로 이어서 자신이 내리는 결론을 선언합니다. 욥기 23장 10절입니다.

> 그러나 내가 가는 길을 그가 아시나니 그가 나를 단련하신 후에는
> 내가 순금같이 되어 나오리라(욥 23:10).

욥이 하는 말은 결국 이런 말이 되는 셈이지요. 내가 처한 현실을 놓고 볼 때, 나는 어디로 가야 할지 한 걸음 앞길도 알 수 없다. 내 인생의 종착역이 어디일지 아무런 소망적인 가능성도 가질 수 없다. 그러나 내가 분명히 아는 게 있다. 이런 캄캄한 상황일지라도 내 인생의 발걸음은 하나님께서 정해 놓은 곳, 완성을 향해 진행되고 있다는 사실이다. 그분이 나의 가는 길, 내가 가야 할 길을 아신다. 그뿐만 아니라, 내 인생은 결국 잘 된다는 이 한 가지는 확실히 안다. 나는 결국 하나님의 손에 의하여 순금이 되고야 만다. 이런 고백입니다. 그러므로 현실이 이해도 안 되고 용납도 안 되지만, 너무 혹독하고 절대적이어서 대항하기 힘들지만, 그러나 끝까지 그 현실에 굴복하지 않고 주어진 삶의 현장을 그냥 신자로서 살아내고 견디며 가는 것입니다. 그러나 나는 분명히 안다. 나는 실패한 인생이라고 말할 수 없다는 것을. 나는 처절하고 비극적인 인생을 살고 있지 않다는 것을. 내가 모른다고 하나님도 모르

시는 것이 아니다. 내 현실에 소망이 없다고 하나님도 대책이 없는 것이 아니다. 욥은 그 처지에서 이렇게 말하고 있는 것입니다.

욥의 이 말을 우리가 그동안 살펴본 룻기에서 확인한 버전으로 바꿔서 말하면 아마도 이렇게 말 할 수 있을 것입니다. 현실 어디에도 내 상황이 호전될 기미가 없고, 하나님이 내 편이라는 증거를 찾을 수도 없다. 하나님이 역사하신다는 사실은 그만두고 하나님께서 계신다는 것조차 자신 있게 말할 수 있는 증거가 내 삶의 현실 가운데는 아무것도 없다. 그렇지만, 하나님은 여전히 일하고 계시고, 내 인생 가운데서 간섭하고 계시고, 내 인생은 여전히 하나님의 의도대로 정하신 곳과 완성을 향하여 지금도 진행하고 있다. 하나님으로 말미암아 내 인생 반전의 때가 오고야 만다. 그런 선언입니다.

우리가 확고하게 믿는 우리가 가진 비밀은 하나님이 현재에도 여전히 섭리하셔서 헤세드를 베푸신다는 사실과, 종국적인 역사를 주관하고 다스리며 인도하신다는 사실입니다. 그것이 우리로 하여금 우리가 살아가는 시대풍조나, 우리가 당하는 현실적 환란에 좌우되거나 휘둘리지 않고 그냥 한결같은 걸음으로 신자의 길을 가게 하는 원동력이 됩니다. 하박국의 말씀처럼 세상이 어떻게 뒤바뀌어도 여전히 믿음의 길을 가는 의인의 삶을 살게 하는 것입니다. 욥과 그의 아내의 차이는 성격의 차이가 아니었습니다. 인내심의 차이도 아닙니다. 비관적인가 낙천적인가 하는 성향의 차이도 아니었습니다. 욥의 아내는 초반에 욥에게 닥치는 재난들을 보고, 속이라도 후련하게 하고 싶은 말 다 쏟아내고 끝내버리자고 하였습니다. 그렇게 다 퍼붓고 저주하고 원망하고 욥의 아내는 떠나버렸습니다. 그러나 욥은 그의 아내의 길을 가지 않았습니다. 그렇게 가는 아내를 놓고 오히려 한탄했습니다. "당신의 말이 한 어리석은 여자의 말과 같도다(욥 2:10)." 아마 욥의 아내는 욥이 정말 꽉 막히고 답답한 인간으로 보였을 것입니다. 그러나 욥에게는 그의 아내가 참 불쌍하고 안 되어 보이는 인생이었을 것입니다. 두 사람 사이에 무슨 차이가 있는 것일까요? 욥의 아내가 알지 못하고 믿지 못하는 사실을 욥은 알고 있고 절대적으로 믿고 있는 것입니다. 여러분도 알고 있고 저도 알고 있고 하박국도 알고 있고 밧모섬의 요한도 알고 있습니다. 역사는 여전히 하나님이 의도한 곳을 향하여 진행하고 있다, 역사는 여전히 하나님이 다스리고 있고, 하나님이 완성을 향하여 이끌고 계신다! 욥의 아내와 욥의 차이는 거기에 있었습니다. 이 사실을 받아들이고 온 세상 사람이 제 소견에 옳은 대로 제멋대로 살지라도 나 하나라도 시대의 큰 흐름을 거스르고 거역하며 이 비밀을 아는 자로 신자의 길을 가야 된다는 것이 우리가 룻기에서 얻는 도전이고 격려입니다.

350년이 아니라 3,500년이 이대로 지나가도 역사는 결국 하나님이 정하신 최후의 목표점에 도달할 것이며, 내 인생도 하나님이 정하신 완성에 이르고야 만다는 이 비밀을 아는 자로 살아야 합니다. 이것이 사사 시대에 그 시대의 압도적인 흐름을 거역하며 하나님 중심으로 살아간 한 가정의 이야기를 룻기라는 이름으로 기록하여 오늘날 우리에게까지 전해 주시는 하나님의 우리를 향한 바램이요 요구입니다.